品质民生:浙江民生服务的
创新与发展

汪锦军　易龙飞　著

浙江工商大学出版社
ZHEJIANG GONGSHANG UNIVERSITY PRESS
·杭州·

图书在版编目(CIP)数据

品质民生：浙江民生服务的创新与发展 / 汪锦军，易龙飞著. — 杭州：浙江工商大学出版社，2020.6
ISBN 978-7-5178-3884-5

Ⅰ. ①品… Ⅱ. ①汪… ②易… Ⅲ. ①社会保障－研究－浙江 Ⅳ. ①D632.1

中国版本图书馆 CIP 数据核字(2020)第 087552 号

品质民生：浙江民生服务的创新与发展
PINZHI MINSHENG：ZHEJIANG MINSHENG FUWU DE CHUANGXIN YU FAZHAN

汪锦军　易龙飞　著

责任编辑	唐　红
封面设计	林朦朦
责任印制	包建辉
出版发行	浙江工商大学出版社
	（杭州市教工路 198 号　邮政编码 310012）
	（E-mail：zjgsupress@163.com）
	（网址：http://www.zjgsupress.com）
	电话：0571 - 88904980,88831806（传真）
排　　版	杭州朝曦图文设计有限公司
印　　刷	杭州高腾印务有限公司
开　　本	710mm×1000mm　1/16
印　　张	14.75
字　　数	233 千
版 印 次	2020 年 6 月第 1 版　2020 年 6 月第 1 次印刷
书　　号	ISBN 978-7-5178-3884-5
定　　价	45.00 元

总 序

从 70 年前毛泽东同志在天安门城楼上庄严宣告中华人民共和国成立，到如今社会主义中国巍然屹立在世界东方，中华民族再一次创造了人类历史上的伟大奇迹。 站在 2019 年的时代节点，回顾以往，梳理总结中华人民共和国成立 70 年以来的发展经验，开辟国家富强与民族复兴之新境，是时代赋予中华儿女的责任。

钱塘自古繁华，文明薪火相传。 浙江是中国革命红船启航地、改革开放先行地、习近平新时代中国特色社会主义思想重要萌发地。 浙江这 70 年的发展，是全方位的发展，更是特色鲜明的发展。 特别是改革开放以来，浙江一直是当代中国发展的潮头阵地，"温州模式""义乌模式"等彰显了当代浙江经济、社会发展的巨大成就；20 世纪 90 年代以来，以马云为代表的浙商更是创造了浙江发展的新景观：作为浙江省会的杭州已经发展成为世界电子商务中心、全球移动支付大本营、"一带一路"倡议与"长三角一体化"发展战略的交会地。

当代浙江在各个领域取得的成就为世界瞩目，这种成就既得益于中华优秀文化，也得益于之江山水所培育的浙学传统。 浙学传统是涵养浙江精神的源头活水，也是促进浙江当地社会文化与经济发展的文化力动因。 浙商文化是浙商之魂，崇义养利的价值逻辑、知行合一的认知逻辑、包容开放的行为逻辑，促使一代又一代浙商搏击商海、乘风破浪、勇立潮头，闯出了敢为人先的新路，书写了创业创新的传奇，承载了浙江发展的荣光。 义利相和、知行合

一、创新融汇的浙学特质是浙商精神的深层文化内蕴。 从"走遍千山万水、吃尽千辛万苦、说尽千言万语、想尽千方百计"的"四千精神",到"千方百计提升品牌、千方百计保持市场、千方百计自主创新、千方百计改善管理"的"新四千精神",再到以"坚忍不拔的创业精神、敢为人先的创新精神、兴业报国的担当精神、开放大气的合作精神、诚信守法的法治精神、追求卓越的奋斗精神"为内涵的新时代浙商精神,都已融入浙商群体的血脉里,化作浙商群体的优秀基因,促使浙商跨出省界、国界,成为具有全球影响力的商帮。 而浙商世界化及随之而来的浙学传统、浙江精神的世界化,实质上也表征了中华文化走向世界、中国经验走向世界的文化景象。

"国家当富强,始基端在商。"浙江工商大学作为浙江省重点建设大学,同时也是省政府与教育部、商务部共建的大学,总结浙商发展、传承浙商文化、引领浙商发展,是它的天然使命。 我们不会忘记,100多年前浙江工商大学的先贤们在实业兴国呼号中为实现救亡图存、国富民强的创校初心;我们不会忘记,15年前时任浙江省委书记习近平在视察学校时对学校提出要在"全国有位置、全省很重要"的殷切期望。 而今,把大商科人才培养好,让学校早日进入"双一流"建设大学的行列,既是全体商大人的历史担当,也是全体商大人的共同梦想。 作为浙江工商大学的学者,我们当然要总结和记录浙江70年的发展历程,以及浙江70年围绕"商"的发展历程。 为此我们设计和组织编写了"中华人民共和国成立70周年浙商研究院智库丛书",梳理、总结浙江70年以来在"商"领域所取得的成就、收获的经验。

《勇立潮头:浙江高水平现代化建设研究》一书介绍了浙江高水平现代化建设的经验和成效。 近5年来,浙江现代化建设规模不断扩大,质量不断提升,创业生态环境不断优化,就业工作成绩显著。 站在新的起点上,该书系统总结了浙江高水平现代化建设的经验,并面对新的矛盾和挑战、新形势、新变化,提出了相应的政策建议,为实现浙江"高水平全面建成小康社会和高水平推进社会主义现代化建设"的目标提供参考。《浙江省新型政商关系"亲清"指数研究》一书总结了浙江在构建新型浙商关系方面的经验,构建了浙江新型政商关系"亲清"指数的指标体系,并对浙江11个城市进行指数评价,为浙江"亲清"政商关系优化提供了改进方向。《亲清政商:寻求政府与商会的策略性合作》一书系统回顾了中华人民共和国成立以来我国政府与商会关系发展的历史脉络与演进逻辑，从 3 个方面提出政府与商会"策略性合作"的分析框架，并站在历史新起点上提出政府与商会展开合作治理的路径。

《大国经贸：新国际贸易冲突理论构建与中美经济关系》一书建立和发展了适应世界经济发展形势和生产技术水平的新贸易冲突理论，以更好地解释中美国际贸易摩擦及 21 世纪国际贸易冲突问题，在重构全球贸易规则和经济贸易体制、促进世界经济贸易格局的健康发展等方面提出了相应建议。《跨境电商：数字经济第一城的新零售实践》一书深入探讨了杭州跨境电子商务综合试验区的成功经验，总结了杭州在解决数字经济体制性难题方面的先行先试经验，为基于大数据分析的政府管理创新提供经验借鉴，以推进杭州成为"世界商店"在中国的主窗口，成为中国数字经济第一城。《卓越流通：数字经济时代流通业高质量发展与浙江经验》一书在全面回顾我国电子商务及跨境电商发展历程、趋势与动因的基础上，从微观、中观和宏观的角度系统阐述了跨境电商的相关理论；在总结我国跨境电子商务综合试验区试点成效与存在问题的基础上，系统阐述我国跨境电子商务综合试验区试点的主要内容和实践创新。

《撬动全球：复杂制度环境下浙商海外直接投资研究》一书梳理了浙商全球化发展的文化、经济与政策环境，总结了浙商海外直接投资所取得的成就及在合法性获取和高端资源获取方面的经验，并提出了浙商海外直接投资高质量发展的具体策略。《品质民生：浙江民生服务的创新与发展》一书以全球公共服务改革为基本背景，系统总结分析了浙江省自中华人民共和国成立以来在民生方面的发展历程、发展的阶段性特征和取得的主要成就，系统阐述了近 70 年来尤其是 21 世纪以来在民生方面的创新实践，并对未来构建以人民为中心的高质量发展型服务体系提出了框架性展望。《文旅融合：理论探索与浙江产业发展实践》一书从理论上建构了文化产业与旅游产业的耦合机制与模式，并利用翔实的案例分析了文化产业和旅游产业耦合发展的问题及解决对策。

百余年前，历史风云如澎湃的钱江大潮汹涌而来，留学东京的蒋百里为《浙江潮》撰写的发刊词，成了鼓舞人心的战斗号角。其中写道："可爱哉！

浙江潮。 挟其万马奔腾，排山倒海之气力，以日日激刺于吾国民之脑，以发其雄心，以养其气魄。 二十世纪之大风潮中，或亦有起陆龙蛇，挟其气魄，以奔入于世界者乎？"青春的追问与腾飞的梦想依然在天空回荡，它折射出历史的光彩，唤醒了记忆，让人缅怀。 令人欣慰的是，中华人民共和国成立70年以来，浙江的实践与发展成就对此做出了最好的回答。 我们为浙江的今天而振奋，也期待浙江的明天更美好。

　　虽然是系列丛书，但是我们并不追求面面俱到，而是利用浙江工商大学的研究积累对浙江70年"商"的特色进行了基于不同角度的透析。 在总结浙江经验的同时，我们更希望这些经验能够为浙江未来的高质量发展提供借鉴。

　　是为序。

陈寿灿

2019 年 11 月 30 日

C目录
Contents

8 创新数字协同：浙江服务型数字
政府建设的成功实践

1

迈向品质民生:浙江民生服务 70 年发展历程和发展战略

中华人民共和国成立的 70 年里,浙江波澜壮阔的发展历程,既是浙江全省各级党员干部坚持以人民为中心不断谋求发展的过程,也是民生不断改善与社会共享发展的过程。 尤其是 21 世纪以来,浙江在"八八战略"指引下,不断提高民生保障兜底水平,推进统筹城乡的公共服务体系建设,坚持在发展中创新服务机制,在创新中不断迈向品质民生,积极满足人民日益增长的公共服务需求,实现了经济发展与社会公平的有机平衡。

1.1 背景:全球视野下的公共服务改革

从整个人类历史的发展进程来看,对公共服务建设的强调顺应了大转型时代的发展要求,可以说是经济发展到一定阶段后的必然产物。 在人类的发展历程中,公共服务的供给也经历了一个从市场导向到政府责任的转变过程。

在过去的一个世纪里,全球各个国家的政府都经历了大规模扩张的历程。 在 20 世纪以前,政府的公共服务职能很少,政府奉行"守夜人国家"理念,认为管得最少的政府就是最好的政府。

从 20 世纪初期开始,西方主要国家的政府不再奉行"管得最少的政府就是最好的政府"的理念,随着市场经济的发展,失业、贫困、环境、卫生等问题日益严重，政府开始编织覆盖全社会的公共服务保障体系，由此政府的规模开始逐步扩大。 尤其是二战以后，各国政府颁布一系列社会保障的法律，以建立福利国家制度，政府规模持续扩张。 比如，根据有关研究，在 6 个发达国家，1913 年政府花费占 GDP 的比重是 11.7％，1999 年则达到 42％。 而与政府规模的扩张密切相关的，是各个国家用于公共服务的支出在大幅上升。在一份对 17 个发达国家的数据分析中，1913 年教育支出、医疗卫生支出和养老金支出占 GDP 的比重分别是 1.3％，0.3％和 0.4％。 而到 1996 年，这三项支出的比重分别达到 6.1％，6.4％和 9.6％。[①] 二战后，政府公共服务职能的扩张，其一在于凯恩斯主义的影响导致人们对积极的支出政策表现出前所未有的狂热，进而导致政府对社会干预程度的迅速提高；其二为理论界对国家积极职能和履行这种职能的权力的信仰，被逐渐内化于国家决策的法律——制度框架之中。[②]

因此，过去一个世纪，政府不只是扮演守夜人的角色，而且承担起了原来由社会和个人承担的很多服务职能，政府重构了自身在社会中的公共性角色。而且，政府规模的增长并没有降低经济绩效，伴随着政府规模的扩张，各国的经济总量翻了好几倍。[③] 因此，过去 100 年的政府经历了政府规模与经济规模同时扩张的进程。 越来越多的证据表明，政府通过公共服务的改善，可以推动建立一个人人机会更加平等的社会，机会的均等又可以发挥每个个体的潜能，从而最大程度推动社会发展。

在政府的职能体系中，政府的作用边界和范围已经大大扩展了。 政府不但提供纯粹的公共物品，而且提供准公共物品和保障基本人权的私有物品。[④]

---

① A S. Modernizing the State: Restructuring China's PSUs Delivering Public Services [R]. Prepared for World Bank，2004.

② ［美］维托·坦齐:《二十世纪的公共支出》，商务印书馆 2005 年版，第 18 页。

③ Lindert P H. Growing Public: Social Spending and Economic Growth since the Eighteenth Century，Cambridge University Press，2004：21.

④ 很多不属于公共物品但需要政府公共财政支付的物品被称为定向物品，它是以公众的名义支付的，但提供给特定的个人，其他人没有任何理由平分共享利益。定向物品包括教育、医疗保健、社会安全检查等。参见［美］约翰·D. 多纳休，［美］理查德·J. 泽克豪泽著，徐维译:《合作:激变时代的合作治理》，中国政法大学出版社 2015 年版，第 33 页。

政府规模的扩大也使得政府面临越来越重的财政压力,政府不得不为不断增加的社会福利需求埋单。 因此,从 20 世纪 80 年代开始,西方各国开始了重塑政府的改革运动,通过民营化等改革,将一些公共服务外包给市场和社会,从而提高公共服务的绩效,减轻政府的财政压力。 由此,政府在公共服务中的角色出现新的变化,在很多公共服务领域,政府不再直接提供,而是成为间接的提供者和组织者。

作为工业文明的重要配套制度安排,市场成为社会资源配置的主要方式。市场的配置大大提高了社会运行的效率,经济发展速度史无前例。 但是,随着市场的发展,人们发现市场并不是万能的。 在整个社会关系中,市场不但不能解决很多社会问题,而且会侵蚀社会的公平正义。 由此,市场社会开始自我反思和转向。 这种转向的重要标志是以推行基本公共服务为代表的社会福利制度的兴起。 1948 年,英国宣布建成世界上第一个"福利国家",形成了包含社会保险、住房、儿童、食品、高龄老人等方面的社会补助,对低收入户、贫穷老人、失业者等社会阶层的社会救助,以及保健服务和社会服务的整套体系。 随后,北欧、西欧、拉丁美洲各国,以及亚洲的日本和韩国等也纷纷建立起了各自的社会福利体系。

人类发展的历史表明,市场化的发展与公共服务的政府责任增强具有天然的关联性。 中国特色的社会主义实践是市场作用不断增强、市场化改革不断推进的过程。 因此,无论是从我们党的宗旨而言,还是从全球市场化的大历史背景而言,强化公共服务,保障社会公平,都是全面建设小康社会的基本要义。

1.2 70 年来浙江民生服务的发展历程

1.2.1 以计划创民生:中华人民共和国成立初期的社会主义使命和民生政策

中华人民共和国成立后,为了建设一个全新的社会主义新中国,国家对社会进行了全方位的改造,这集中表现为在农村剥夺了地主的土地,在城市里则改造了工商业的所有者和大房产的所有者。所以到 20 世纪 50 年代中期以后，中国社会已经不存在经济或财产所有权意义上的阶级了。① 在阶级结构打碎后，政府或单位成为国家向社会成员进行资源配置的组织机制，也就是计划体制。李猛等借用舍克（Shirk）在《德治在中国的衰退》一书中提出的德治概念，认为 1949 年国家共产主义制度的建立，把更多人口纳入"德治性再分配体制"，这种纳入是通过国家对资源配置的垄断权实现的。② 与传统社会相比，集体利益、国家利益取代人伦亲情成为至高无上的社会价值，虽然伦理的内涵发生了变化，但经济关系必须服从社会伦理的格局没有变，相对于效率而言，公平是首要的价值。在计划（伦理）经济体制下，人民公社和单位不仅是经济机构，也是社会政治结构，这些机构不仅为其成员提供工作机会、支付彼此差别不算太大的工资（工分），而且为其成员及其家属提供各种福利（托儿所、幼儿园、学校、医疗、抚恤、救助、养老、丧葬等）。③

因此，中华人民共和国成立后的民生问题，是在打破了传统的经济社会结构以后，重新构建单位和人民公社，并通过单位和人民公社来提供各种民生福利的体制，这种体制在理念上延续了传统的德治范式，体现为一种公平优先的伦理经济；而且农村的人民公社和城市的单位是二元结构的。国家在福利中的角色具有二重性：既有制度性的一面（国家通过单位体制为城镇居民提供比较全面的福利和服务），又有补救性的一面（对单位之外的城镇居民和农村居民只提供十分有限的救济和援助）。④ 这种二元结构意味着城乡之间的民生服务体系是不同的，实际上，国家通过单位主要承担为具有单位的居民的民生服务，而广大农村地区则主要通过农村自己的集体经济解决农民的民生问题。尽管如此，需要指出的是，计划经济时期的城乡二元结构并没有出现严重的不

---

① 李强：《人民共和国 60 年的社会分层结构》，潘维主编：《中国模式：解读人民共和国的 60 年》，中央编译出版社 2009 年版，第 500 页。

② 李猛、周飞舟、李康：《单位：制度化组织的内部机制》，中国社会科学院社会学研究所编：《中国社会学（第二卷）》，上海人民出版社 2003 年版，第 135—167 页。

③ 王绍光：《大转型：80 年代以来中国的双向运动》，《中国社会科学》2008 年第 1 期，第 129—148 页，第 207 页。

④ 岳经纶：《社会政策与社会中国》，社会科学文献出版社 2014 年版，第 5 页。

公平现象,因为当时我国的基尼系数介于 0.2—0.3 之间,属于收入分配最公平的国家。 因此,可以说,计划体制时期,我国实行的是一种不同于传统社会的、主要依赖单位和人民公社城乡二元化提供福利的,低水平高公平的民生服务体系。 以卫生领域为例,在改革开放以前,浙江的卫生技术人员只有1.12 万人,执业医师只有 0.9 万人,每万人拥有的执业医师只有 4 人。[①] 可以说,当时的卫生基础条件是比较落后的,但即使在这种相对基础落后的情况下,国家解决了大部分的医疗负担问题。 当时在卫生总费用中,政府预算支出和社会支出(公费医疗加劳动保险)占 80% 以上,患者自付部分低于 20%。 因此,那时虽然有"看病难"的问题,却没有"看病贵"的问题。[②]

1.2.2 以发展促民生:改革开放初期在不断发展中解决民生问题

民生的基础是发展问题,只有当经济不断发展了,解决民生问题才有坚实的保障。 尤其对改革开放之初的浙江而言,民生问题首要的是发展问题,发展问题就是民生问题。 改革开放以来,在浙江大地上发生的一个个实践案例,无一不展现了浙江以发展促民生的创新和担当。

各项统计数据都表明,在改革开放之初,浙江是一个工业基础薄弱的农业省份。 据统计,1978 年,浙江三次产业在 GDP 中的比重为 38.1 : 43.3 : 18.6。 第一产业在 GDP 中的比重高于全国平均水平 9.4 个百分点,第二产业则高出 5.3 个百分点。 从业人口在三次产业中的比重为 74.82 : 17.10 : 8.08。 第一产业从业人口比重高于全国平均水平 4.13 个百分点,第三产业从业人口低于全国 4.06 个百分点。 改革开放之初,浙江省的 GDP 总值为123.72 亿元,列全国各省市区第 12 位;人均 GDP 为 331 元,低于全国平均水平 12.7 个百分点,列全国第 16 位。

因此,对改革开放之初的浙江来说,发展问题是首要的民生问题。 为了解决人民日益增长的物质文化需要同落后的社会生产之间的矛盾,浙江省委、

---

① 国家统计局统计数据,http://data.stats.gov.cn/easyquery.htm? cn=E0103。

② 王绍光:《大转型:80 年代以来中国的双向运动》,《中国社会科学》2008 年第 1 期,第129—148 页,第 207 页。

省政府在中央精神指引下，开启了从农村到城市的一系列改革创新征程。 在农村地区，家庭联产承包责任制首先在贫困山区起步，在中间地带铺开，最终扩展到其他地区。 1980 年初，浙江贫困山区搞包产到户、包干到户的生产队约为 4300 个，占全省生产队总数的 1.6%；到 1980 年 8 月底，搞包产到户、包干到户的生产队迅速增加到 6600 多个，占全省生产队总数的 2.5%。 浙江农村以推行家庭联产承包责任制为中心内容的改革由此拉开序幕。 1981 年 7 月、8 月、9 月，浙江农村形成了推行家庭联产承包责任制的第一个高潮，全省实行双包责任制的生产队在 3 个月中增加了近 1 倍，占全省生产队总数的40.1%。 到 1983 年春，全省实行双包责任制的生产队迅速发展到全省生产队总数的 94.7%；到 1984 年春，占到全省生产队总数的 99.2%。 家庭联产承包责任制的推行，极大地调动了广大农民的生产积极性，最大程度地促进了农村地区的发展，为改革开放初期解决浙江农村民生问题提供了坚实的保障。据统计，1984 年与改革前的 1978 年相比，全省农业总产值从 85.84 亿元增加到 125.22 亿元，增长 45.9%，粮食总产量从 1467.20 万吨增加到 1817.15 万吨，增长 23.9%，创历史最高水平。 其他各种农作物也都实现了历史性的跨越式增长。 生产的发展使农民生活得到显著改善，农民收入得到大幅提升。据统计，农民家庭人均收入从 1978 年的 165 元提高到 1984 年的 446.37 元，增长了 1.71 倍。[①]

除了家庭联产承包，改革开放也开启了浙江乡镇企业的发展新阶段。1978 年 7 月，浙江省社队企业管理局成立，各地市县的社队企业管理局也相继成立。 9 月，省革委会发出《关于发展社队企业的几项规定》，肯定"社队企业是社会主义集体所有制经济单位"，调整和修正了一些限制、阻碍社队企业发展的规定，并要求各级政府通过各种政策支持社队办企业。 到 1978 年底，全省社队企业发展到 7.4 万多个，从业人员 190.1 万人，工业总产值达到21.7 亿元。 1984 年，中共中央、国务院批转农牧渔业部《关于开创社队企业新局面的报告》，决定根据全国政社分开、撤社建乡的实际，将社队企业改为乡镇企业，同时提出了促进乡镇企业发展的新举措。 浙江乡镇企业开始进入

---

① 浙江改革开放史课题组：《浙江改革开放史》，中共党史出版社 2006 年版，第 34 页。

多成分、多形式、多层次全面发展阶段。 到1984年底,全省乡镇企业发展到9.73万家,职工达343.08万人,拥有固定资产70.77亿元,总产值为392.81亿元,总收入达122.87亿元,纯利润达9.82亿元。 乡镇企业的发展,拓宽了农民致富的门路,增加了农民的收入,改善了农民的生活水平,使广大农村在较短时间内摆脱了贫困,成为浙江迈向小康社会的重要发展阶段。

家庭联产承包和乡镇企业发展,极大地改变了浙江经济的落后局面。 为了更好地推动浙江发展,改变大量落后地区的发展面貌,2003年1月,浙江省十届人大一次会议上提出五大"百亿工程"。 新一届省政府把它确定为此后5年浙江"基本建设项目的重中之重"。 五大"百亿工程"具体包括"百亿基础设施建设"工程、"百亿信息化建设"工程、"百亿科教文卫体建设"工程、"百亿生态环境建设"工程、"百亿帮扶致富建设"工程,包括全省疾病预防控制系统完善及建设、千万农民饮用水工程、"五保三无"集中供养设施,甚至垃圾处理、人均公共绿地面积等,都被列入五大"百亿工程",涉及经济发展、社会事业、可持续发展、人民生活等方方面面。 用时任浙江省委书记习近平的话来说,"五大'百亿工程'充分考虑了经济发展和人民生活的需要,从根本上说也是造福百姓的工程"。

从改革开放之初的效率优先激活农村生产要素和生产活力,到新世纪的五大"百亿工程",浙江政府立足地方实际,坚持在发展中不断改善民生,为浙江的共享发展奠定了坚实的社会基础,提供了有效的政策保障。

1.2.3 以兜底保民生:逐渐补齐民生短板

改革开放以来,尤其是近15年来,浙江始终坚持以人民为中心,牢牢守住民生保障底线,不折不扣地执行中央和省委、省政府相关政策,不断创新完善各项制度,让最困难群众真正享受到改革开放的发展成果。

众所周知,尽管改革开放以来的浙江经济取得了快速发展,但在很长一段时间内,广大农村边远地区依然存在大量的低收入和弱势群体。 为低收入群体和弱势群体提供兜底服务,成为改革开放以来浙江民生服务的首要内容。1978年后,全省各地都开展了对社会贫困户的扶持工作。 1995年全省开始着手建立最低生活保障制度,1997年覆盖全省。

进入 21 世纪，浙江进一步加大兜底保障力度。 通过对浙江民政志的文本分析可以发现，浙江至少在 17 项民生事项方面使用了"全国率先"的文本表述，表明这些事项走在了全国前列，如图 1-1 所示。

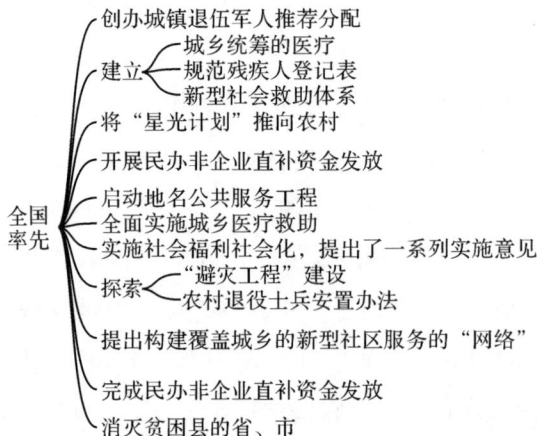

全国率先
- 建立
  - 创办城镇退伍军人推荐分配
  - 城乡统筹的医疗
  - 规范残疾人登记表
  - 新型社会救助体系
- 将"星光计划"推向农村
- 开展民办非企业直补资金发放
- 启动地名公共服务工程
- 全面实施城乡医疗救助
- 实施社会福利社会化，提出了一系列实施意见
- 探索
  - "避灾工程"建设
  - 农村退役士兵安置办法
- 提出构建覆盖城乡的新型社区服务的"网络"
- 完成民办非企业直补资金发放
- 消灭贫困县的省、市

图 1-1 浙江民政志文本中走在全国前列的民生事项

在一次调研中，到浙江任职不久的习近平就提出，浙江"主要经济指标均居全国省区市前列。 在这种情况下，我们更要关注困难群众，高度重视人均数较高情况下掩盖着的不平衡问题，……研究制订切实有效的措施，建立长效的帮扶机制，使困难群众能够同步享受改革开放和经济发展的成果"[①]。 并提出要按照走在前列的要求，进一步推动欠发达地区加快发展，因此需要深化社会救助体系在内的一系列改革创新。[②]

浙江省政府于 2003 年 9 月 11 日发布《关于加快建立覆盖城乡的新型社会救助体系的通知》（浙政发〔2003〕30 号），又于 2005 年 12 月 21 日召开深化新型社会救助体系建设工作会议，将社会救助体系建设推向纵深发展。 全省各地通过改革创新救助工作模式，完善救助政策，整合救助资源，规范救助行为，协调救助行动，形成以最低生活保障制度为基础，以养老、医疗、教

---

① 《加快发展，推进创新，努力建设现代化新温州——习近平同志在温州市考察调研时的讲话》，《浙办通报》第 82 期，中共浙江省委办公厅，2002 年 12 月 23 日。

② 《增强前列意识，加大工作力度，努力开创我省加快服务业发展的新局面——习近平同志在全省服务业发展工作会议上的讲话要点》，2005 年 8 月 19 日。

育、住房、司法等专项救助为辅,以社会互助为补充,政府责任意识明确,城乡一体化、组织网络化、管理社会化、保障法制化、与社会经济社会发展水平相适应的社会救助制度。 它将原先各自分散的救助政策全部整合起来,形成完整的体系。 在这个体系下,城乡一体化的低保制度和医疗救助制度得到全面推行,力度不断加大,旨在帮助困难家庭摆脱暂时生活困境的临时救助逐步制度化、长效化,其他像教育、就业、住房、司法等方面的各种救助也得到较快发展。

(1)社会救济工作的恢复与发展

浙江的社会救济工作在改革开放初期就已经展开。 在"文化大革命"期间一度受到干扰甚至基本停顿的社会救济工作开始重新运转起来。

社会救济工作首先向退职老职工展开。 1979 年 2 月,浙江省革命委员会批转省民政局、省劳动局、省财政局《关于精减职工遗留问题和处理意见的报告》,决定由地方财政拨款 100 万元,对生活困难的部分精减退职老职工进行一次性救济,救济重点主要是年老体弱、长期患病或旧伤复发不能参加劳动、家庭生活无依无靠的精减退职老职工。 1981 年后,对全省精减退职老职工进行普查补批,并多次调整救济标准。 1985 年 9 月,省民政厅、省财政厅、省劳动人事厅发出《关于提高精减退职老职工生活困难补助费标准的通知》,当年,全省发放精简退职老职工救济费 356.6 万元。 1990 年,全省各地对贫困户的救济做了大量工作。 全省发放救济和社会统筹补助金额达 4040 万元,临时救济贫困户 85.3 万人次。 至年底,全省仍有社会困难户 42.9 万户,167.8 万人,约占全省总人口的 4%。

为了解决农村困难户的生活问题,浙江在改革开放之初便对农村地区的困难户进行救济。 从 1979 年开始,政府每年都向农村和城市的困难群众发放专项救济费,截止到 1991 年,共有 1100 余万农村困难户和 100 余万城镇困难户获得救济补助。

1992 年,全省发放救济和社会统筹补助金 6291 万元,城乡各种救济对象得到国家临时救济 35.7 万人次。 1994 年,全省各地对贫困户的救济工作继续得到加强。 全省共发放救济和社会统筹补助金 12721 万元。 1999

年，全省共发放国家救济和集体补助资金 2.33 亿元，城乡各种救济对象得到
国家临时救济 29 万人次。 从 1992 年到 1999 年，社会救济金增长了 270％。
但补助对象减少了近 6 万人次，这也说明随着经济的发展，贫困人口数量在
下降。

在医疗救助方面，1974 年后，贫病医疗补助取消，对农村困难户的医疗
费用，原则上个人（或合作医疗费）解决，个人解决不了的经群众评议，领导
批准，由社、队给予补助；社、队解决不了的，除有专门规定者外，根据国家
社会救济政策给予医疗救济。 1981 年，全省支出贫病医疗救济费 156.44 万
元。 此后，贫病医疗救济均作为社会救济费列支，不再单独列支。

(2) 新型社会救助体系的构建

社会救助是在政府主导下，动员社会力量参与，对困难群众实施救济和帮
助的重要组成部分。 进入新世纪，浙江在全国率先推行覆盖城乡的新型社会
救助体系建设。 浙江的新型社会救助体系有别于传统的社会救助制度，是浙
江省一项极具开创意义的民生举措，它通过改革创新计划下形成的救助工作
模式，将原先各自分散的救助政策全部整合起来，形成以最低生活保障制度为
基础，以养老、医疗、教育、住房、司法等专项救助为辅，以社会互助为补
充，政府责任意识明确，城乡一体化、组织网络化、管理社会化、保障法制
化，以及与社会经济发展水平相适应的社会救助制度。

2003 年 9 月 11 日，浙江省政府发出《关于加快建立覆盖城乡的新型社会
救助体系的通知》，将原先各自分散的救助政策全部整合起来，形成完整的体
系。 上统筹、下整合的社会救助工作体制开始形成，对困难群众的救助力度
不断加大。 省政府成立由省长任组长的社会困难群众救助工作领导小组，领
导小组办公室设在民政厅，建立工作制度，明确各成员单位的职责。 杭州、
嘉兴、湖州等地开展在乡镇（街道）建社会困难群众救助管理所、社区建立救
助站的改革试点工作，永康市在村委会设立社会福利救助工作委员会。 各地
针对困难群众的医疗、教育、住房、就业等方面的救助有序展开，由此拉开全
省乃至全国建设新型社会体系的序幕。

2004 年，全省各地县级以上政府均成立由主要领导任组长的社会困难群

众救助工作领导小组及其办公室,全省有 1460 个乡镇(街道)建立劳动保障和社会救助综合管理服务机构,占总数的 93％,有工作人员 3629 人。 低保、灾民救助、五保、医疗、住房、教育、司法援助等各项救助政策得到有效落实,困难群众的吃、穿、住、医、教、养老等基本生活得到保障。 是年,全省共发放各项救济资金 2.25 亿元,救济 63572 人。

2005 年 12 月 21 日,浙江省政府召开深化新型社会救助体系建设工作会议,社会救助体系建设向纵深发展。

2008 年,全省共向 68.74 万城乡低保对象发放低保金 9.5 亿元;向 68.39 万困难群众发放物价补贴 1.95 亿元;共有 31.3 万人次困难群众得到 4.19 亿元资金的医疗救助;全省 95％的五保对象得到集中供养;其他在住房、教育、就业等方面有特殊困难的群众,也获得了相应的专项救助。 新型社会救助体系已基本覆盖困难群众的所有困难,较好地保障了他们的基本生活。

至 2010 年底,围绕省委、省政府社会救助工作整体部署,浙江先后出台低保、医疗、教育、住房、司法、养老等相关政策,基本实现困难群众及困难问题全覆盖,社会救助法制化建设水平明显提高。 浙江的新型城乡救助体系建设在多个方面走在了全国前列:率先在全国制定省一级最低生活保障家庭收入核定办法,有力促进社会救助工作公平、透明。 率先在全国建立并不断完善困难群众物价补贴机制,有力保证困难群众基本生活不因物价上涨而发生较大影响。 全面取消乡镇低保配套资金,为确保城乡低保对象"应保尽保"提供更有力的财力保障。 积极推行分类医疗救助模式,扩大救助覆盖面,增加救助、资助项目,实现医疗救助即时结报。 巩固深化集中供养成果,先后出台《浙江省实施〈农村五保供养工作条例〉办法》《浙江省农村敬老院管理和建设暂行规定》等法规、制度,集中供养法制化、规范化水平显著提高。

2014 年 7 月,浙江省十二届人大常委会审议通过了《浙江省社会救助条例》,并于 2014 年 11 月 1 日起正式实施,成为全国首部社会救助综合性地方法规。 建立了省、市、县三级社会救助联席会议制度,形成"政府主导、民政牵头、部门协同、社会参与"的工作格局。

（3）最低生活保障制度

最低生活保障制度是新型社会救助体系的基础。 1995 年，浙江省开始探索建立城乡统筹的最低生活保障制度。

1996 年，省政府下发《关于在全省逐步建立最低生活保障制度的通知》（浙政发〔1996〕92 号），对建立最低生活保障制度工作提出具体指导意见。

1997 年，省政府发出《关于加快建立最低生活保障制度的通知》（浙政发〔1997〕224 号），提出"统筹考虑城镇居民和农村居民基本生活的需要，实行城乡联动、整体推进，抓紧建立面向城乡居民的最低生活保障制度"的总体要求。 是年，在总结经验的基础上，在全省范围内开展农村低保制度建设。1997 年底，全省各县、市、区基本建立城乡一体、标准有别的最低生活保障制度，其中 60％以上的县、市、区正式实施这项制度。 1998 年，全省各县、市、区全面实施城乡最低生活保障制度。

1999 年，省政府下文要求各地将城镇低保标准提高 30％，农村提高15％。 是年 8 月，省民政厅下发《关于印发〈浙江省最低生活保障制度示范县实施方案〉的通知》，决定每个市、地选择一个县（市、区）进行最低生活保障制度示范单位建设工作，对做好城乡居（村）民最低生活保障工作的指导思想、组织、最低生活保障标准的测算、保障对象的确定、保障资金的来源与使用管理、相关配套政策和实施属地管理、动态管理的原则等做了明确规定，并逐项列举运用市场菜篮法确定保障标准的《全省每人每月基本生活支出清单》，为全省建立低保标准的动态调整机制打下基础。 9 月，国务院颁布《城市居民最低生活保障条例》。 是年开始，省政府连续将低保工作列为省民政厅工作责任制考核的一类目标。 1999 年底，全省共有低保对象 18.57 万人，保障资金投入金额为 8744.2 万元，分别比上年提高 11.8％和 50.6％。

2000 年，浙江省民政厅、省监察厅、省财政厅、省劳动和社会保障厅按照民政部、监察部、财政部、劳动和社会保障部的要求，对国有下岗职工基本生活保障资金、失业保障基金、基本养老保障基金和最低生活保障资金管理使用情况进行专项检查工作，推动全省低保工作的深入开展。 一些县（市、区）出台配套的优惠政策和措施，从工商、税收、教育、卫生、交通、水电等多方

面给低保对象以优惠，为保障对象提供各种形式的帮助。 杭州市对城区持
"困难家庭救助证"的困难群众，给予各类优惠政策项目达 6 大类 30 项，并
率先建立困难群众四级救助圈。 宁波市在全市范围建立市、县、乡、村四级
帮困网络。

2001 年 8 月 15 日，浙江省政府颁布全国首部省级城乡一体的最低生活保
障政府规章——《浙江省最低生活保障办法》。 这是首次以法规形式将农民
纳入最低生活保障范围，对我国农村社会保障制度发挥了重要的引领作用。

2002 年，省民政厅、省财政厅制定《浙江省最低生活保障资金管理暂行
办法》，对低保资金的筹措、资金的使用、资金的监督做具体规定。

2004 年，省政府印发《关于对困难群众实行基本生活消费品价格上涨动
态补贴的意见》。 是年，全省各地建立基本生活消费品价格上涨动态补贴机
制，大部分地区实现低保金的社会化发放。 各地还进一步健全分类救助制
度。 2004 年，省委将低保工作列入对市、县党政主要领导和领导班子的考核
内容。 省文明办将低保工作列入文明县城的评比指标。 省发改委将城乡低保
发展水平列入统筹城乡发展水平综合评价指标体系。

2005 年，省政府下发《关于进一步完善新型社会救助体系的通知》，提出
建立健全低保标准与经济发展和物价上涨水平相适应的正常增长机制的
要求。

2008 年，全省低保管理工作基本实现动态管理下的应保尽保和建立符合
当地经济社会发展水平，覆盖全社会，分类管理、动态调整的最低生活保障制
度的目标。

2009 年，各地低保动态调标工作全面落实，全省调标完成率达 100%，各
县（市、区）均出台取消乡镇（街道）低保配套资金相关文件。 至年底，全省
共有最低生活保障对象（未含农村"五保"）65.91 万人，全年实际支出保障
资金 12.15 亿元。 其中：城镇居民最低生活保障对象 9.33 万人，支出保障
金 2.97 亿元；农村最低生活保障对象 56.58 万人，支出保障资金 9.18 亿元。

2010 年，省政府成立低收入家庭收入核定联席会议制度，省民政厅会同
省级 13 个部门下发《浙江省低收入家庭收入核定办法》。 对低收入家庭收入
核定工作的原则、主管部门、家庭收入、家庭财产的界定标准、低收入家庭收

入核定工作程序等做出规定。 至年底，全省共有最低生活保障对象（未含农村"五保"）66.35 万人，全年实际支出保障资金 14.71 亿元。 其中：城镇居民最低生活保障对象 8.98 万人，支出保障资金 3.44 亿元；农村最低生活保障对象 57.37 万人，支出保障资金 11.27 亿元。

近年来，浙江进一步依法完善社会救助体系，通过加快低保与扶贫政策的衔接，率先出台低收入农户认定标准和认定流程，推进全省低收入农户"4600"巩固对象的救助工作。 截至 2017 年底，浙江共有最低生活保障对象 81.4 万人（不含特困供养人员），全年实际低保支出 41.44 亿元。 2018 年末在册低保对象 72.7 万人（不含"五保"），其中：城镇 22.1 万人、农村 50.6 万人。 低保资金（含各类补贴）支出 45.2 亿元，比上年增长 33.9%；城乡低保标准已实现一体化，平均每人每月 771 元。①

(4)新型医疗救助

新型医疗救助是传统贫病医疗救济的发展，是新型社会救助体系的重要一环。 2003 年 9 月，省政府下发《关于加快建立覆盖城乡的新型社会救助体系的通知》，要求在全省建立健全对困难群众的长效帮扶机制，完善医疗保障制度，以解决困难群众的医疗问题。

2004 年 9 月 3 日，省政府下发《关于加快建立和完善医疗救助制度的通知》，在全国率先建立城乡统筹的医疗救助制度。

2005 年 3 月 28 日，省财政厅、省民政厅制定《浙江省医疗救助资金暂行办法》，对医疗救助资金管理提出具体要求。 至此，全省城乡医疗救助制度全面建立。 各县、市、区全部建立医疗救助制度。

2007 年，全省医疗救助力度进一步加大。 全年共筹集医疗救助资金 3.26 亿元，发放 3.22 亿元，资助 106.6 万人次。 其中，资助困难群众参加新型农村合作医疗 78.57 万人，资助门诊住院病人 28.08 万人。 8 月，绍兴市区出台政策，规定农村"五保"、城镇"三无"、城乡低保对象、低保边缘户、重点优抚对象等 5 类人员可享受实时结报政策。 到年底，全省所有县（市、区）

---

① 浙江省统计局、国家统计局浙江调查总队:《2018 年浙江省国民经济和社会发展统计公报》,http://zfgb.zj.gov.cn/art/2019/3/13/art_1544773_31010882.html。

对低保、"五保"和"三无"等特殊困难对象均实行零起点医疗救助。 各地的医疗救助比例和救助封顶线也都有所提高,部分发达地区救助比例已达50%—70%,欠发达地区救助比例也提高 10%—20%不等;大部分县(市、区)封顶线已达到 3 万元以上。

2008 年 7 月,省民政厅和省财政厅联合下发文件,在全省推行即时救助,住院定额救助产生的费用由定点医疗机构垫付,医疗救助专项资金定期结算。

2009 年,全省医疗分类救助不断健全。 救助对象扩大到低保标准 1.5 倍内低收入家庭,门诊救助全面推行,2 次救助逐步推开,即时救助和实时报结程序不断完善。 全年各级财政预算安排农村医疗救助实际支出 32185 万元。

2010 年,全省医疗救助工作覆盖面不断扩大。 全省实施医疗分类救助模式,全面推开医疗救助即时结报,医疗救助成效显著提升。 全省有 81 个县(市、区)实现即时救助。

近年来,浙江不断完善医疗救助制度,推进重特大疾病医疗救助工作,在全国较早全面实施按费用救助。 全面开展了"救急难"工作,推进罕见病专项救助,临时救助和医疗救助工作有了新的提升。 成立省低收入家庭核对指导中心,建立社会救助家庭经济状况核对机制,实施"阳光救助"工程。 全面建立临时救助制度,积极开展"救急难"试点,建立健全儿童福利工作机制。 率先开展适度普惠型儿童福利制度试点工作,大部分地区建立了适度普惠型儿童福利制度,将事实无人抚养和贫困家庭重残、重病等困境儿童优先纳入儿童福利保障范围,全省困境儿童分类保障制度实现全覆盖,全面建立孤儿和困境儿童基本生活养育标准自然增长机制,较好地保护孤儿和困境儿童基本生活。 根据《中国儿童福利政策报告》,浙江儿童政策进步指数排名全国第一,2012—2014 年,浙江在中国儿童政策进步指数方面,连续 3 年蝉联全国排名第一。

1.2.4 以均等惠民生:21 世纪以来的基本公共服务均等化进程

随着浙江进入人均生产总值超过 10000 美元的新阶段,城乡区域协调发展迈上新台阶,城乡居民生活质量和水平不断提高,经济持续健康快速地发展为推进基本公共服务均等化体系建设打下了坚实的基础。 2003 年以来,浙江以基本公共服务均等化为目标,积极调整财政支出结构,把更多的财政资金投向公共服务领域,向农村、欠发达地区、低收入人群倾斜。 在 2007 年 6 月召开的浙江省第十二届党代会上,浙江省委首次提出了经济建设、政治建设、社会建设、文化建设"四位一体"的发展思路,明确社会建设的核心就是改善民生,要求建设惠及全省人民的小康社会。 2008 年初,浙江省委、省政府正式出台"推进全面小康六大行动计划",部署推进自主创新能力提升、重大项目建设、资源节约与环境保护、基本公共服务均等化、低收入群众增收、公民权益依法保障行动计划。 同年,浙江省启动了全国首个"基本公共服务均等化行动计划",该计划提出浙江要通过 5 年努力,建立健全多层次、全覆盖的社会保障体系,配置公平、发展均衡的社会事业体系,布局合理、城乡共享的公用设施体系,实现基本公共服务覆盖城乡、区域均衡、全民共享,促进社会公平正义和人的全面发展。

2008 年,浙江省在全国范围内实施首个《基本公共服务均等化行动计划(2008—2012)》,创新公共服务体制,优化公共服务质量,不断提高公共服务能力,使得浙江省基本公共服务均等化的程度不断提升。 2012 年,浙江省政府出台《浙江省基本公共服务体系"十二五"规划》,对浙江省在"十二五"期间继续健全和完善基本公共服务体系做出了明确指导。 在指导思想上明确提出"三个着力",即着力保障城乡居民生存发展的基本需求,着力增强基层服务供给能力,着力完善体制机制。 通过基本公共服务供给体系的合理、高效配置,实现城乡居民共享基本公共服务,构建符合省情的可持续的基本公共服务体系。 并致力于增强完善财力保障机制、服务供给机制和监督评估机制,以保障基本公共服务体系的建立健全。 在财政保障方面,根据浙江省统计局提供的数据,"十一五"时期,全省财政用于民生的支出累计达 7595亿元,年均增长 21.1%,连续 5 年财政支出增量的 2/3 以上用于民生,2010年达到了 75%。[①] 进入"十二五"时期以来,政府财政用于公共服务的支出额度不断增加。 近年来,为加快城乡统筹公共服务体系建设,浙江省财政积

---

① 郁建兴、徐越倩:《服务型政府建设的浙江经验》,《中国行政管理》2012 年第 2 期,第82—86 页。

极加大对海岛和欠发达等市县的转移支付力度,大大改善了边远地区、欠发达地区基本公共服务供给不足和供给不均的状况,缩小了城乡之间、区域之间以及不同收入群体之间基本公共服务水平的差距,进一步提高了浙江省基本公共服务均等化程度。

在一系列政策推动下,浙江基本公共服务均等化实现度稳步提高。 重点人群就业创业工作切实加强,社会养老服务体系基本形成,社会保障体系更加健全。 县县建成国家义务教育发展基本均衡县,职教、高教事业稳步发展。"双下沉、两提升"扎实推进,国家卫生城市、卫生县城实现全覆盖。 2016年,全省基本公共服务均等化实现度为 91.6%,比 2015 年提高 3.7 个百分点。 除基本就业创业领域与上年持平外,其他七大领域均有不同程度提升。11 个地市基本公共服务均等化实现度普遍提升,地区间实现度差异逐步缩小。① 如图 1-2 所示,2017 年度全省基本公共服务均等化评价结果显示,基本公共服务均等化实现度为 94.4%,比"十二五"期末提高 7.2 个百分点,年均提高 3.6 个百分点,实现度接近《浙江省基本公共服务体系"十三五"规划》制订的 95%的目标,基本公共服务八大领域全面改善,均等化水平较快提升。②

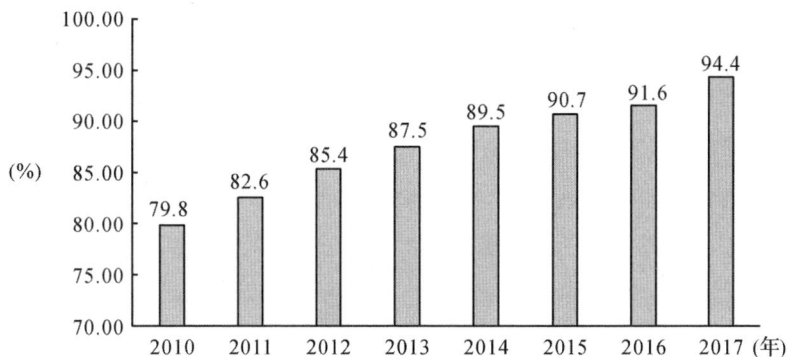

图 1-2　2010—2017 年浙江省基本公共服务均等化实现程度③

① 浙江省统计局:《浙江省 2016 年基本公共服务均等化实现度评价报告》,http://tjj.zj.gov.cn/tjxx/tjjd/201712/t20171228_202675.html。

② 浙江省统计局:《基本公共服务均等化水平较快提升》,http://tjj.zj.gov.cn/art/2018/12/20/art_1562011_27860632.html。

③ 2016 年以后的数据以 2015 年为基期年计算。详见浙江省统计局:《浙江省 2016 年基本公共服务均等化实现度评价报告》。

(1)以城乡社保一体化为目标,统筹推进城乡社会保障体系建设

为构筑一体化的城乡就业和社会保障制度,浙江深入实施城乡居民社会养老保险制度,健全养老保险待遇调整机制,完善养老保险关系跨区域转移接续制度,推进国家基本养老服务体系建设试点。 完善城镇职工、城镇居民医疗保险和新型农村合作医疗等基本医保跨制度、跨地区转移接续的政策制度,实现全省医保"一卡通"。 继续推进失业、工伤、生育保险制度。 完善城乡住房保障制度,健全廉租住房、公共租赁住房、经济适用住房等多元化的住房保障体系。 坚持创业带动就业和城乡统筹就业,健全创业型城市和充分就业社区(村)建设机制,完善有利于高校毕业生充分就业、农民工转移就业、困难群体帮扶就业的体制机制。

从 2009 年开始,浙江省相继出台了城乡居民社会养老保险制度实施意见、企业职工基本养老保险省级统筹实施方案;制定了关于加快推进大学生参加城镇居民基本医疗保险,开展基本医疗保险市级统筹、门诊统筹,加强基本医疗保险基金管理等政策性文件,推动全省"全民社保"工作进入新的历史阶段。 推进城乡医疗保险制度整合,构建新型城乡社会救助体系。 探索被征地农民基本生活保障与职工基本养老保险、城乡居保制度的衔接;逐步实施失业保险省级统筹,基本形成城镇住房保障体系,探索建立覆盖城乡居民的社会保险登记制度;实施全民参保登记,加快社会保险制度城乡统筹;实施机关事业单位养老保险制度改革,积极推进社会保障从制度的全覆盖提升到人的全覆盖。 加快养老服务体系建设,重点发展社区居家养老服务。 2018 年末全省参加基本养老保险人数为 4081 万人,参加基本医疗保险人数为 5369 万人,参加失业保险、工伤保险、生育保险人数分别为 1478 万人、2088 万人和 1477 万人。

(2)加大对农村教育的扶持力度,实现城乡教育均衡发展

近些年来,浙江省对教育的财政投入经费不断增加。 浙江财政统计资料显示,从 2003 年到 2013 年,浙江教育财政支出从 2003 年的 164.21 亿元增长到 2013 年的 950.06 亿元,增长了 4.79 倍。

从 2006 年秋季开始,全面免除城乡义务教育学杂费,2007 年起正式将农村义务教育全面纳入公共财政保障范围。 2010 年春季开始,对农村义务教育公办学校属于行政事业性收费项目的住宿费项目实行免除。 从 2014 年开始,提高义务教育阶段学校年生均日常公用经费最低标准,小学和初中分别达到610 元和 810 元。

2008 年起,实施农村中小学教师"领雁工程"。 截至 2011 年,全省已累计培训 3.9 万名农村骨干教师,提高了农村教师的执教能力。 同时实施支教制度,每年从教育强县选派骨干教师到海岛县和经济欠发达县进行支教,促进教师队伍的均衡发展。 推动浙江省政府办公厅出台《浙江省乡村教师支持计划(2015—2020 年)实施办法》,启动"乡村学校任教 30 年荣誉证书"发放工作,11.7 万余名教师纳入农村特岗教师津贴发放范围。 扩大面向农村和紧缺学科定向培养师范生规模,培养院校增加到 7 所,招生达 343 名(其中小学全科教师 271 名),覆盖了小学、初中和高中的紧缺学科。 推进中小学教师发展学校建设,已建有各级、各类教师发展学校 965 所。 完成中小学教师信息技术应用能力提升培训 20.5 万人。

从 2005 年到 2011 年,全省共投入 6.8 亿元,为农村中小学低收入家庭子女提供每周 2—3 餐荤素搭配、营养合理的营养餐,让 259 万名学生吃上了"爱心营养餐"。 2012 年又提高了农村中小学低收入家庭子女爱心营养餐最低标准,从之前的每生每年 350 元提高到 750 元,并且做到每天一餐,受益学生比例达到义务教育学生总数的 7%。

2008 年起实施农村小规模学校改造工程,有效改善边远山区学校办学条件。 除了改善办学之外,2009 年起实施农村中小学教师集体宿舍维修改造工程,农村中小学教师集体宿舍普遍实现功能配套、结构安全,基本满足教师日常需求。 推进覆盖城乡的学前教育公共服务体系建设,督促各地制订完善幼儿园布局规划,研究制订"十三五"幼儿园扩容工程和薄弱幼儿园改造工程方案。 出台《浙江省住宅小区配套幼儿园建设管理办法》。 做好等级幼儿园评估和认定工作,开展无证幼儿园整治工作"回头看"。 组织幼儿园开发建设游戏课程。 开展发展学前教育第二轮三年行动计划实施情况专项督导活动。2016 年全省幼儿园教师持证率提高到 91.27%,等级幼儿园比例提高到87.59%。 截至 2018 年底,浙江省共有幼儿园专任教师 13.5 万人,教师资格证持证率从 2017 年的 91％提高到 97.8％。① 加快推进薄弱学校改善工程建设，完成投资 18.02 亿元。 推动省政府召开基础教育重点县座谈会，督促 11个重点县加大投入力度，加快补齐发展短板。 启动实施省内第四轮教育对口支援工作。 推动完善义务教育"两免一补"政策和城乡义务教育经费保障机制，自 2016 年秋季学期起，对城乡家庭经济困难的寄宿生按年度给予生活费补助。 建立省教育现代化研究与评价中心，新评估认定 9 个教育基本现代化县（市、区）。 支持新建特殊教育卫星班 10 个、特教学生职业教育实训基地7 个，在 2 所特教学校新开展医教结合实验。

(3)推进医疗卫生体制改革,逐步健全覆盖城乡的医疗卫生体系

近些年来，浙江省健全基本医疗保障制度，努力实现人人参保，提高保障水平。 健全基层医疗卫生服务体系，推进以全科医生为重点的基层医疗卫生人才队伍建设。 全面实施县乡村医疗卫生资源统筹配置改革。

截至 2012 年，全省新型农村合作医疗参合率达 97.7％，人均筹资标准达482.5 元，其中财政补助 342.2 元，均比往年有所提升。 最高支付限额全部达到当地农民人均纯收入 6 倍以上，统筹地区政策内住院费用报销比例达72％以上，普通门诊实际补偿率达 27.8％。② 以县为单位全面实施提高儿童白血病、先天性心脏病、尿毒症等医疗保障试点，实际补偿比例不低于限定费用的 70％。 78 个县（市、区）实施新农合支付方式改革，建立新农合报销和医疗救助统一服务平台。 2013 年，浙江省提高城乡居民基本医疗保障财政最低补助标准至 290 元。 深化完善公立医院投入和补偿机制改革，统筹 2 亿元资金推进城市医疗资源下沉，已有 15 家省级医院与 24 个（县、市、区）27 家医院开展了托管合作办医，使当地群众能够更方便地享受优质医疗服务。

在浙江省委、省政府一系列政策推动下，浙江基层卫生综合改革不断深化，基本医疗卫生服务体系更加健全，基本药物制度全面建立，全民基本医保

---

① 《推进学前教育高质量发展——解读《浙江省学前教育条例》执行情况报告和执法检查报告》,《浙江日报》,2019 年 8 月 1 日,第 8 版。

② 《2012 年全省卫生工作总结》,http://www.zjwst.gov.cn/art/2013/5/29/art_317_231802.html,最后访问日期:2014 年 9 月 29 日。

制度逐步完善,人均基本公共卫生服务经费稳步提高,公立医院药品加成全面取消,综合改革有序实施。 药品采购供应机制、分级诊疗制度、社会办医等改革统筹推进。 目前,浙江所有县(市)已经达到至少有 1 所二级甲等医疗机构的目标任务,村级医疗卫生服务实现全覆盖。 率先初步建立了覆盖城乡居民的基本医疗卫生制度。 比国家要求提前一年实现基层医疗卫生机构基本药物制度全覆盖。 率先实现以药品零差价为核心的公立医院综合改革全覆盖。 城乡基本公共卫生服务经费标准从人均 25 元提高到 40 元,卫生总费用中个人现金支出的比例从 2010 年的 38.54% 下降到 2014 年的 33.84%。①

卫生强省、全民健康六大工程建设全面推进,城乡医疗卫生资源总量增加、结构优化,"双下沉、两提升"工程全面实施,基层服务能力明显增强,中医药服务进一步普及。 2015 年,每千人口床位 4.92 张,每千人口执业(助理)医师 2.85 人、注册护士 2.89 人,分别较 2010 年的 3.38 张、2.1 人和 1.82 人增长 45.56%,35.71% 和 58.79%。

2011 年,浙江省确定了 29 个县(市、区)率先开展县级公立医院综合改革试点,着重抓好 55 个县级医学龙头学科建设,并于当年年内新增 30 个县级医学龙头学科建设项目。 18 家省级医院与 38 家欠发达地区县级医院、73 家三级医院与 250 家医疗机构(含乡镇卫生院)建立长期对口支援关系,提升县级医院的综合医疗服务能力。② 到 2014 年,浙江省所有县级公立医院均实施了以破除以药补医为抓手的综合改革。 县级公立医院改革同步推进药品加成政策、医疗服务收费政策、医疗保险结算和支付政策及财政投入政策等 4 项改革。 将医疗服务价格调整方案制订权下放给试点县(市、区)。 各试点县在落实药品零差率等改革措施的同时,着力建立医院经济运行、医院内部管理、医院人事管理激励等新机制,实现县级公立医院服务能力、管理水平、群众满意度和医务人员积极性等四个提升。

---

① 浙江省卫计委:《浙江卫生计生年鉴 2016 卷》,第 1 页。
② 《2011 年全省卫生工作总结》,http://www.zjwst.gov.cn/art/2012/3/28/art_317_178057.html,最后访问日期:2014 年 9 月 29 日。

1.2.5 以创新优民生：近年来民生服务的创新

公共服务只有进行时，没有完成时。随着经济社会的不断发展，浙江省不断深化公共服务内涵，不断扩展公共服务外延，通过体制改革和机制创新，持续改善公共服务供给质量，为高水平全面建成小康社会保驾护航。

(1)创新文化服务形式，加大文化供给力度，持续开展送文化惠民活动

着力改善县级图书馆、乡镇文化站等开展公共文化服务场所所需的设备条件，提升文化服务功能，加强文化基础设施的信息化、数字化建设，缩小公共文化设施的城乡差距，完善对农村文化设施的扶持政策，形成省、市、县、乡、村五级覆盖的文化设施网络。乡镇综合文化站、村级文化活动室实现全覆盖，公共图书馆虚拟网络基本全覆盖。深入实施文化信息资源共享工程、数字图书馆推广工程、公共电子阅览室建设计划，进一步完善了数字文化服务网络。全省101个市、县（市、区）全部制定出台贯彻落实现代公共文化服务体系的实施意见，已经出台各类行业标准和项目标准112个，全省初步构建起以省定标准为主体，地方标准为基础，行业标准和项目为补充的公共文化服务标准化体系；配合浙江省政府办公厅下发《关于推进基层综合性文化服务中心建设的实施意见》；持续推进农村文化礼堂建设，农村文化礼堂建设连续4年列入省政府为民办实事项目。据统计，截至2017年底，全省已建成农村文化礼堂7916个，总建筑面积约6.34平方千米，相当于一个西湖的面积（6.39平方千米）。到2020年，全省要建成农村文化礼堂1万个，覆盖80%的农村人口。[①] 公共文化服务体系建设呈现出全面提升的良好态势。坚持以农村为重点，实施"新农村文化建设工程"和"文化低保工程"，鼓励全省各县（市、区）之间开展"文化走亲"活动。开展农村文化礼堂"四季行动""百名教授回乡走进百家文化礼堂"等系列活动，推出内含2100多项服务内容的文化礼堂服务"菜单"，不断丰富服务内容，形成礼堂文化。

---

① 浙江在线：《浙江文化礼堂有大数据了，六年总建筑面积相当于一个西湖》，https://zj.zjol.com.cn/news/897713.html。

(2)以群众需求为导向,增强民生服务满意度

2004 年 10 月,浙江省委、省政府从广大人民的发展愿望和根本利益出发,制定出台《关于建立健全为民办实事长效机制的若干意见》,畅通群众的服务需求表达渠道,提高公共服务的群众满意度和可获得感。该意见明确提出建立健全民情反映机制、民主决策机制、责任落实机制、投入保障机制、督察考评机制。各市、县(市、区)也结合本地实际,就为民办实事的项目选择、工作要求、责任落实等,出台了实施意见。特别是从 2005 年起,在每年的政府工作报告中向全省人民承诺,办好关系群众切身利益的就业、社保、就医、就学、住房、环保、农村设施等十个方面实事,并且每一件实事都有明确的量化目标,得到广大群众的一致好评。

杭州市自 2009 年以来每年通过征集公众意见来破解民生诸多难题,如 2015 年在杭州市考评办向城镇居民、企业代表、农村居民及外来务工人员征集关于提高社会保障待遇水平的意见;在此基础上,杭州市人力社保局实施新修订的基本养老、医疗保障办法,主城区和萧山、余杭区、五县市均出台当地实施细则,在全市建立了职工和城乡居民两大社保制度平台,统一了全市养老、医保制度框架。推进萧山、余杭区与主城区社保一体化工作,公布首批三地互认互通的 911 家医疗机构名录,完成医疗机构信息化改造任务;萧山、余杭区和主城区城乡居民社会养老保险基础养老金,分别从每月 120 元、110 元、110 元统一提高到每月 150 元。完成 2014 年全市 98.84 万名企业退休人员养老金调整并发放到位,人均增加养老金 250.99 元/月。完善大病医疗保障机制,对所有参保人员建立医疗困难救助制度。[①] 此外,杭州市每年都有在网站上实时跟进政府为民办实事的项目,如 2015 年度杭州市政府民办实事项目情况包括促进社会就业创业、加大水环境治理力度、持续改进交通出行、强化食品安全治理、加强养老为老服务、加大雾霾治理力度、改善城乡人民环境、丰富城乡文体生活、加快电商服务网络建设、加强法律援助和服务等十个方面。按照群众的需求做好每个方面的工

---

① 杭州考评网,http://220.191.210.153:8023/kpb/Jxkh_singoal.do? id=31731699。

作,增强人民的获得感,为人民服务,实现人民的需求是实现公共服务均等化的落脚点。

(3)以环境空间改善为目标,统筹城乡生态环保建设

出台《浙江省生态文明体制改革总体方案》,指定环境保护督察方案。印发《浙江省党政领导干部生态环境损害责任追究办法实施细则(试行)》,实施党政领导干部生态环境损害责任追究。 推行环境经济政策,探索并深入实施排污权有偿使用和交易、生态补偿与主要污染物排放总量挂钩的财政收费制度。

通过深入实施"清洁水源、清洁空气、清洁土壤"三大行动,深化环境污染防治。 提高工业、农业、生活等工程的减排质量,有效降低污染物的排放。 强化各种环境风险控制,加强重金属、危险化学品等污染物的防治力度,提高安全处理生活垃圾的水平。 累计86％建制村实现生活垃圾集中收集处理,16％建制村开展垃圾减量化、资源化、无害化处理。

加强农村环境保护,着力开展"千村示范、万村整治"工程,全面实施绿色城镇、美丽乡村行动计划,提高农村地区生态环境质量。 加强对重点生态区的保护和管理,组织动员广大群众参与生态保护建设。 安吉、德清、浦江、江山、桐庐、象山等6个县(市)被评为第一批美丽乡村示范县(市)。

加强环境监测能力、环境执法和应急体系建设,尤其是增强农村环境监测能力,提升环境安全保障能力。 进一步规范农村地区环境信息的统计方法、数据处理和通报等相关制度建设。 印发《浙江省生态环境监测网络建设方案》,全力推进水环境自动监测系统,建成饮用水源地水质自动监测数据发布平台。 完善大气复合污染立体监测网络,加强空气质量预报预警制。

(4)以信息技术为载体,实现公共服务创新供给

在"互联网＋"时代,如何通过"互联网＋"途径提高服务绩效是公共服务改革创新的重要内容。 近些年来,浙江从省到县、市、区政府积极运用互联网思维,创新公共服务提供方式。 在省级层面,面对互联网的蓬勃发展,运用"互联网＋政务"的信息化方式来实现管理理念的现代化,积极推进"四张清单一张网"建设,"四张清单"即政府权力清单、企业投资负面清单、政

府责任清单、省级部门专项资金管理清单,这里的"一张网"即浙江政务服务网。 建立健全"四张清单"动态机制,重点推进权力清单"瘦身"、责任清单"强身"、政务服务网功能提升,着力提高行政效能,推动政府治理体系和治理能力现代化。 在地级市层面,宁波市政府依托政府自身的公信力,在需求和供给之间搭建起了一个诚信的公共服务平台——"81890",把人民群众的需求与提供服务的市场主体进行成功对接。"81890"是由求助热线和公众服务信息网站组成的公共服务平台,由政府提供运作成本,通过建立资质审查、服务监管和信用评价制度规范加盟企业,为广大群众提供有保证的、全面的居民服务。"81890"信息平台通过建立信用监督制度、加盟企业资质审查制度、服务质量保证制度、企业服务约束和评价制度等系列保障制度,实现了平台对群众承诺、加盟企业对平台承诺的纽带关系,将政府公信力和市场信用联系在一起,在运行上依托有效的制度保障,规范了企业经营,保证了服务质量,促进了居民服务业的专业化、标准化和规范化。

近些年来,各地方政府积极运用信息技术和大数据分析,在创新公共服务供给方面积累了丰富的实践。 如宁波市根据人社部和省人社厅的要求,依托信息技术的发展和医保大数据的应用,抓住医疗服务监管发展的新趋势,基本建成了智慧医保监管平台,推动医保监管从事后向事前、事中前移,监管触角从医疗机构向医保医师延伸,在规范医疗服务行为、提高医保监管效率等方面取得了一定成效。 桐庐县在 2010 年开通了"967000"百姓服务热线,目前其主要是为百姓提供咨询类服务。 2010 年,杭州市上城区城市管理行政执法局开发了城市管理智能管控平台,并正式上线运行。 该平台致力于解决目前城管执法工作中存在的执法方式简单、信息不对称、责任厘清困难、管理粗放等突出问题,并将空间信息技术整合到平台,从而实现了公共服务的空间整合,开启了基于地理空间信息的公共服务递送与信息收集模式,有效改善了公共服务的供给绩效。

2016 年 12 月,省委经济工作会议上提出了"最多跑一次"改革,从而开启了政府权力运行更加科学化的改革历程。 2017 年 1 月,省政府工作报告正式提出加快推进"最多跑一次"改革。 之后一系列改革创新工作依次展开,在行政审批事项梳理、办事流程优化、数据共享建设等方面,浙江创造了多个全国第一，成为新时期地方政府改革的典范。"最多跑一次"改革从人民群众的需求出发，倒查政府的组织制度和运行环节的问题，从而构建了一个问题解决型的统筹改革安排，强化了政府服务能力，为治理体系和治理能力现代化提供了一个新的改革路径。

1.3 迈向高品质发展型服务体系：新时代民生服务的发展战略

对于地方和基层政府而言，公共服务是主要的政府职能。 由于公共服务涉及普通群众的生活需求，一般而言，政府层级越往下，公共服务的职能越强化。 党的十八届三中全会强调，加强中央政府宏观调控职责和能力，加强地方政府公共服务、市场监管、社会管理、环境保护等职责。 因此，地方政府的公共服务职能将会进一步强化。

首先，民生服务是满足人民美好生活的必需品。 早在浙江工作期间，时任浙江省委书记习近平就曾指出，"让人民过上幸福美好的生活，最主要还是做好就业、收入分配和社会保障三件事情"。 2012 年，在新一届中共中央政治局常委媒体见面会上，习近平对满足人民美好生活需要的基本条件做了更为细致的阐述，他说："我们的人民热爱生活，期盼有更好的教育、更稳定的工作、更满意的收入、更可靠的社会保障、更高水平的医疗卫生服务、更舒适的居住条件、更优美的环境，期盼着孩子们能成长得更好、工作得更好、生活得更好。 人民群众对美好生活的向往，就是我们的奋斗目标。"在 2017 年的"7·26 讲话"中，习近平再次对新时代满足人民美好生活需要的公共服务条件做了阐释，他指出，当前"人民群众的需要呈现多样化多层次多方面的特点，期盼有更好的教育、更稳定的工作、更满意的收入、更可靠的社会保障、更高水平的医疗卫生服务、更舒适的居住条件、更优美的环境、更丰富的精神文化生活"。 因此，满足人民美好生活的需要，就是要在改革发展中不断提高人民群众最迫切需要的基本生活服务品质和水平，实现社会更和谐地发展。

其次，民生服务建设体现了社会主义现代化建设的根本目的。"我们党领导人民全面建设小康社会，进行改革开放和社会主义现代化建设的根本目的，就是要通过发展社会生产力,不断提高人民物质文化生活水平,促进人的全面发展。"充分有效的公共服务供给,从社会层面而言,有利于促进社会公平,从而增进社会和谐。 从经济层面而言,可以提高劳动力素质,为可持续的经济增长提供基础保障。 从人自身层面而言,公共服务是人的全面发展的基本条件,有效的公共服务供给可以促进人的全面发展,而这也正是我们党和政府全面建设小康社会的根本目的。 尤其是改革开放以来,我国在经济建设方面取得巨大成就的同时,在社会建设方面出现了地域发展不平衡、城乡差距加大、社会心理出现失衡等诸多问题,需要政府在社会政策领域加强改革创新,强化社会建设,从而推动经济社会更加健康平衡可持续地发展,提高广大人民群众的获得感。

再次,民生服务建设需要随着社会发展矛盾的变化而不断变化。 我国社会的主要矛盾,已经从改革开放之初的"人民日益增长的物质文化需要同落后的社会生产之间的矛盾",转化为"人民日益增长的美好生活需要和不平衡不充分的发展之间的矛盾"。 社会主要矛盾的变化对公共服务建设提出了新要求。 改革开放之初,我国的经济水平相当落后。 据统计,1978 年全国的 GDP 为 3678.7 亿元,而到了 2018 年,全国 GDP 总量超过了 900000 亿元。根据美国学者麦耶斯的研究,当一国的国民收入低于 8000 美元时,收入的增长和经济的发展与人民的幸福感具有正相关性;而当国民收入高于 8000 美元时,收入的增长就不能提高国民的幸福感。 据统计,2016 年浙江城镇居民人均收入 4.7 万元,农村居民人均收入达到 2.2 万元,浙江收入目标是"到 2022 年,城镇居民人均可支配收入超过 7 万元,农村居民人均可支配收入超过 3.5 万元",这意味着我省正在从全球中等收入水平向高收入水平跨越。 这种跨越将对政府的公共服务供给结构和供给要求提出新的挑战。 从供给结构而言,随着人民生活水平的提高,一般生活性的公共服务负担将会降低,而发展性的公共服务负担将会增加;尤其是以教育和医疗为代表的公共服务负担,将越来越成为群众关心的内容。 从 1947—2007 年美国的各种服务家庭支出负担数据显示,美国家庭这 60 年中服装、饮食等消费支出比例在下降,但教育、医疗支出比例有大幅上升。 从供给品质要求而言,随着人民生活水平的提高,人民群众对公共服务的品质要求将会提升。 为此政府公共服务要实现从

"有"到"好"的转变。 另外，经济社会的发展也使得人民群众的需求越来越呈现多样化多层次多方面的特点，因此公共服务需要通过改革创新满足多元化的服务需求。

自 2008 年浙江发布全国首个省级《基本公共服务规划纲要》以来，经过 10 年的发展，浙江基本公共服务均等化基本实现，公共服务的统筹性和一体化程度不断增强。 通过前面的分析可以发现，浙江在义务教育、基层医疗、养老、环境保护等方面都较早地启动了相关改革，强化了政府的责任，大大提高了浙江的公共服务供给能力和保障水平，公共服务均等化程度显著提高，群众的满意度和获得感也明显提升。 如果将财政支出和群众满意度进行比较可以发现，浙江在财政支出占比方面与其他省市相比不算很高，但各项公共服务的满意度基本高于其他省市。 这也说明浙江公共服务的供给绩效整体比较高。

在决胜高水平小康社会的新时代，浙江的公共服务体系建设面临着如何满足人民日益增长的美好生活需要的新挑战和新命题。 浙江的公共服务体系建设如何既能够顺应浙江经济发展的新要求，又能满足人民的多元化、多层次服务需求，需要进一步探索相关的改革创新战略。 浙江于 2016 年制订了《浙江省基本公共服务体系"十三五"规划》。 浙江规划的公共服务清单比国家规划的 81 个基本公共服务项目清单多了 33 个，适当增加了孤儿养育保障、饮用水水质保障、环境质量等项目，共有 114 个项目，并在一些公共服务标准上高于国家标准，形成了基本公共服务的"浙江标准"和"浙江清单"。

如果对浙江基本公共服务"十三五"规划的目标进行具体分析可以发现，有些公共服务目标已经基本实现比较广泛的覆盖，在"十三五"时期的指标进步空间比较小。 有些公共服务项目已经具备良好的发展基础，在"十三五"时期需要进一步稳步提升；有些公共服务项目目前依然是短板，需要在"十三五"时期大幅提升。 通过对"十三五"的公共服务目标数据统计可以发现，如表 1-1 所示，在九年制义务教育巩固率、基本医疗保险参保率、具备条件建制村客运车辆通达率、广播电视综合人口覆盖率、企业劳动合同签约率、农村公路等级化率、高中阶段毛入学率、国民综合阅读率、残疾人全面小康实现程度、城市（县城）污水集中处理率等方面，已经基本实现全覆盖，"十三五"时期的增长目标将低于5%;在城市公共交通服务指数(用户满意度指数)、地表水交接断面水质达标率、地表水考核断面1—3类比例、县级以上城市集中式饮用水水源地水质达标率、基本养老保险参保率、农村生活污水有效治理建制村覆盖率、每千人执业医生和注册护士数等指标方面,目前已经具备比较好的基础,在"十三五"时期目标是增长5%—20%;在每千人医疗床位数、护理型养老床位占比、每千名老年人拥有社会养老床位数、乡镇街道公共法律服务站覆盖率等指标方面,"十三五"时期目标将增长20%以上,可以认为这些指标是目前的主要公共服务短板。另外,还需要指出的是,经常参加体育锻炼人数比例在"十二五"时期只有35.8%,但"十三五"时期的目标却只有38%,提高2.2个百分点,说明未来依然有很大的提升空间。"十三五"时期将这个目标定得比较低,也说明目前在激发群众参加体育锻炼方面,依然存在一定的难度。

表 1-1　浙江"十三五"时期的公共服务项目发展目标

公共服务项目	2015 年	2020 年	增长率(%)
九年义务教育巩固率	100	100	0
高中阶段毛入学率	95.9	98	2.2
企业劳动合同签约率	97	98	1
从业人员继续教育	800	1000	25
基本养老保险参保率	84.4	95	12.6
基本医疗保险参保率	95	95	0
每千名老年人拥有社会养老床位数	35	50	42.9
护理型养老床位占比	38.9	50	28.5
残疾人全面小康实现程度	92.6	96	3.7
乡镇街道公共法律服务站覆盖率	40	90	125
人均预期寿命	78.22	78.5	0.4
每千人医疗床位数	4.92	6	22
每千人执业医生和注册护士数	5.74	6.8	18.5
经常参加体育锻炼人数比例	35.8	38	6.1
城市公共交通服务指数(用户满意度指数)	74.6	80	7.2

续　表

公共服务项目	2015 年	2020 年	增长率(%)
农村公路等级化率	97.5	99	1.5
具备条件建制村客运车辆通达率	99.8	100	0.2
国民综合阅读率	87.64	90	2.7
广播电视综合人口覆盖率	99.65	100	0.4
地表水考核断面Ⅰ—Ⅲ类比例	72.9	80	9.7
地表水交接断面水质达标率	73.1	80	9.4
城市(县城)污水集中处理率	91.33	95	4
县级以上城市集中式饮用水水源地水质达标率	85	94	10.6
农村生活污水有效治理建制村覆盖率	78	90	15.4

各项目目标增长比率如图 1-3 所示。

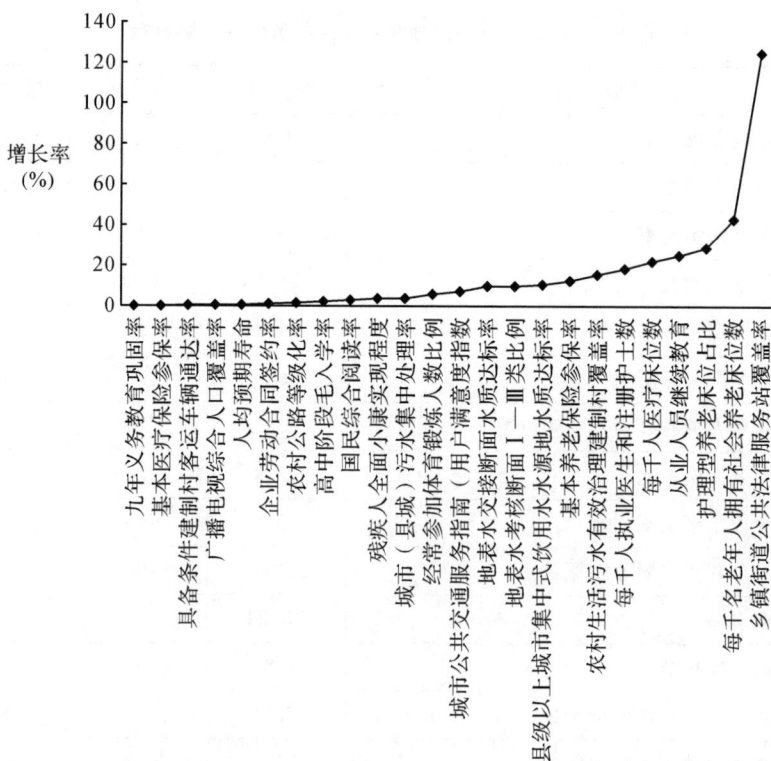

图 1-3　浙江"十三五"时期公共服务项目目标增长比率

面对建设高水平全面小康社会的要求和人民群众对公共服务品质的更高需求,浙江需要建立一个适应浙江城市化、老龄化和高水平小康社会的可持续公共服务体系。 习近平总书记在不同场合多次强调公共服务与社会主义现代化建设的辩证关系。 习近平指出,我们社会主义现代化建设的根本目的,是"促进人的全面发展",我们的民生保障"既要尽力而为,又要量力而行",要"处理好发展经济和保障民生的关系,不要脱离财力做难以兑现的承诺。要引导人民的预期,尤其政府不能包打天下",要"充分发扬民主、广泛汇聚民智,最大激发民力,形成人人参与、人人尽力、人人都有成就感的生动局面"。 因此,新时代的公共服务体系既要立足于我国社会主义初级阶段的基本国情,又要吸收和借鉴其他各国在福利国家建设中的经验教训,以促进人的全面发展为根本目的,构建一个满足人民美好生活需要的可持续的服务体系。

新时代的浙江公共服务体系建设,应该构建一个发展型公共服务体系以满足人民高品质美好生活需要。 发展型服务体系是对习近平新时代中国特色社会主义社会建设思想的系统性认知和整体性理解。 所谓发展型,就是要既尽力而为,又量力而行,推动一个最大可能调动所有资源要素,最大程度发挥各主体优势的、可持续的公共服务体系。 发展型体系有三个特征:①发展型体系强调多元主体在公共服务建设中的各自优势和能动性,通过构建多元主体的合作共担,促进多元主体在公共服务中的良性互动,实现多主体共建与共生;②发展型服务体系致力于实现公共服务供给的可持续性,自二战以来,世界各国普遍经历了福利国家的建设历程,通过强化政府责任,构建覆盖全民的公共服务体系,但也带来了政府负担过重、财政压力过大等问题,发展型服务体系致力于寻求服务体系的可持续性,强调政府应当明确公共服务的责任边界,更提高服务供给的绩效,以构建一个长期可持续运行的服务体系;③发展型体系强调以人的发展为核心,发展型服务体系从人的发展要求来设计框架,发展型体系既强调结果公平,更强调人的机会公平,既强调通过服务供给促进人的发展,也强调通过服务体系的社会参与来激发人的发展。

发展型公共服务体系要满足人民不断增长的高品质美好生活需要,需解决三个基本问题:①公共服务的统筹协调问题,通过推进城乡一体化,统筹城乡发展,实现基本公共服务的均等化;②公共服务的供给绩效问题,通过提高政府自身公共服务供给绩效，提高外包公共服务供给绩效，强化多元主体合作供给绩效，满足人民不断增长的多元服务需求；③公共服务发展中的需求回应问题，通过构建公共服务的民众需求表达机制，提高政府对民众需求的回应性，从而使政府公共服务供给不断满足群众需求。

"十三五"乃至未来更长时期，是浙江跨越中等收入的关键时期，公共服务将面临供给品质化、精准化、多元化等的挑战。为此，浙江的公共服务需要在发展型服务体系建设战略框架下，结合前面对浙江在公共服务方面已有的优势和主要短板的研判，在如下几个公共服务方向进一步强化改革创新。

1.3.1 统筹推进新型基层服务体系建设创新

如何有效地向人民提供公共服务，依赖于政府供给与群众获得之间的有效衔接机制，因此需要解决公共服务供给的"最后一公里"问题。统筹推进基层服务体系建设，是解决公共服务供给"最后一公里"的基础性工作。21世纪以来，随着国家公共服务职能的强化，基层服务能力和服务体系已基本形成，但目前仍然面临着如何提高基层精准供给和多元供给的挑战。

国家层面为加强基层服务体系出台了一系列实施意见。2016年，民政部与十几个部委联合发布了《城乡社区服务体系建设规划（2016—2020年）》，致力于推动城乡社区服务精细化、专业化、标准化，构建机构健全、设施完备、主体多元、供给充分、群众满意的城乡社区服务体系。2017年，中央办公厅和国务院办公厅发布《关于加强乡镇政府服务能力建设的意见》，提出到2020年，乡镇政府服务能力全面提升，服务内容更加丰富，服务方式更加便捷，服务体系更加完善，基本形成职能科学、运转有序、保障有力、服务高效、人民满意的乡镇政府服务管理体制机制。

很多省市在上述中央层面的规划和意见指导下出台了地方实施细则，但浙江自"十二五"以来，在社区和基层服务创新方面的统筹创新相关政策相对不足。比如，浙江省发改委在2012年出台了《浙江城乡社区发展"十二五"规划》，但之后没有出台社区发展"十三五"规划。浙江也没有出台城乡社区服务的"十三五"规划，只有省民政厅牵头负责制订了城乡社区治理"十三五"规划。浙江至今也尚未出台加强乡镇政府服务能力建设的实施意见。因此,省级层面在加强基层服务体系建设方面的政策统筹性尚待加强。

在党的十九大、十九届三中全会相关精神指引下,浙江有必要统筹考虑构建新时代的新型基层服务体系建设问题。 新型基层服务体系建设,需要根据当前基层服务中的相关问题和改革重点,构建面向未来的、可持续的供给体系。 构建新型基层服务体系需要突破三个关键领域:统筹性、回应性和互动性。

首先,构建新型基层服务体系需要强化基层服务的统筹性。 基层服务体系主导力量是基层政府和城乡社区。 由于政府复杂的条块关系,基层面临着"上面千条线,下面一根针"的窘境。 近些年全国各地的很多改革,都在致力于构建一个简约、高效的基层服务体系,但在基层服务责任不断强化的情况下,当前基层仍然面临着服务碎片化的问题。 因此,新型基层服务体系建设的重点之一应当是系统强化服务体系的统筹性。 通过厘清政府和社区的职责体系和责任清单,明确不同主体的权力和责任范围,减少相互之间的扯皮和权责利失衡现象。 通过统一信息化服务平台,增强基层服务的数据协同和平台协同。 通过基层服务标准化体系建设,减少具体运行中的随意性。

其次,构建新型基层服务体系需要增强基层服务的回应性。 在"平安浙江"和"平安中国"的建设和推动下,基层构建了一个比较完善的网格化体系,已经比较有效地解决了基层社会信息的收集问题。 但当前基层的各种机制、平台和载体的创新,普遍缺乏对基层社会信息的有效回应机制,尤其是缺乏对民众诉求信息的有效回应机制。 因此,新型基层服务体系需要增强对多元动态社会信息的有效回应,这需要构建政、社之间的无障碍沟通体系和政府有效应对和处理民众诉求的回应机制。

再次,新型基层服务体系是一个多元主体合作互动的体系。 新型基层服务体系需要强化党政部门、社会组织、群团组织、企业、家庭和民众等多元主体的多元互动。 这既需要传统党委、政府和社区之间的有效互动,也需要新兴社会主体之间、新兴社会主体与传统社会主体之间的有效互动。 党的十九大以后,基层政权和基层党的建设将进一步强化,因此需要系统规划基层党建和基层组织机制创新的协同,构建党建引领下的多组织主体联动机制。 党的十九届三中全会后,基层还将面临机构改革和群团改革的新机遇,因此需要统筹"党建＋三社＋群团"的新体系和运行新机制。

因此，新型基层服务体系是一个统筹、回应和互动的有机体系。 浙江在社区服务体系建设、平安浙江建设和基层政权建设方面都积累了丰富而较为成功的经验。 但在多重改革背景、权力下放和民众服务需求日益呈现多元化的今天，浙江非常有必要系统研究规划新时代的新型基层服务体系问题，尤其是近些年浙江与其他省市相比，在基层服务方面的规划相对比较滞后。 因此非常有必要由省委、省政府统筹出台基层服务体系的相关实施政策。

1.3.2 及早研究出台省以下政府的服务清单和支出责任清单

各类公共服务的政府职能和财政责任界定问题，一直是公共服务领域改革的重点和难点问题。 近些年来，中央一直致力于科学、有效划分不同层级政府的公共服务责任范围和财政分担比例。 2016 年，国务院出台了《关于推进中央与地方财政事权和支出责任划分改革的指导意见》，提出加快省以下财政事权和支出责任划分。 省级政府要参照中央做法，结合当地实际，按照财政事权划分原则合理确定省以下政府间财政事权。 省级政府要根据省以下财政事权划分、财政体制及基层政府财力状况，合理确定省以下各级政府的支出责任，避免将过多支出责任交给基层政府承担。 2018 年，国务院办公厅又发布《关于印发基本公共服务领域中央与地方共同财政事权和支出责任划分改革方案的通知》，提出推进省以下支出责任划分改革，要求合理划分省以下各级政府的支出责任，加强省级统筹，适当增加和上移省级支出责任。 并要求县级政府要将自有财力和上级转移支付优先用于基本公共服务，承担提供基本公共服务的组织落实责任；上级政府要通过调整收入划分、加大转移支付力度，增强县级政府基本公共服务保障能力。

2018 年，浙江根据中央部署出台了《关于推进省以下财政事权和支出责任划分改革的实施意见》，并提出 2020 年之前公共服务领域财政事权和支出责任划分的时间表。 因此，浙江有必要以此轮公共服务领域财政事权和支出责任划分为契机，推动省以下公共服务的职责分工细化，在科学研究的基础上出台省以下政府的服务清单和支出责任清单。 首先，需要梳理并明确不同公共服务在不同层级政府间的责任，落实各项公共服务的责任主体和职责范围，确定不同公共服务的各级政府财政分担比例；其次，需要强化县级政府的公共服务供给能力，将支出责任与新一轮的机构改革、权力下放和放管服改革有机结合，增强县以下政府的服务供给能力，保障县级政府在公共服务供给中的统筹协调能力；再次，需要确定公共服务供给改革的基本原则方向，省级政府根据经济社会发展和财政状况，依据公共服务改革的相关原则动态调整支出责任的分担比例，强化省级政府的区域统筹协调能力，不断提高公共服务的均等化水平。

1.3.3　构建以人为本的信息化服务体系2.0版

从2003年9月浙江省政府出台《"数字浙江"建设规划纲要（2003—2007年）》开始，经过10余年的发展，浙江的政务服务、基层社区服务和城市服务等领域，已经积累了丰富的信息化创新实践，信息化发展水平居全国前列。据统计，2015年浙江全省信息化发展指数达到95.89，仅次于上海和北京，位居全国第三。浙江已建成了"数字浙江1.0"框架体系[①]，"十三五"时期，浙江要建立"数字浙江2.0"框架体系。

在全省"数字浙江2.0"框架体系下，有必要在全省信息化的基本战略基础上，构建信息化公共服务体系2.0版。

相对于目前的信息化体系，2.0版应该有几个基本区别：首先，需要推动政府组织架构与信息化的有机融合。包括重新规划传统的政府服务体系和基于互联网的线上服务体系之间的关系；在信息化时代重新梳理省级政府与市县乡级政府之间的职责分工和监管机制；通过信息化平台整合基层的多元服务主体。其次，深入推进以人为本的信息化创新。需要重新注意信息化带动政府变革的两面性，紧紧抓住以人为本这一核心推动信息化建设和改革创新，构建一个以人为中心，而不是以信息技术为中心的信息化服务体系。致力于通过信息化促进更多的人获得便捷高效的公共服务，避免信息化带来的数字鸿沟和公共服务新的不公平问题。再次，需要构建信息化时代的新型政社关系。信息化不但有利于政府服务绩效的提升，也为政府与社会互动关系带来

---

① 参见《浙江省信息化发展"十三五"规划（"数字浙江2.0"发展规划）》。

新的变化。 信息化不但使政府信息变得更加公开、透明，而且使社会参与政府也变得更加便捷和频繁，政府的服务网络需要与社会信息网络之间进行新的整合，使信息时代的政社之间有更多的良性互动。 最后，需要推动信息化技术和平台真正向基层延伸。 根据前期调研，课题组发现基层不但缺乏相应的信息化基础设施，而且缺乏信息化运用的相关人才，造成信息化发展和运用水平在自上而下的不同政府层级间呈现衰减态势。 有关资料显示，截至 2015 年，中央部委和省级政务部门主要业务信息化覆盖率为 90.8％，地级市政务部门主要业务信息化覆盖率为 76.8％，而县级政务部门主要业务信息化覆盖率只有 52.5％。① 因此，需要强化基层的信息化水平，在基层"四个平台"建设和"最多跑一次"改革的基础上，深化基层信息化服务体系建设。 浙江的信息化服务体系 2.0 版，应当致力于解决和回应上述相关问题，推动线上政府服务与线下政府服务的有机融合，推动社会互动信息平台（如腾讯、支付宝、滴滴）与政府服务信息平台之间的互动整合，推动政府服务大数据的多元开发运用，等等。

1.3.4 推动以人民需求为导向的重点领域协同改革创新

满足人民美好生活需要，一方面需要精准了解人民美好生活需要的内容，另一方面需要政府有效提供人民生活需要的服务。 这就需要以人民需求为导向推动重点领域的改革创新。

首先，需要构建一套有效汇集人民需求的信息沟通与整合机制。 浙江省委、省政府和地方各级政府在了解社会需求方面开创了很多新的载体和机制。早在 2004 年，浙江在省级层面就出台了《关于建立健全为民办实事长效机制的若干意见》，意见中提出要建立健全民情反映机制，强调"通过人大、政协代表提案、人民群众来信来电来访以及政府网站等渠道，广泛征询为民办实事项目"，"各民主党派、群众团体要充分发挥联系群众的桥梁纽带作用，及时反映群众关心的热点、难点问题"。 为民办实事长效机制目前已经执行了十几年，为群众解决了大量民生领域热点、难点问题。 在信息化发展、基层创

---

① 国务院:《"十三五"国家信息化规划》。

新大量涌现的今天,浙江有必要在为民办实事长效机制的基础上,整合相关的信息化民意收集创新机制、基层社会协商机制和信访等其他信息收集机制,构建一套有效动态跟踪人民服务需求的信息收集与整合体系。 当前可依托浙江政务服务网和基层四个平台的相关创新,整合基层民意诉求表达平台和机制,构建一个基层需求有效表达、社会需求信息动态跟踪研判的整合性平台体系。

其次,需要构建一个基于人民需求的重点领域协同改革创新机制。 在社会需求信息整合的基础上,有效回应社会需求,有赖于政府重点领域的协同攻关改革。 从 2004 年浙江每年出台的为民办实事项目来看,尽管每年省委、省政府实施了诸多民生实事工程,但还有大量民生关注的事项由于存在诸多政策执行问题而未能有效解决。 这些民生领域的疑难杂症往往是存在诸多政策问题需要破解,单个部门或单一政府难以有效解决的问题,因此需要各级党委、政府协同攻坚克难。

很多地方已经有了相关的攻坚克难创新尝试。 比如杭州市每年都根据面向社会各群体的调查考评情况,分析、整理年度重点、难点问题,并针对重点、难点问题,联合相关部门实行多部门协同改革创新。 省委、省政府近些年的重点改革工程,诸如医疗领域的"双下沉、两提升",环境领域的"五水共治",政务服务领域的"最多跑一次"改革,也正是省委领导下的全省性改革与治理工程,通过全省范围持续性、多部门的协同改革,有效解决了相关领域的民生问题。 因此,在已有的改革创新经验的基础上,浙江有必要构建一个基于人民需求的重点领域协同改革创新体系,通过年度的社情民意收集、年度的重点问题分析研判、年度的重点领域协同改革创新,有序推进民生疑难杂症的有效解决,给人民更多的获得感。

1.3.5 扎实推进公共服务供给模式与监管机制改革创新

公共服务供给的多元化有三种模式:公共服务的差异化供给模式、公共服务的竞争供给模式和公共服务的政府购买模式。 所谓差异化供给模式,是指在一些诸如高端养老、高端医疗等非基本公共服务领域,政府需要放开市场,让市场主体和社会力量参与进来,并主要由市场和社会力量提供这些服务。所谓竞争供给模式,是指在一些诸如目前主要依赖于事业单位来提供服务的教育、医疗等领域，政府应该在保证服务均等化提供的前提下，鼓励市场和社会主体参与竞争，与事业单位在公平环境下竞争提供相关服务，通过多元主体竞争提高相关服务的绩效。 所谓政府购买模式，是指在一些过去政府没有提供经验，也缺乏事业单位提供的公共服务领域，比如社区养老服务等，政府可以通过培育市场和社会主体，向这些主体购买服务。

习近平指出，改革开放 40 年来，人民的需要日益呈现出多样化多层次多方面的特点。 因此，公共服务供给必须推进多元化改革创新，从而满足人民群众日益增长的多元化需求。 党的十八届三中全会为公共服务的多元化供给改革提供了政策框架。 近些年来，中央出台了一系列鼓励公共服务多元化的政策文件，包括 2013 年国务院办公厅颁发的《政府向社会力量购买服务的指导意见》和 2016 年发布的《基本公共服务的"十三五"规划》。 作为改革开放的前沿阵地，浙江在市场化改革中一直走在前列，市场和社会力量在浙江改革中发挥了巨大的作用，这为浙江新一轮的公共服务改革奠定了良好的基础。 近些年来，在中央政策指引下，浙江在教育、医疗和养老领域都出台了鼓励社会力量参与相关服务的政策文件，为公共服务的多元供给模式提供了基本的政策框架。 很多地方如温州、杭州和宁波，在推动公共服务的多元化供给方面进行了大量探索和创新，如宁波的政府购买居家养老服务创新，曾获"中国政府创新奖"，属于国内较早制度化探索政府购买服务的案例。 温州在推动民办力量提供教育、医疗等服务方面，出台了一整套的政策方案，鼓励社会力量参与公共服务提供。 尽管如此，当前公共服务供给的多元化依然存在大量的政策问题、创新问题和监管问题。 因此，从省级层面而言，需要探索一个统筹全省的公共服务多元供给模式创新的政策支撑体系。

当前公共服务的多元化改革正在加速推进，不过浙江在市场和社会资源参与公共服务方面的动力和活力并未有效激发，很多方面尽管有鼓励政策，但相关配套政策不足，政策的执行和落地普遍比较困难。 比如关于养老服务方面，目前在土地等政策方面难以跟上，导致社会力量难以参与。 同时，由于社会力量本身的发展水平不足，在很多服务方面还难以承接政府所需要的服务，导致政府购买服务实施困难。 更为关键的是，目前诸如购买服务等的模式创新面临着比较严峻的监管难题，购买服务的绩效、服务对象的满意度等都缺乏有效的监督评估机制,导致政府在推动购买中的实际效果并不理想。 因此,需要统筹公共服务多元化改革,加强政策引导和相关配套制度建设,培育包括社会组织在内的各种社会主体力量,尤其是要统筹构建一个社会力量参与公共服务项目的监管体系,在省级层面制定出台相关的监管政策措施,增强公共服务多元化供给的绩效和群众的满意度。

同时,当前在公共服务创新方面,各地涌现了社区基金会、慈善信托和社会企业等多种形式,公共服务供给越来越呈现出网络化、多元化和混合化的特征。 各主体在公共服务供给中往往你中有我、我中有你,相互交织,呈现出越来越复杂和多元的特征。 这既为公共服务的多元化提供了新机遇,从而能更好地满足人民群众多元化的需求,但也对政府角色和作用提出了新的挑战。政府需要既构建一个开放的政策框架,鼓励相关的多元创新,又需要提高自身的专业化能力,从而能顺应公共服务创新发展,还需要强化政府监管能力,避免在创新中出现新的公共服务供给风险。

2

以人民为中心：习近平在浙江工作期间的
民生情怀与浙江民生事业的创新发展

习近平反复强调，以人民为中心的发展思想，不是一个抽象的、玄奥的概念，不能只停留在口头上、止步于思想环节，而要体现在经济社会发展各个环节。①

自习近平在浙江工作以来，在浙江发展的"八八战略"统领下，浙江民生工作坚持以人民为中心，不断创新机制，着力推进民生工作的供给侧结构性改革，推进民生服务城乡统筹发展，确保民生服务向困难群众和有需要群众精准提供，走出了一条共建共享的民生服务浙江样本，对今后民生创新发展具有积极的借鉴和启示意义。

2.1 始终以人民为中心：习近平在浙江工作期间的民生情怀

"治国有常，而利民为本。"在浙江工作期间，习近平走遍浙江各地，关心百姓疾苦，将深深的民生情怀融入了省委、省政府的各项政策举措，为浙江今天的转型升级和经济社会协调发展指明了战略方向。习近平指出，与 50 年前相比，目前影响社会稳定的人民内部矛盾已经发生了很大的变化，主要表现

---

① 《习近平在省部级主要领导干部学习贯彻党的十八届五中全会精神专题研讨班上的讲话》，《人民日报》2016 年 5 月 10 日，第 2 版。

为劳动就业、社会保障、收入分配、土地征用、房屋拆迁等带来的一系列社会问题。① 因此,解决人民内部矛盾需要各级领导干部牢固树立群众利益无小事的观念,扎实转变工作作风,多站在群众的立场想一想,多做一些解疑释惑的工作,多做一些得民心聚民气的工作,珍惜民力民智,解决民困民难,维护民生民利,把群众工作做实做细做好。②

2.1.1　始终不忘为民初心

"坚持执政为民,全心全意为人民服务,是人民公仆的天职。"③2002 年刚到浙江不久,习近平就先后到湖州、杭州、宁波、金华、台州、温州、衢州等地考察调研,每到一处,时任浙江省委副书记、代省长习近平总忘不了强调要"倾听群众呼声,体察群众情绪,关心群众疾苦"。习近平强调,"群众利益无小事",因为群众的一桩桩"小事",是构成国家、集体"大事"的"细胞",小的"细胞"健康,大的"肌体"才会充满生机与活力。④ 而"党是最广大人民根本利益的忠实代表,党始终坚持立党为公、执政为民,全心全意为人民服务,与人民群众保持血肉联系"⑤。"一个党员,如果与群众的距离远了,就与党拉开了距离;心中没有群众,就不配再做共产党员。"⑥为此他特别强调领导干部"要增强宗旨意识,在任何时候任何情况下,都要坚持把最广大人民的根本利益放在首位,时刻把人民群众的安危冷暖挂在心上,多为群众办实事、办好事"⑦。

民生事务繁多,百姓诉求千差万别。因此需要"倾听群众呼声,关心群众疾苦"⑧,要"坚持把民生问题放在首位,以群众关心的热点和难点问题为工作重点,有什么问题就重点解决什么问题,群众需要什么就重点帮助解决什

---

① ② 习近平:《之江新语》,浙江人民出版社 2007 年版,第 237 页。

③ 习近平:《之江新语》,浙江人民出版社 2007 年版,第 4 页。

④ 习近平:《之江新语》,浙江人民出版社 2007 年版,第 26 页。

⑤ ⑥ 习近平:《之江新语》,浙江人民出版社 2007 年版,第 139 页。

⑦ 习近平:《干在实处　走在前列——推进浙江新发展的思考与实践》,中共中央党校出版社 2013 年版,第 526 页。

⑧ 习近平:《之江新语》,浙江人民出版社 2007 年版,第 263 页。

么，使作风建设的成果惠及群众，真正让群众受益，使群众满意"①。 为了让领导干部真正成为人民群众的贴心人，习近平到浙江工作不久，就在全省推动实行领导下访制度，并且在报刊上发表了多篇关于领导干部下访的文章，引导领导干部正确、有效地实行下访制度。 习近平强调，"领导下访接待群众，是深入贯彻'立党为公、执政为民'本质要求，认真解决事关群众切身利益的信访问题的生动实践，是按照中央的统一部署，集中处理信访突出问题及群体性事件的具体体现，是从源头上化解各类矛盾，促进社会和谐稳定的有力举措"②。 领导干部的下访制度也成为浙江各级干部工作的基本方法，使党委、政府的民生服务更贴近现实，赢得了群众的信任和拥护。

为了更好地满足群众诉求，习近平还倾力构建为民办实事的长效机制。2004 年，浙江省委、省政府在全国率先制定出台了《关于建立健全为民办实事长效机制的若干意见》。 从是年开始，浙江省委、省政府把为民办实事作为一项重要工作纳入议事日程，每年重点抓诸如民生保障、教育卫生、环境保护等十个方面的实事。 习近平强调："我们要根据人民群众的要求和愿望，坚持不懈地为民办实事，及时主动地为人民群众排忧解难，切实把为人民群众谋利益的实事办好。"③通过建立为民办实事的长效机制，有效地解决了与人民群众密切相关的衣食住行等民生问题，受到了人民群众的普遍拥护。

2.1.2 决不能让困难地区和困难群众掉队

社会主义经济发展的最终目标是全面建成小康社会，实现共同富裕。 随着浙江经济发展到一定阶段，习近平多次强调要"把帮助群众解决实际困难，特别是帮扶城乡困难群众放到更为突出的位置"④。 在 2002 年 12 月的全省各地调研中，习近平同志反复强调："要把实现人民群众的利益作为一切工作的出发点和归宿，切实把人民群众的安危冷暖挂在心上。 要把扶贫济困工作放在突出位置，进一步转变作风，深入基层，深入群众，特别是深入到困难

---

① 习近平：《之江新语》，浙江人民出版社 2007 年版，第 263 页。
② 习近平：《之江新语》，浙江人民出版社 2007 年版，第 77 页。
③ 《努力解决民生问题，促进社会和谐稳定》，《浙江日报》2007 年 1 月 5 日。
④ 习近平：《之江新语》，浙江人民出版社 2007 年版，第 4 页。

多、问题多、矛盾多的地方,真扶贫、扶真贫,多做雪中送炭的工作,帮助群众克服困难,指导基层解决问题,投入精力化解矛盾,努力以实际行动取信于民。"①

多年来,在全省多个会议和各地调研的不同场合,他一直强调要关心弱势群体和特殊群体的生活。如2006年10月27日,时任浙江省委书记习近平在省老龄工委提交的调查报告上做出重要批示,充分肯定基层老人协会在服务老人、促进社会和谐方面的重要作用。为了认真落实各项扶贫帮困措施,习近平特别强调要注重从政策制度上进行保障,要"加快建立覆盖城乡的新型社会救助体系,建立健全长效帮扶机制"②,并"不断完善农村低保体系。……努力解决应保尽保问题,尽量把低收入农户都纳入低保体系中来"③。除了党委、政府,还需要调动全社会的力量来关心和帮助弱势和困难群众。在2006年首届浙江慈善大会上,习近平指出,大力发展慈善事业,是调动社会资源解决困难群众生产生活问题的一条重要途径。而慈善事业是一项全民的事业,因此需要广泛普及慈善文化、弘扬慈善精神、宣传慈善典型,激发社会各界参与慈善事业的热情,在全社会形成人人心怀慈善、人人参与慈善的浓厚氛围。

习近平也一直非常重视部分老区的贫困问题和欠发达问题,他要求"各级党委、政府一定要高度重视、认真抓好老区工作;省级有关部门要抓紧研究规划、制定政策,切实把推动老区加快发展的各项工作落到实处。……进一步落实扶持欠发达地区加快发展的各项政策……大力发展教育、卫生、文化事业,努力改善老区人民的生产生活条件"④。

---

① 《省委召开十一届二次全体(扩大)会议　认真贯彻落实党的十六大精神》,《浙江日报》2002年12月22日。

② 《创新"枫桥经验",维护社会稳定——习近平同志在纪念毛泽东同志批示"枫桥经验"40周年暨创新"枫桥经验"大会上的讲话》,《浙办通报》第123期,中共浙江省委办公厅(2003年11月25日)。

③ 《以党的十六大精神为指导,进一步提高"三农"工作水平——习近平同志在杭州余杭区调研时的讲话》,《浙办通报》第44期,中共浙江省委办公厅(2003年4月15日)。

④ 习近平:《干在实处　走在前列——推进浙江新发展的思考与实践》,中共中央党校出版社2013年版,第208页。

2.1.3　坚持让人民群众共享发展成果

改革发展成果如何惠及全体人民，是习近平在浙江工作期间一贯思考和强调的重大政策和现实问题。 在浙江工作期间的不同场合和会议上，习近平强调要推动大社保体系建设和城乡协调发展，而其"关键是农村的生活质量不差于城市，所有人都能共享现代文明"①。 这也正是浙江发展"八八战略"中"进一步发挥浙江的城乡协调发展优势，统筹城乡经济社会发展，加快推进城乡一体化"的核心要义。 他多次强调，推动经济持续健康发展，进一步把"蛋糕"做大，但在"蛋糕"不断做大了的同时还要把"蛋糕"分好。

习近平指出，"让人民过上幸福美好的生活，最主要还是做好就业、收入分配和社会保障三件事情。"②在民生保障方面，要"加快发展农村社会事业和社会保障，推进农村公共服务体系建设"③。 因此，"要进一步完善失业、养老、医疗等社会保障制度，努力扩大覆盖面，增强社会保障功能"④。 他对浙江干部说："我们一定要从劳动就业、社会保障、公平正义、社会安定等直接关系人民群众切身利益的问题入手，推进打造'平安浙江'，努力构建和谐社会的各项工作。"⑤同时要"遵循社会保障制度改革的基本规律，把就业、社会保险、社会救助等作为一个相互衔接、相互促进的整体进行统筹协调、全面部署"，率先"建立比较完善的城镇社会保险体系，加快构建覆盖城乡的新型社会救助体系，探索建立不同保障水准的社会保障体系的工作目标，努力建

---

① 习近平：《干在实处　走在前列——推进浙江新发展的思考与实践》，中共中央党校出版社 2013 年版，第 160 页。

② 《制订我省"十一五"规划需要注意把握的几个问题——习近平同志在"十一五"规划部分重点课题汇报会上的讲话》（2005 年 6 月 9 日），《浙办通报》第 66 期，中共浙江省委办公厅。

③ 《习近平同志在全省经济工作会议上的讲话》，《浙办通报》第 143 期，中共浙江省委办公厅（2005 年 12 月 19 日）。

④ 《积极推进城市化，努力建设新天堂——习近平同志在省委常委会听取杭州市推进城市化工作汇报时代讲话要点》（2004 年 2 月 24 日），《浙办通报》第 38 期，中共浙江省委办公厅。

⑤ 《习近平同志在全省经济工作会议上的讲话》（2005 年 12 月 19 日），《浙办通报》第 143 期，中共浙江省委办公厅。

立一个保障城乡群众少有所学、青有所为、老有所养、病有所医、弱有所助、困有所济的大社保体系"①。

为了推动城乡协调发展,习近平特别强调要重点"落实欠发达地区农民异地脱贫和结对帮扶等措施,促进城乡、区域协调发展"②。因此"城乡一体化是一个带有根本性的问题,是解决'三农'问题的根本出路"③。对此,习近平很早就提出要对进城落户的农民,予以与城市居民同等的就业权利和参加养老、医疗、失业等社会保障以及享受城市低保的权利。"建立健全以'新五保'为重点的农村社会保障制度,保障标准和水平要随着经济的发展不断提高,有条件的地方要加快推进城乡并轨,实现城乡社会保障一体化"④。通过"建立健全多层次、普惠性等农村社保体系,不断提高农村社保水平,逐步缩小城乡公共服务等差距"⑤。习近平所理解的共享发展中,结构性的问题还是城乡不统筹带来的群体发展差距问题,因此需要在制度上通过城乡一体化让全体人民享有公平的发展机会,从而在机会均等的基础上共享社会发展成果。在统筹城乡发展统领下,浙江的社会救助等领域积极推进标准和制度的城乡统筹,有效改善了城乡低收入群体的生活。

---

① 《巩固和发展军政军民团结,促进浙江改革发展稳定和驻浙部队现代化建设——习近平同志在全省双拥工作会议上的讲话》(2004 年 11 月 2 日)《浙办通报》第 141 期,中共浙江省委办公厅。

② 《不断巩固和发展当前的大好形势——习近平同志在省委常委会三季度经济形势分析会上的讲话》,《浙江日报》,2006 年 10 月 21 日。

③ 习近平:《干在实处　走在前列——推进浙江新发展的思考与实践》,中共中央党校出版社 2013 年版,第 159 页。

④ 《认真贯彻落实科学发展观,统筹城乡发展,推进城乡一体化——习近平同志在全省统筹城乡发展座谈会上的讲话》(2004 年 3 月 26 日),《浙办通报》第 57 期,中共浙江省委办公厅。

⑤ 习近平:《干在实处　走在前列——推进浙江新发展的思考与实践》,中共中央党校出版社 2013 年版,第 180 页。

2.2 干在实处、走在前列：以人民为中心的浙江民生事业生动实践

党的十八大以来，面对严峻复杂的外部环境和困难挑战，浙江在"八八战略"指引下，坚持"稳中求进、转中求好"的工作基调，着力促发展，抓转型，惠民生，全省经济在加快转型升级中实现平稳增长，为建设"两富"现代化浙江奠定了坚实基础的同时，民生各领域都有了大幅度水平的提升。

2.2.1 教育质量不断提升，全面实现义务教育均衡化

党的十八大报告指出，要"努力办好人民满意的教育，均衡发展九年义务教育，大力促进教育公平，合理配置教育资源，重点向农村、边远、贫困、民族地区倾斜……让每个孩子都能成为有用之才"。 作为经济先发和先富省份，浙江省于 2009 年省第十一届人大常务委员会第十四次会议通过了《浙江省义务教育条例》，从学生、学校、教师、教育教学、经费保障等多方面对义务教育供给提供制度保障。 近年来，浙江省着力于义务教育阶段的学生保健与教育水平提升，在教师资源提质增优、教学课程优化、困难学生补助与教学基础设施建设改造等方面做了大量工作，以共同促进浙江省实现全域义务教育均衡化。 综合来看，主要实行了以下几项重大举措。

一是面向全省义务教育阶段学生，重点实施卫生保健与困难寄宿学生生活补助政策。 2014 年，浙江省教育厅与卫计委共同发布关于《进一步加强中小学幼儿园卫生保健工作的通知》，旨在增强学生体质健康，促进改善学校卫生环境，进一步加强学校卫生保健工作管理。 2016 年，浙江省财政厅与教育厅联合发布《浙江省义务教育学校家庭经济困难寄宿学生生活补助资金管理办法的通知（暂行）》，在省域内实施义务教育"两免一补"政策的基础上，按小学每生每年 1000 元、初中每生每年 1250 元的标准对家庭经济困难的寄宿生生活费全面实施补助。 2017 年省财政共投入资金 2683 万元，惠及全省 1万余名学生。

二是多领域、多策略推进义务教育阶段教师资源提质增优。 首先,开展专业培训制度改革,规范教师教育专项资金管理。 早在 2011 年,浙江就在全国率先建立教师专业发展培训制度,给教师培训科目、培训地点、培训导师选择的权利;近几年,浙江省先后出台了《中小学教师专业发展培训学分制管理办法(试行)的通知》和《浙江省实施〈中小学教师资格定期注册暂行办法〉细则(试行)的通知》,旨在提高教师专业发展培训的系统性、针对性和有效性,进一步深化中小学教师专业发展培训制度改革。 同时,探索建立重点与全员相结合的常态化教师专业发展培训制度,健全教师管理机制,促进中小学(幼儿园)教师综合素质和业务水平的持续提升。 为有效提高教师培养质量,2013 年,浙江省教育厅与财政厅联合发布《关于浙江省中小学(幼儿园)教师教育专项资金管理办法》的通知,规定各地按中小学教师工资总额的5%、学校公用经费的 10% 提取培训经费;将 5 年设为一个周期,满足教师不少于 360 学时的专业发展培训。 深化规范资金管理,保障资金安全,提高使用效益。 近几年,浙江省级每年用于中小学教师培训的资金都在 1 亿元以上。

其次,打破教师"编制"束缚,打通中小学教师交流轮岗障碍,促进中小学教师资源优化配置。 从 2013 年起,浙江实施公办初中和小学教师校长交流制度,规定在同一学校校长任职满 10 年、教师任教满 12 年都须交流,交流随迁人事关系,其中,骨干教师在县域范围内交流,每年交流比例不低于 15%。开展中小学教师"县管校聘"改革也是浙江省近几年的大胆创新。 2016 年,浙江省教育厅联合省财政厅、人力资源和社会保障厅出台《关于深入推进中小学教师"县管校聘"管理改革试点的指导意见》,积极引导优秀教师向农村学校、薄弱学校流动,促进县(市、区)域内师资均衡配置,推进教育公平。 根据"抓好试点、以点带面、稳步推进、不断完善"的改革步骤,积极稳妥地扩大改革试点范围,2017 年"县管校聘"改革扩大到 33 个试点地区。 省财政厅对全省乡镇及以下的义务教育阶段农村边远地区教师发放农村教师特岗津贴,平均每人每月不低于 300 元,2017 年全省共投入资金 5.4 亿元,享受特岗津贴教师达 11.8 万人。

三是优化教学课程设置与教学基础设施建设改造。 在教学课程优化上,

2015 年，浙江省教育厅发布关于《深化义务教育课程改革的指导意见》，进一步完善课程体系，加强课程建设，创新教学方法，改进教育评价，积极推进差异化、个性化教育，促进学生全面而有个性的发展。 在教学基础设施建设改造工作上，浙江省连续 4 年将之写入了政府工作报告，作为重点工作持续推进。 2014 年，省《政府工作报告》提出要"积极推进标准化中小学校建设。全省标准化中小学校比例达到 65％，比上年提高 10 个百分点"。 2015 年提出要"加快推进义务教育均衡化，将标准化中小学校比例提高到 80％；在3000 所中小学校新建加热保温饮水设施；改造完成 400 所中小学校塑胶跑道运动场地"。 2016 年提出"新建成 250 所义务教育标准化学校，标准化学校覆盖率达到 93％；新建成 160 条中小学塑胶跑道，校园塑胶跑道覆盖率达到90％"。 学校基础设施因此得到较大幅度的改善。 2017 年省《政府工作报告》更提出要"制定实施义务教育标准，分步实施中小学校提标改造工程，年内完成偏远地区中小学校的提标改造"。 在校舍维修改造方面，根据公办学校在校生人数和校舍建筑面积、使用年限、单位造价等因素安排校舍维修改造资金，2017 年初，省财政安排 7 亿元用于改善各地办学条件。 同时继续实施薄弱学校改造工程，2017 年计划实施"薄改工程"90 个，项目总投资 33.4 亿元，校舍新建（改扩建）建筑面积 888479 平方米。 目前，已开工项目 60 个，已完工项目 19 个，完成投资 17.2 亿元。

上述改革举措有效推动了浙江义务教育的公平发展。 2015 年 6 月，浙江省 90 个县市区全部通过国家义务教育发展基本均衡县认定，完成区域均衡发展任务。 如表 2-1 所示，从 2013 年至 2018 年，小学学龄儿童入学率和初中入学率都接近 100％，基础义务教育已全面普及。 全省教育保障能力进一步提升，中小学人均校舍建筑面积、拥有图书和计算机数量都逐年提升，特别是2014 年至 2015 年的中学生人均校舍面积、人均图书、人均拥有计算机数量变化上，增幅都达到 8％以上。 5 年来，小学生生师比由 19.1∶1 降至 17.26∶1，中学生生师比由 13.6∶1 降至 12.5∶1，教师与学生的配比更加合理；同时，每所中小学配有专任教师由原来的 58.7 人/所上升至 64.6 人/所，增幅10.1％，师资力量更加壮大。 深入推进义务教育高水平均衡发展，成为下一阶段浙江教育现代化的重要发展目标。

表 2-1　2013—2018 年浙江省义务教育相关统计数据①

指标　　　　年份	2013	2014	2015	2016	2017	2018
每十万人口小学平均在校生数(人)	6383	6448	6481	6410	6333	—
小学学龄儿童入学率(%)	99.99	99.99	99.99	99.99	99.99	100
小学生均校舍建筑面积(平方米)	7.5	7.8	8.2	8.6	9.13	9.5
小学生均图书(册)	25.6	25.9	26.8	27.8	29.9	31.2
每百名小学生拥有计算机(台)	15.6	16.4	17.1	18.1	19.7	20.5
小学生师比	19.1∶1	18.6∶1	18.3∶1	—	17.26∶1	
每十万人口初中阶段平均在校生数(人)	2707	2727	2686	2714	2788	
初中入学率(%)	99.95	99.95	99.99	99.99	99.99	100
初中生均校舍建筑面积(平方米)	16.6	16.9	18.3	19.1	19.3	19.9
初中生均图书(册)	41.3	42.2	45.7	47.4	48.5	50.6
每百名初中生拥有计算机(台)	24.8	26	28.3	29.9	30.6	31.8
中学生师比	13.6∶1	13.0∶1	12.7∶1	—	12.5∶1	
每所中小学配有专任教师(人/所)	58.7	61.2	62.8	64.6	—	—

2.2.2　就业形势稳定,以"双创"驱动就业稳中向好发展

党的十八大报告中指出: "就业是民生之本……鼓励多渠道多形式就业, 促进创业带动就业。 加强职业技能培训, 提升劳动者就业创业能力, 增强就业稳定性。 健全人力资源市场, 完善就业服务体系。"就业是最大的民生工程、民心工程、根基工程。 为了推动社会就业, 近年来, 国家密集出台了鼓励"大众创业、万众创新"的相关政策、措施, 有力促进了社会就业。 2017 年, 浙江省第十四次党代会明确提出要"坚持以大众创业促充分就业, 加强和改进公共服务"。

一是通过积极的"双创"就业政策鼓励"创业"促进和带动"就业", 激发大众创业活力。 根据《国务院关于进一步做好新形势下就业创业工作的意见》等精神, 浙江省于 2015 年发布了《关于支持大众创业促进就业的意

① 根据《中国统计年鉴》(2014—2018)、《浙江省国民经济和社会发展统计公报》 (2018)和《浙江统计年鉴》(2018)数据整理。

见》。 从放宽市场准入、实行减税降费、支持创业担保贷款发展、加大创业资金扶持力度、拓宽创业投融资渠道、加强创业教育培训、支持农村电子商务创业、鼓励科研人员创业、加快创业平台建设，以及营造创业氛围等多种渠道多方面积极推进大众创业。"双创"政策充分结合浙江省经济技术发展转型升级势能，充分利用科技与现代制造业、新兴服务业的融合趋势，特别是移动支付、物联网、云计算、人工智能等创新应用技术，推动新产业、新业态、新模式不断创新；支持小微企业作为新兴产业就业主渠道创造就业岗位，吸纳就业。 与此同时，统筹做好各类群体就业，加强服务体系建设、提升就业创业服务能力、加强职业培训、推进信息化建设和强化就业失业调控，共同强化政府就业创业服务，以促进高校毕业生就业，加强困难人员就业援助，推进农村劳动力转移就业，加大退役军人就业扶持和促进残疾人就业。

二是积极推动农村劳动力转移就业。 2015 年省政府发布《关于进一步做好为农民工服务工作的实施意见》，该意见提出了一个通过多措并举，精准发力做好农民工就业保障工作的政策框架。 提出通过加大农民工职业培训力度、创新农村新增劳动力职业教育方式，以进一步促进农民工就业创业；通过规范农民工劳动用工管理、维护农民工工资报酬权益、扩大农民工参加城镇社会保险覆盖面、维护农民工职业安全健康权益、畅通农民工维权渠道等，以进一步维护农民工劳动保障权益；通过保障农民工随迁子女平等接受教育的权利、加强农民工医疗卫生和计划生育服务、改善农民工居住条件、有序推进农民工在城镇落户、维护农民工土地权益的方式等，以进一步推动农民工平等享受城镇基本公共服务和在城镇落户；通过保障农民工民主政治权利、丰富农民工精神文化生活、健全农村留守人员关爱服务体系的方式，以进一步促进农民工社会融合。 此外，为大力度支持农村电子商务创业，2015 年浙江省人社厅发布《关于促进农村电子商务创业就业的通知》，在农村电商创业孵化园建设、村级电商服务站建设、农村创业人员资金扶持力度等多个方面进行补助扶持，以促进城乡居民增收，改善城乡居民生活。

三是促进残疾人就业。 为促进残疾人就业，更好地保障残疾人就业权益，2014 年，浙江省政府发布《浙江省残疾人就业办法》，该办法的总则和附则分别详细规定了用人单位的责任和义务、保障措施、就业服务、法律责任。

2017 年浙江省人力资源和社会保障厅等三部门发布《关于进一步促进残疾人就业创业的通知》，推进机关事业单位和国有企业带头安置残疾人，推动残疾人辅助性就业，多渠道开发适合就业困难残疾人的公益性岗位，并大力支持残疾人自主创业，共同促进残疾人就业增收和共享发展成果。近些年来，通过鼓励就业和创业等多种途径，各地各单位积极为残疾人提供就业岗位，推动残疾人参与社会活动，2017 年浙江省全省劳动年龄段有就业能力和意愿的残疾人就业率达到 86％。

四是强化就业失业调控与创业教育培训。2015 年浙江省人力资源和社会保障厅、省财政厅共同发布《关于进一步做好失业保险支持企业稳定岗位工作有关问题的通知》，省人力资源和社会保障厅和省财政厅发布《关于进一步加强创业培训工作的通知》，以加强创业培训定点机构认定和管理，加强创业培训师资队伍建设，创新创业培训项目和模式。此外，为促进高校毕业生就业与鼓励科研人员创业，2016 年省人力资源和社会保障厅、财政厅发布《关于印发浙江省高校毕业生就业见习管理暂行办法的通知》、省人力资源和社会保障厅印发《浙江省鼓励支持事业单位科研人员离岗创业创新实施办法的通知》（试行），对离岗手续办理、人事和工资关系处理、社会保险关系处理、返岗安排、解聘辞聘、监督指导等多种事项进行了规范。2019 年，省人力资源和社会保障厅围绕稳就业出台了《关于做好当前和今后一个时期促进就业工作的实施意见》（浙政发〔2018〕50 号，以下简称"新政"）。新政最大的亮点就是帮助企业减负，同时新政还在创业政策方面进行了完善。对符合一定条件的自主创业人员提高了贷款额度，着力解决初次创业人员的融资难题，对入驻实体数量多、孵化效果好、带动就业的省级创业孵化示范基地将给予一定数额的一次性奖补。在劳动者技能提升方面，新政从稳就业角度，重点规定了特定困难企业和失业人员的培训政策。

党的十八大以来，凭借快速的经济发展、积极的创新政策革新和大幅度的行政审批制度改革，浙江省的发展环境良好，就业形势稳中趋好。如表 2-2 所示，2016 年末，浙江省常住人口 5590 万，比 2013 年增加 92 万，增长 1.67％；就业总人数为 3760 万，比 2013 年增加 51.27 万，增长 1.38％；城镇登记失业人员有所增多，增幅为 0.47％，低于前一年的 1.66％，较为平稳；

从 2013 年到 2016 年连续 4 年，城镇登记失业率保持在 3% 以下。城镇就业人数增长较为明显，城镇失业人员再就业人数随失业人数的下降而有所回落且趋于平稳。

表 2-2　2013—2017 年浙江省就业创业服务相关数据①

指标 \ 年份	2013	2014	2015	2016	2017
年末常住人口（万人）	5498	5508	5539	5590	5657
就业人员总数（万人）	3708.73	3714.15	3733.65	3760	3796
年末城镇登记失业人员（万人）	34.93	33.14	33.69	33.85	
城镇登记失业率（%）	3.01	2.96	2.93	2.87	2.73
新增城镇就业（万人）	104.3	107.4	110.5	116	127.2
城镇失业人员再就业（万人）	46.3	41.8	42.95	42	45.1
技工学校数（所）	66	71	71	/	
在校学生数（人）	118587	121196	122661	/	
毕业生数（人）	27273	33376	34419	/	

2.2.3　完善分级诊疗医疗服务体系，健康浙江持续推进

党的十八大以来，浙江省积极响应国家关于分级诊疗体系建设的要求，统筹县乡村医疗资源配置，以"双下沉、两提升"为体系建设的工作着力点，实现人才与资源的双下沉，并以"医联体"建设为抓手，着力打通城乡医疗机构间人财物资源要素配置不平衡的体制障碍，推进城乡医疗服务一体化，提升基层医疗水平，有效缓解大医院就诊压力。

一是不断深化基层医疗资源统筹配置，规范责任医生签约服务管理。浙江省很早就注重基层医疗服务体系建设，2012 年省卫生厅、省发改委和省财政厅印发《关于浙江省基层卫生完善工程实施方案的通知》，要求进一步健全服务网络，合理引导一般诊疗服务下沉到基层，并按标准设立社区卫生服务

---

①　根据《中国统计年鉴（2014—2018）》、《浙江省国民经济和社会发展统计公报（2018）》和《浙江统计年鉴（2018）》数据整理。

站,全面形成城乡"医疗卫生 20 分钟服务圈"。 2013 年,浙江省卫生厅印发《关于 2013 年全省基层卫生工作要点的通知》,强调持续推进基层卫生服务体系建设,进一步深化县乡村医疗资源统筹配置改革。 为完善基层医疗服务供给,开展责任医生签约服务。 2015 年,浙江省出台《浙江省责任医生签约服务工作规范(试行)》,以进一步规范和完善相关机制,深入推进责任医生签约服务。 2016 年,省卫生计生委、省民政厅、省财政厅等五部门发布《关于进一步推进责任医生签约服务工作的通知》,就扩大签约服务覆盖面、完善签约服务模式、加强签约服务经费管理等方面制定了详细的规范说明,进一步扎实推进责任医生签约服务工作。 2017 年,省卫计委发布《关于加强责任医生签约服务示范点建设的通知》,进一步规范示范点建设,促进全省责任医生签约服务规范开展。

二是构建分级诊疗体系,提升诊疗服务水平。 2014 年,为落实国家关于分级诊疗制度建设的政策,浙江省卫计委制订《浙江省分级诊疗试点工作实施方案》并向社会公开征求意见,推动形成"小病在社区、大病进医院、康复回社区"的就医格局。 2015 年,根据《国务院办公厅关于推进分级诊疗制度建设的指导意见》和《浙江省人民政府关于推进"双下沉、两提升"长效机制建设的实施意见》等文件精神,浙江省卫计委起草了《浙江省人民政府办公厅关于推进分级诊疗制度建设的实施意见》(征求意见稿)。《意见》规划到 2020 年,分级诊疗政策体系更加完善,保障机制更加健全,层级优化、功能明确、富有效率的医疗服务体系基本构建,基层首诊、双向转诊、急慢分治、上下联动的分级诊疗制度基本建立。

三是创建并持续推进"双下沉、两提升"长效服务机制。"双下沉、两提升"是"推动城市优质医疗资源下沉和医务人员下基层、提升县域医疗卫生机构服务能力和群众就医满意度"的简称,是浙江省深化医药卫生体制改革、优化医疗资源配置的重要内容,也是分级诊疗体系建设的重要抓手。 自 2012 年始,"双下沉、两提升"成为浙江省医疗卫生工作的一项重点工作。 为更好地推动各级医疗机构明确功能定位,优化医疗资源布局,2015 年,省卫计委印发关于《2015 年全省卫生计生工作要点的通知》,深入实施"双下沉、两提升"工程,加快建立优质医疗资源下沉的长效机制,强化托管医院与城市医院之间流程、规范、制度的一体化，强化托管医院与地方政府之间的沟通协调以及托管医院之间的互动共享。同年6月，省卫计委印发了关于征求《进一步推进"双下沉、两提升"长效机制建设的实施意见》的通知，以"双下沉、两提升"为突破口，撕开口子、点准穴位，着力解决城乡、区域医疗资源配置不均衡和基层人才短缺等瓶颈问题，带动公立医院综合改革，构建分级诊疗体系，为深化医药卫生体制改革、建立具有浙江特色的基本医疗卫生制度奠定扎实的基础。2016年省卫计委和省财政厅联合发文《关于开展"双下沉、两提升"工作考核的通知》，对经省卫生计生委或市级卫生计生行政部门确认的开展优质医疗资源下沉的省、市级三级甲等医院（以下统称"城市医院"），接受城市医院资源下沉、开展合作办医的县级医院以及部分与城市医院开展合作办医的市级专科医院（以下统称"县级医院"）进行考核。考核内容包括"双下沉、两提升"的工作组织、工作举措、工作成效以及满意度等方面，并重点考核城市医院人员下沉情况、县级医院人才培养和学科建设以及群众就医满意度等指标。2017年4月，省卫计委发布《关于进一步做好"双下沉、两提升"有关工作的通知》，进一步完善城市医院优质资源下沉工作机制，加快推进县级医疗资源规范化下沉，并积极探索医联体（医疗集团）建设。6月，省卫计委发布了《"双下沉、两提升"工作指南（试行）》，详细规定了"双下沉、两提升"的范围、定义、性质以及工作内容等，明确了工作的实施主体、合作方式、合作内容、工作要求、合作时间、考核机制、激励机制等，有利于进一步指导和规范"双下沉、两提升"工作。

四是积极在全省范围内探索"医联体"建设。随着"双下沉、两提升"建设的不断深入、分级诊疗体系建设的逐步完善，为高水平推进"医联体"建设提供了保障。2017年，为更好贯彻落实《浙江省人民政府办公厅关于推进分级诊疗制度建设的实施意见》和《浙江省人民政府关于推进"双下沉、两提升"长效机制建设的实施意见》等文件精神，省医改办起草了《关于推进高水平医疗联合体建设的实施意见》（征求意见稿），在"双下沉、两提升"紧密型合作办医的省市级医院与县级医院"1＋1"模式医联体的基础上，构建以三级公立医院为核心、联合若干医疗卫生机构的"1＋X"模式医联体，并计划到2020年，建成更加完善的高水平医联体政策体系和相关保障机制。同年10

月,省卫计委发布《关于开展县域医疗服务共同体建设试点工作的指导意见》,进一步细化了医共体建设试点中机构设置、人员招聘使用等内容,对医疗卫生资源调配的"三统一",财政财务管理、医保支付、信息共享的"三统筹",以及分级诊疗、签约服务、公共卫生的"三强化"等内容加以明确。2017年11月,省卫计委在《关于加快推进医联体建设的通知》中,就医联体建设的形式和范围等方面进行了补充。

"双下沉、两提升"的医疗服务体系建设使浙江省分级诊疗体系逐渐完善,医疗资源得到有机整合,整体医疗服务水平大幅提升。相关统计数据显示,全省卫生机构由2013年的3万家增至2016年的3.15万家,增长5个百分点;医疗机构床位数由19.7万张增至29万张,增长47.2%;每千人床位数由4.18张增至5.19张,增长24.2%;卫生技术人员由35.2万人增至43.2万人,增长22.7%,其中,执业(助理)医师由13.8万人增至16.8万人,增幅达21.7%,注册护士数由13.3万人增至17.4万人,增幅达30.8%。孕产妇死亡率(2016年略有回升,但总体趋势平稳)和5岁以下儿童死亡率均呈下降趋势。近些年,随着"智慧医疗"系统的大范围推广,预约平台体系近几年得到普及使用,2014年起,预约成功率均在70%以上,见表2-3所示。

表2-3 2013—2018年浙江省健康服务相关数据①

指标 \ 年份	2013	2014	2015	2016	2017	2018
孕产妇死亡率(/10万)	6.2	5.52	5.28	5.73	—	—
5岁以下儿童死亡率(‰)	5.87	5.29	4.65	4	—	—
年末共有卫生机构(万个)	3	3	3.1	3.15	3.2	3.3
各类医院床位数(万张)	19.7	21.3	23.8	29	31.4	33.2
每千人口医疗卫生机构床位(张)	4.18	4.46	4.92	5.19	—	—
病床使用率(%)	93.2	92.5	88.9	89.4	89.4	—
全省卫生技术人员(万人)	35.2	37.5	40.4	43.2	46.1	48.6

① 根据2014—2018年《中国统计年鉴》《浙江统计年鉴》和2013—2018年《浙江省国民经济和社会发展统计公报》数据整理。

续　表

指标＼年份	2013	2014	2015	2016	2017	2018
其中执业医师(万人)	13.8	14.58	15.7	16.8	17.9	19.1
其中注册护士(万人)	13.3	14.51	15.9	17.4	18.8	20.2
平均每千人口拥有卫生技术员(人)	7.3	6.82	7.3	7.74	8.13	—
平均每千人口拥有卫生技术人员(按常住人口)(人)	6.41	6.82	7.32	—	—	—
平均每千人口拥有卫生技术人员(按户籍人口)(人)	7.3	7.73	8.32	—	—	—
医院年诊疗(万人次)	22211	23932	24621	25357	27655	28292
预约平台全年累计预约总量(万次)	829.2	544.2	670.6	836.4	890	1063
预约成功(万次)	561.2	399	482.7	597.5	720	747
预约成功率(%)	67.7	73.3	72	71.4	80.9	70.3
日均预约成功量(次)	15375	10932	13224	16369	21000	20000
累计接入医院数(家)	169	194	220	260	283	522

2.2.4　健全养老保险制度,居家养老服务水平不断提升

党的十八大报告指出要"整合城乡居民基本养老保险……大力发展老龄服务事业和产业"。 浙江省人民政府在 2014 年出台《关于加快发展养老服务业的实施意见》,提出"到 2020 年全面建成以居家为基础、社区为依托、机构为支撑,功能完善、布局合理、规模适度、覆盖城乡的养老服务体系;基本形成'9643'的养老服务总体格局,即 96% 的老年人居家接受服务,4% 的老年人在养老机构接受服务,不少于 3% 的老年人享有养老服务补贴"的目标。翌年,浙江省第十二届人民代表大会第三次会议通过了《浙江省社会养老服务促进条例》。 至此,构建"以居家为基础、社区为依托、机构为补充、医养相结合的养老服务体系"成为浙江省民生民政领域的一项重点工作,被大力推进。

一是着力实施养老保障工作,完善城乡居民基本养老保险制度建设。 浙江省于 2014 年出台了《省人民政府关于进一步完善城乡居民基本养老保险制

度的意见》，明确了养老保险的参保范围，即具有本省户籍，年满 16 周岁（不含在校学生），非国家机关、事业单位、社会团体工作人员及不属于职工基本养老保险制度覆盖范围的城乡居民。明确了养老保险的基金筹集办法，即由个人缴费、集体补助和政府补贴三部分构成。在待遇标准和领取条件、转移接续与制度衔接等方面，《意见》也给出了明确的规定。这为全面建成公平、统一、规范的城乡居民基本养老保险制度奠定了基础。为深化完善社会养老服务体系建设，发挥商业保险的重要补充作用，降低社区居家养老服务机构运营风险，2016 年省民政厅印发《浙江省社区居家养老服务机构综合保险试点方案》，对社区居家养老服务机构开展综合保险试点工作，并于次年在全省广泛推行。除此之外，省委、省政府还高度重视被征地农民养老保障工作。根据《关于调整完善征地补偿安置政策的通知》精神，从 2017 年起在各地积极开展被征地农民衔接转入企业职工基本养老保险工作，推进基本养老保险制度并轨，提高被征地农民保障水平。在企业退休人员的基本养老金发放调整上，省人社厅和省财政厅每年都出台相关文件，遵循普遍调整和适当倾斜相结合的办法，在普遍调整基本养老金的基础上，对企业高龄退休人员适当提高调整水平。

二是探索出一条以社区为依托，以机构为载体，医养相结合的多元化、智慧化、无缝隙的居家养老服务体系新模式，全方位提供养老服务供给水平。2014 年省政府发布《关于加快发展养老服务业的实施意见》，强调要大力发展居家养老服务，进一步抓好养老机构建设，切实加强农村养老服务，促进医疗卫生与养老服务相结合，推进养老服务的标准化和信息化，以及繁荣养老服务消费市场。同时提出七方面政策，即投融资、土地供应、社区居家养老服务用房、税费优惠、财政支持、投资权益、人才培养和就业政策。同年，省政府发布《关于发展民办养老产业的若干意见》，指出要发挥社会力量的主体作用，发展养老产业，政府从加大资金扶持、支持融资信贷、放宽准入条件、切实保障用地等多方面确保民办机构顺利承接政府部分公共服务，发挥养老服务供给的功能。与此同步，省民政厅、省卫计委、省发改委、省人社厅、省财政厅等五部门联合发布了《关于推进医疗卫生与养老服务融合发展的实施意见》，用以促进医疗卫生与养老服务的资源整合和分工合作，推动医养融合发展。 统筹医疗服务与养老服务资源，加强居家养老服务照料中心、养老机构与医疗机构的衔接，逐步形成布局合理、功能完善、安全便捷的健康养老服务网络，切实提高养老机构服务水平，满足老年人的健康服务需求。2015 年，省财政厅、省发改委、省民政厅发布《关于加快推进政府购买养老服务的意见》，要求建立完善的政府购买养老服务制度，形成高效合理的养老服务资源配置机制和供给机制，使得养老服务供给更加专业化规范化。为进一步鼓励引导社会力量参与发展养老服务事业，激发公办养老机构活力，2016 年省民政厅就规范养老机构公建民营工作发布了《关于推进养老机构公建民营规范化的指导意见》。

在多部门的合力推动下，浙江养老服务体系建设成效显著。 截至 2016 年底，浙江省共建成城乡社区居家养老服务照料中心 2.23 万个，居家养老服务基本覆盖城市社区和大部分农村地区。"智慧养老"工程也扎实推进，有 96% 的县（市、区）建立居家养老服务信息平台，为 586 万老年人建立了健康档案。 据统计，2016 年末，基本养老保险参保人数达 3740.1 万，其中参加城镇职工基本养老保险人数有 2506.9 万，是 2013 年的 1.1 倍。 同时社区居家养老服务不断优化。 2016 年，新增各类养老机构床位数 3.3 万张，新建成社区居家养老服务照料中心 3450 个；2013 年至 2016 年，共新增养老机构床位数 13.4 万张，共新建成社区居家养老服务照料中心 21208 个；每千老年人口养老床位数由 36.54 张上升至 56.29 张，增幅 54.1%，如表 2-4 所示，养老服务体系日益完善。

表 2-4　2013—2017 年浙江省养老保障与服务相关数据[①]

指标 ＼ 年份	2013	2014	2015	2016	2017
参加基本养老保险人数（万人）	3731.2	3890.1	3790.2	3740.1	3913
参加城镇职工基本养老保险人数（万人）	2375.4	2548	2504.3	2506.9	2500.66
城镇职工基本养老保险基金支出（亿元）	944.9	1220	1583.7	2157.4	—

① 根据 2014—2018 年《中国统计年鉴》《浙江省政府工作报告》和 2013—2018 年《浙江省国民经济和社会发展统计公报》数据整理。

指标 ＼ 年份	2013	2014	2015	2016	2017
新增各类养老机构床位数（万张）	2.8	3.7	3.6	3.3	2.13
每千老年人口养老床位数（张）	36.54	52.9	51.74	56.29	—
新建成社区居家养老服务照料中心（个）	3491	8147	6120	3450	2150

2.2.5　发挥"文化礼堂"载体功能，实现公共文化服务全面覆盖

党的十八大报告指出："加强重大公共文化工程和文化项目建设，完善公共文化服务体系……坚持面向基层、服务群众，加快推进重点文化惠民工程，加大对农村和欠发达地区文化建设的帮扶力度，继续推动公共文化服务设施向社会免费开放。"为加快建设更加完善的公共文化服务体系，2013年3月，浙江省文化厅印发了《关于浙江省公共文化服务体系建设提升年活动实施方案的通知》，决定将2013年确定为"浙江省公共文化服务体系建设提升年"，着力完善城乡公共文化服务设施网络，着力提高公共文化产品供给和生产服务能力，着力满足人民群众最关心、最直接、最现实的基本文化需求，全面提升浙江省公共文化服务体系建设，努力把浙江省建设成为全国"公共文化服务示范区"。其中，提出要在2013年底实现"全省100％的行政村建有村文化室（点）"的全覆盖目标，并推进农村文化礼堂的建设，鼓励建设一批具有地域特色和时代特征的乡镇综合文化站，有条件的可建设影剧院、体育馆和县（市、区）公共图书馆、博物馆乡镇分馆，也可配套建设文化广场、休闲公园等室外文体活动场所。与此同时，推动建设"数字图书馆""数字博物馆""数字文化馆"等覆盖全省的数字文化服务网络，多渠道向基层配送文化资源。这为今后浙江省公共文化服务体系建设构画了明晰的发展路径。2013年以来，浙江省着力构建"书香浙江"，并通过"文化礼堂"和"数字图书馆"建设，探索出了一条以"文化礼堂"为载体的综合性全覆盖的基层公共文化服务体系。

一是补齐农村公共文化供给短板，在一定范围内规范农家书屋管理，推进全民阅读，建设"书香浙江"。2013年8月，浙江省新闻出版局发布《关于

浙江省农家书屋建设管理暂行办法》的通知，进一步加强农村公共文化服务体系建设，规范农家书屋建设、管理和使用，探索农家书屋长效机制，发挥农家书屋作用，保障广大农民群众的基本文化权益。 2015 年 12 月，省广电局印发《关于进一步加强浙江省农家书屋管理的通知》，进一步从抓模式创新、抓出版物补充、抓活动开展、抓管理员队伍建设等四个维度出发，激活农家书屋的生命力，保障农家书屋后续力，增强农家书屋吸引力，确保农家书屋有序开放。 为全面贯彻落实《关于加快构建现代公共文化服务体系的意见》和《浙江省关于加快构建现代公共文化服务体系的实施意见》精神，着力推进公共图书馆建设，2016 年 8 月，省文化厅印发《关于浙江省公共图书馆三年提升计划的通知》，完善浙江省公共图书馆服务体系，提升公共图书馆服务品质，满足百姓群众多样化的阅读需求。 2017 年，省政府又印发了《关于加快推进全民阅读建设书香浙江的意见》，提出到 2020 年，力争使我省居民综合阅读率达到 90％以上，全民阅读基础设施较好地满足各类群体需求，优秀出版物能有效供给，各类阅读推广队伍不断壮大，基本形成与"两个高水平"目标相适应的以人为本、面向基层、突出重点、全面覆盖的全民阅读推广服务体系，全民阅读水平进入全国第一方阵。

二是通过文化礼堂建设和公共数字文化工程建设，提升基层公共文化供给能力。 在文化礼堂建设方面，采用菜单式服务的供给配送工作推进全省农村文化礼堂建设。 2014 年 4 月，省文化厅印发了关于《省级文化系统农村文化礼堂建设服务菜单的通知》，提出要因地制宜，不断完善供需对接的平台建设。 如表 2-5 所示，截至 2016 年末，新建文化礼堂 1568 个，4 年共建 6527 个；全省建成公共图书馆 102 个，人均馆藏 1.25 册，较 2013 年增长 32.98％；每万人拥有公共图书馆建筑面积为 189 平方米，较 2013 年增长 39％。 在公共数字文化工程建设方面，采用互联网技术助力推动工程建设。 2014 年 10 月，省文化厅发布《关于 2014 年全省公共数字文化重点工程建设督导情况的通报》，对"十二五"期间数字图书馆推广工程、文化信息资源共享工程及公共电子阅览室建设计划三大工程建设情况进行了全面督察并做了通报。

三是在浙江省基层公共文化服务供给方面，重点以"文化礼堂"为载体，构建多种资源深度整合的公共文化服务体系。 2016 年，为了加快构建浙江省现代公共文化服务体系，全面推进文化强省建设，确保实现"到2020年，基层综合性文化服务中心达标率全覆盖"的目标，省政府印发《关于推进基层综合性文化服务中心建设的实施意见》（以下简称《意见》）。该《意见》强调，设施建设不搞大拆大建，主要采取盘活存量、调整置换、集中利用等方式，重点任务是以基层综合性文化服务中心为终端平台，整合各级各类面向基层的公共文化资源，实现人、财、物统筹使用，资源共享共用，从而达到丰富服务内容、创新服务方式、强化服务功能、提升服务效益的目的。比如，为解决农村基层读书看报难的问题，目前有基层公共图书馆（室）和农家书屋两个并行推进的系统，《意见》明确提出将农家书屋纳入基层综合性文化服务中心管理和使用，推动县域内图书资源共建共享和一体化服务。同时，《意见》还鼓励社会力量参与基层公共文化服务供给中来，并要求基层综合性文化服务必须与网络化、数字化、智能化的服务方式相接轨。今后，"更加高效、专业和规范"成为浙江基层公共文化服务供给的发展方向；多样化、便捷化的服务内容将为满足百姓文化需求创造可能。

表2-5   2013—2018年浙江省公共文化服务相关数据①

指标＼年份	2013	2014	2015	2016	2017	2018
年末全省公共图书馆（个）	98	98	100	102	101	103
人均拥有公共图书馆馆藏量（册）	0.94	1.02	1.13	1.25	—	—
每万人拥有公共图书馆建筑面积（平方米）	135.8	155.9	171.7	189		
有线电视用户（万户）	1452.3	1495	1538	1531	1420	1435
广播覆盖率（％）	99.6	99.6	99.6	99.6	99.68	99.73
电视覆盖率（％）	99.65	99.65	99.7	99.7	99.75	99.80
农村电影放映任务（万场）	29.8	28.7	—	—		
新建文化礼堂（个）	1736	1742	1481	1568	1389	3143

① 根据2014—2018年《中国统计年鉴》《浙江省政府工作报告》和2013—2018年《浙江省国民经济和社会发展统计公报》数据整理。

2.2.6 拆违治水优化环境，助力建设"美丽浙江"

党的十八大报告指出："必须树立尊重自然、顺应自然、保护自然的生态文明理念，把生态文明建设放在突出地位……切实加大自然生态系统和环境保护力度。""绿水青山就是金山银山"。 为深入践行习近平总书记这一重要生态思想，美化生态居住环境，从 2013 年起，浙江省委、省政府大力推进"五水共治"和"三改一拆"工程，积极推进城市街道、立面、道路改造、小城镇环境综合整治和"浙派民居"改造，加强山体地貌生态修复和水土流失综合治理，加强平原绿化和珍贵彩色森林建设，不断提高城乡建设质量和水平。特别是在深入推进"五水共治"过程中，协同推进截污纳管、河道清淤、工业整治、农业农村面源污染治理、排污口整治、生态配水与修复等六大工程，积极整治小微水体感官污染，完善河长制，加强湿地保护，加快城镇污水处理厂一级 A 排放达标改造，全面消除劣 V 类水体，全方位推进环境综合治理和生态保护，为人民群众生产生活营造良好环境。

一是着力推进"三改一拆"工程，打造美丽宜居环境。 为更好地打造绿色文明的人居环境，推进新型城市化、改善城乡面貌、优化人居环境、建设美丽浙江，2013 年省委、省政府发布《浙江省人民政府关于在全省开展"三改一拆"三年行动的通知》，规划从 2013 年到 2015 年，在全省深入开展旧住宅区、旧厂区、城中村改造和拆除违法建筑（简称"三改一拆"）三年行动。2013 年 4 月，省国土资源厅印发《关于推进"三改一拆"行动实施方案的通知》，进一步落实"三改一拆"行动方案，做好违法用地大清查工作，并制订土地利用总体规划等。 2013 年 5 月，省政府发布《浙江省"三改一拆"行动违法建筑处理实施意见》，进一步在违法建筑的范围、调查认定、分类处理方式等方面进行了明确规定。 同年 8 月，省政府转发省国土资源厅《关于切实加强"三改一拆"行动中违法用地建筑拆除和土地利用工作指导意见》，要求加大对历史遗留问题的处置力度，并明确了"三改一拆"行动土地利用的政策措施。 2016 年，省委、省政府发布《关于进一步加强城市规划建设管理工作　加快建设现代化城市的实施意见》，计划到 2020 年，全部县（市、区）实现基本无违建，基本建成"无违建省"，拆后土地利用率超过 80％，城镇棚户区和城中村改造基本完成。

在完成了阶段性成果之后，2016 年"三改一拆"工作重心由"拆改"转移到土地的"整合利用"。 为进一步加快拆后土地利用，强化土地要素保障能力，切实提高节约集约用地水平，2016 年 12 月，省国土资源厅发布《关于进一步加强"三改一拆"拆后土地利用工作的通知》，提出要因地制宜地拓展、规划拆后土地利用途径，注重拆改结合的整体开发，合理安排拆后土地短期利用，统筹使用农村集体拆后土地，并完善土地历史遗留问题处理政策。 2017 年，省住建厅发布《关于做好农村宅基地及住房确权登记发证工作的通知》，在完善土地历史遗留问题的处理政策方面，就加快推进全省农村不动产统一登记工作，保护和增进农民合法财产权益进行了详细说明。

二是以"五水共治"为重心着力推动"美丽浙江"建设。 2014 年，省环保厅印发《关于 2014 年全省环保工作要点的通知》，着重强调要"重拳出击抓水污染防治"。 省委、省政府提出"治污水、防洪水、排涝水、保供水、抓节水"五项重点工作，即"五水共治"，打出经济转型升级和百姓生活环境提升的系列"组合拳"。 同年 3 月，省环保厅在《关于印发 2014 年全省污染防治工作要点的通知》中，进一步提出要贯彻落实省委、省政府关于"五水共治"重大决策，全面落实"河长制"，加强水环境治理工作。 4 月，在《关于印发 2014 年全省自然生态和农村环境保护工作要点的通知》中，省环保厅将"五水共治"纳入生态省考核任务书，进一步优化生态省建设年度任务和考核标准，并以服务"五水共治"为重点，进一步加强农村环境保护。 特别是在《浙江省治污水（2014—2017 年）实施方案的通知》中，省环保厅计划 4 年落实省委、省政府"五水共治、治污先行"的决策部署，把治污水作为"五水共治"的大拇指，抓好"清三河"、两覆盖、两转型，并细化了相关领域范围的工作任务。 同年，省高院印发了《关于保障"五水共治"依法推进的意见》，依法服务和保障"五水共治"工作顺利开展。

作为建设"两美浙江"目标的重要抓手，"五水共治"成为省委、省政府持续多年的中心工作。 2016 年底，省环保厅发布《浙江省第十四次党代会加快生态文明建设课题研究报告》（征求意见稿）。《报告》总结了 2013 年至

2016 年治水工作的成效，指出治水工作不仅改善了城乡环境面貌，还有效地实现了扩投资、促转型，提升了绿水青山的红利溢出效应，促进社会文明新风尚的形成。 从 2017 年开始，省委、省政府将"五水共治"中"治污水"的任务置于环境整治工作的首要位置，并以全面剿灭劣 V 类水为目标，加强全省环境保护工作，着力构建绿色文明的人居环境。 2 月，省环保厅印发了《关于全省环保工作要点》，明确提到要紧紧围绕"提质量、补短板、抓改革、严监管、强服务、惠民生"的工作原则，坚持以"五水共治"为突破口，倒逼转型升级，全面消除劣 V 类水体，坚决打赢污水"剿灭战"，带动了全省生态文明建设工作往前迈进一大步。

　　从"五水共治"和"三改一拆"的实践成效来看，拆违治水工作为"建设美丽浙江、创造美好生活"打下了坚实的环境基础。 如表 2-6 所示，至 2016 年末，全省改造旧住宅区、旧厂区、城中村建筑面积 3.38 亿平方米，拆除违法建筑 1.54 亿平方米，4 年共改建 9.28 亿平方米，拆除建筑 6.28 亿平方米，这为优化城乡环境、整合土地资源，推动经济转型升级开拓了新环境，为全省"无违建"提供了新思路。 同样，"五水共治"更为优化浙江美丽环境做出了突出贡献。 在全面实施"五水共治"行动以来，全省共消灭 6500 千米垃圾河，整治"黑臭河"超过 5100 千米，基本清除"黑、臭、脏"等污染；城乡水环境治理得到显著改善，2013 年至 2016 年 I—Ⅲ类水质断面占比逐年提升；劣 V 类水质断面占比逐年减少，2016 年下降幅度为 60.3％，明显高于上一年的 34.6％。 2018 年城市污水处理率为近四年来最高，达到 95.55％。 值得一提的是，以"五水共治"为突破口，倒逼着产业转型升级，实现经济发展质量和水环境质量双提高。 2016 年全省规上工业中装备制造业、高新技术产业和战略性新兴产业增加值分别比上年增长 6.3％，6.9％和 6.9％。"五水共治"工作更是获得了百姓的普遍赞誉。

表 2-6　2013—2018 年浙江省环境保护相关数据①

指标 ＼ 年份	2013	2014	2015	2016	2017	2018
改造旧住宅区、旧厂区、城中村建筑面积（亿平方米）	1.9	1.84	2.16	3.38	4.7	2.63
拆除违法建筑（亿平方米）	1.5	1.66	1.58	1.54	2.7	2.05
Ⅰ—Ⅲ类水质断面占比（%）	63.8	63.8	72.9	77.4	82.4	84.6
劣Ⅴ类水质断面占比（%）	—	10.4	6.8	2.7	0	—
全省城市污水排放量（亿立方米）	22.56	28.28	29.9	31.9	27.7	37
城市污水处理量（亿立方米）	20.42	25.39	26.9	29.7	26.1	35.3
城市污水处理率（%）	90.51	89.8	90.1	93.2	94.2	95.55
城市生活垃圾无害化处理率（%）	99.83	99.8	99.96	99.97	99.99	100

---

①　根据 2014—2018 年《中国统计年鉴》《浙江省政府工作报告》和 2013—2018 年《浙江省国民经济和社会发展统计公报》数据整理。

3

激发内生动力：浙江内生性扶贫事业的发展历程

作为联合国千年发展目标中的重要内容，削减贫困已经成为当今各国政府施政的重点方向之一。对贫困的治理不仅直接关系到基本人权的保障和实现，更与人类社会的发展和社会质量的提升息息相关。中国作为世界上最大的发展中国家，曾经也是世界上贫困人口最多的国家。中华人民共和国成立70年来，中国的经济建设与社会发展取得了举世瞩目的成就，为扶贫工作取得成效奠定了坚实的物质基础。作为全国城乡之间、区域之间收入差距最小的省份之一，浙江省一直以来全面贯彻落实中央扶贫开发战略，农村居民人均纯收入已经连续30多年居全国各省市区首位，2015年浙江全面消除了家庭人均年收入4600元以下的绝对贫困现象。回顾70年来浙江的扶贫工作历程，浙江善于在结合本地自然条件和资源禀赋的基础上发展经济的新优势，善于在新的社会经济发展阶段中不断优化和创新扶贫方式，善于强化民生保障以追求城乡和区域之间的公共服务均等化，善于创造各种机制激发扶贫对象自身的减贫动力和创造力，走出了一条富有浙江特色的内生式扶贫开发道路。

3.1 内生驱动:夯实贫困地区的发展基础

贫困的治理必须依靠社会生产力水平的广泛提高,从而为贫困地区的经济增长找到发展动力,这是生产主义的扶贫理念所强调的政策主张。 这一理念倡导通过经济发展来促进民众福祉的提升,并假设经济的最终发展会导致社会全体成员生活水平的提高和贫困状况的改善,认为"没有经济发展就没有福利改善"(Holliday,2005)。 中华人民共和国成立初期,由于面临着人多、山多、地少的现实困境和自然资源禀赋较为缺乏的实际情况,浙江省一直面临着巨大的生存压力和艰巨的扶贫任务。 到1978年,浙江省农村贫困人口有1200万人,农民人均纯收入只有165元,农村贫困发生率36.1%,高于全国平均水平5.4个百分点。[①] 思想观念保守、生产力普遍不高、连片贫困严重是20世纪70年代末期我国广大农村地区的真实写照。 在这种情况下,浙江率先提出了以市场化为导向的农村改革,通过发展农业多种经营和乡镇企业来拓宽农民增收的渠道,农村的生产力水平得到了明显的提高,农村普遍贫困大大减缓。 从1978年到1993年的15年间,浙江农民人均收入从165元提高到1745元,提高了9.58倍;农村贫困人口从1200万人减少到280万人,减少了76.67%;农村贫困发生率从36.1%下降到7.8%,扶贫成效较为显著。[②]

1986年,国务院成立扶贫开发领导小组及办公室,标志着我国开始了有组织、有领导、有计划的大规模扶贫开发征程。 从1994年到2000年,国家实施了第一个扶贫计划——"八七扶贫攻坚计划"。 这一时期,浙江以消除贫困县绝对贫困为目标,以文成、泰顺、永嘉、云和、景宁、青田、磐安、武义等8个贫困县为主战场,引导和支持山区农民推进山区农业股份合作开发

---

① 顾益康:《让人民远离贫困——浙江反贫困的实践与思考》,《红旗文稿》2005年第11期,第23—25页。

② 《农村工作通讯》编辑部:《浙江特色的扶贫道路》,《农村工作通讯》2012年第5期,第11—14页。

和下山脱贫，兴建异地扶贫开发区，开辟农民就业渠道，极大地缓解了连片贫困地区农户的生存压力。1996年，浙江开始探索建立城乡一体化的最低生活保障制度，尝试用法律形式将农民纳入社会保障制度的保护范围，其对于保障农村绝对贫困人口的基本生活具有重要意义。到1997年，浙江8个贫困县以乡镇为单位，人均收入超过了500元，提前3年基本完成了"八七扶贫攻坚计划"的脱贫目标，浙江成为全国第一个没有贫困县的省区。

从中华人民共和国成立初期到改革开放以来，浙江之所以能够克服地理资源禀赋的先天不足，并能够在相对较短的时间内全面消除绝对贫困，改善贫困地区人民的生活面貌，主要依靠两种扶贫方式。

3.1.1 通过乡镇企业带动就业，拓宽农民增收途径

我国农民增收具有体制性、结构性和技术性等障碍，农村就业结构不够合理，农村富余劳动力不断增多但同时难以及时向非农业生产形态转移。在这一情况下，因地制宜地发展乡镇企业和特色产业是农村贫困地区提高社会生产力水平的直接方式，其能够创造大量的就业岗位并极大地改善农民的收入水平。中华人民共和国成立之后，浙江农村地区的乡镇企业（当时称为社队企业）已经具备了一定的发展基础。党的十一届三中全会后，浙江乡镇企业异军突起，逐渐成为一支在国民经济格局中占据重要地位的经济力量。到1988年，浙江乡镇企业生产总值占当时农村社会总产值的66.2%，占全社会总产值的36.3%（其中在建材、塑料、缝纫、纺织、金属等5个行业的产值所占的比重一度超过80%），被乡镇企业吸纳的劳动力人数占全省农村劳动力总数的比例、农民从乡镇企业得到的工资收入占其当年总收入的比例均在20%以上（浙江省计经委调查组，1990）[①]。20世纪90年代末期，浙江乡镇企业的发展逐渐进入了快车道，为实现农村富余劳动力转移和城镇职工再就业做出了突出贡献。至2001年底，浙江全省乡镇企业达到了108万家，职工达到929.52万人，占农村劳动力的42.83%，从业人数和占农村劳动力的比

---

① 浙江省计经委调查组：《乡镇企业何处去：浙江省乡镇企业发展道路的思考（上）》，《中国投资与建设》1990年第2期，第41—42页。

重均居全国第一。① 因此,乡镇企业不仅就业岗位充裕,而且用工机制灵活,成为扩大就业和促进再就业的重要渠道。 实践证明,乡镇企业是实现充分就业的重要阵地,是实现共同富裕的重要路径。 大力发展乡镇企业是促进农业现代化升级的必经阶段,也是中国农村的未来和希望之所在。

3.1.2 通过以工代赈增加就业,全面消除绝对贫困

在中国历史上,统治者通过兴修水利、修筑堤坝、开挖河道、开辟田垄等以工代赈的方式,一方面能够消除贫民、灾民的惰性依赖,可以最大限度地挖掘其生产自救的潜力,可以在短期增加贫民、灾民的劳动收入;另一方面,还能间接锻炼提升被招募者的劳动能力,为其从事后续的农业耕作提供了便利的生产条件。 而在现代工业社会中,以工代赈也逐渐演变成为积极就业政策的重要内容,也是应对经济衰退的通用法则。 在 20 世纪 20—30 年代美国经济大萧条时,罗斯福总统曾用"以工代赈"的方式,吸收大量失业人员,尤其是青年,从事植树护林、防治水患、水土保持、道路建筑等工作,为失业的非熟练工人找到了用武之地。 据统计,罗斯福总统运用以工代赈的政策工具先后雇用失业人员达 2000 多万,约占当时美国全国劳动力的一半。 以工代赈的意义,绝不仅仅在于解决了就业难题,也超越了"工"本身所创造的经济效益,具有多重社会意义。 改革开放以来,以工代赈逐渐作为我国农村扶贫开发的一项重要举措并一直被延续使用,其兼具了农村基础设施建设和扶贫救济的双重目标。 在浙江,以工代赈项目实施早期多以农副产品和中低档工业品等实物为主,后期则主要以财政资金投入为主。 20 世纪 90 年代以来,浙江省委、省政府决定在尽力争取国家以工代赈资金的同时,每年继续安排 500万元的配套资金,重点加大对 8 个扶贫攻坚县的支持力度。 到 1997 年,浙江全省提前 3 年基本完成了脱贫目标,浙江也一举成为全国第一个没有贫困县的省区。 此后,浙江又以消除贫困乡镇绝对贫困为目标,在 1999 年农民人均收入低于 1500 元的 101 个贫困乡镇中实施"百乡扶贫攻坚计划",加大政府

---

① 钱信浩:《发挥乡镇企业在实现充分就业中的主渠道作用》,《休闲农业与美丽乡村》2002 年第 11 期,第 9—10 页。

对贫困乡镇的扶持力度,实行社会结对帮扶,帮助贫困乡镇农民加快推进产业开发和下山脱贫,彻底摆脱绝对贫困。 到 2002 年,浙江贫困乡镇农民人均收入达到了 1922 元,人均收入 1000 元以下的贫困人口从 18.1 万人减少到 3.7 万人,完成下山搬迁 1.5 万户、5.4 万人,所有贫困乡镇如期实现了脱贫目标,浙江也据此成为全国第一个没有贫困乡镇的省区。①

总体来看,从中华人民共和国成立以来到改革开放初期,浙江扶贫工作的主要思路是如何最大限度地提升贫困地区的社会生产力,为贫困群众创造更多的就业机会来提高其经济收入。 一方面,就是发展乡镇企业来吸纳农村改革后所释放出的大量剩余农村劳动力,使其能够重新找到一个收入来源来提高生活水平;另一方面,就是通过国家投资项目直接带动当地经济社会发展,不仅能够显著改善贫困地区的基础设施条件,而且还能够提供一定的就业岗位并提高困难群众的劳动技能。 通过这两种方式,连片贫困地区的经济社会发展状况明显改善,困难群众的就业机会和渠道明显拓宽,绝对贫困发生的内生性诱因基本被消除。

3.2　区域协同:缓解相对贫困的政策工具

进入新世纪以来,浙江的经济社会发展进入了一个新的历史时期,面临新的机遇和挑战,原有通过发展乡镇企业和以工代赈等形式来为低收入农户创造就业机会的扶贫模式面临着驱动力不足、边际效应递减的问题。 因而,如何基于浙江现有的自然资源禀赋,实现城乡之间和区域之间的协调发展就成为一个重大而现实的课题。 2003 年,浙江省委按照党的十六大强调的扶贫工作要求,以减缓欠发达乡镇相对贫困、提高农民增收能力和收入水平为目标,提出要统筹城乡经济社会发展,加快推进城乡一体化;充分发挥山海资源优势,大力发展海洋经济,推动欠发达地区跨越式发展等一系列重大举措。 同

---

① 《农村工作通讯》编辑部:《浙江特色的扶贫道路》,《农村工作通讯》2012 年第 5 期,第 11—14 页。

时,遍布全球各地的浙江籍商人在中国加入 WTO 之后日渐活跃,并在各个行业领域中取得了突出的成就,浙商群体正在成为浙江经济发展过程中最为宝贵的资源之一。 因此,如何把这些禀赋和优势转化为相对落后地区、偏远山区和海岛地区经济发展的驱动力,如何实现区域协同发展就成为浙江扶贫工作要考虑的首要问题。 在这一阶段,通过资源互补实现联动发展是主要的扶贫思路,具体包括以下几个方面。

3.2.1 山海协同,促进区域协调发展

从 2002 年起,浙江开始实施山海协作工程。 这一工程是浙江省委、省政府为推进全省区域协调发展而做出的重大战略决策,其要旨在于按照"政府推动、市场运作,互惠互利、共同发展"的原则,加强沿海发达地区与浙西南山区、海岛等欠发达地区在产业开发、新农村建设、劳务培训就业、社会事业发展等方面的项目合作,努力推进欠发达地区加快发展和发达地区产业结构优化升级,促进全省区域协调发展、同步实现现代化。 山海协作工程的主要内容包括以下几个方面:一是鼓励发达地区优势企业以资产为纽带、以产品为龙头,通过跨地区的控股、参股、收购、联合、兼并、租赁、托管、承包经营等方式,与欠发达地区企业组成紧密的或松散的企业联合体,实现优势企业的低成本扩张,培育若干主业突出、核心能力强的公司和企业集团。 二是鼓励企业开展跨地区的技术交流,重点推广先进、成熟技术以及综合性节能降耗技术,扶持市场前景好、技术含量高、附加值高的技术转移项目;禁止转移应当淘汰的生产设备、落后的工艺技术和污染严重的项目;三是鼓励发达地区向欠发达地区推广先进的农业生产技术和经验,提高其优良品种份额,向"优质、高产、高效"方向发展;鼓励投资合作者参与欠发达地区农业土地连片经营招商,开发和经营优势高效农业示范基地;鼓励发达地区与欠发达地区联合组建农工商贸联合型企业,实施"种、养、加、销"一条龙开发经营,发展深加工和精细加工产品,开辟绿色食品市场;四是鼓励发达地区外贸企业到欠发达地区开拓业务,开辟出口货源基地,增加出口;通过发达地区的中外合资企业与欠发达地区的企业组成"中中外"式企业,发展服务贸易,进一步扩大对外开放;五是鼓励发达地区和欠发达地区的劳务合作,积极开展发达市县与欠发达

市县劳动部门结对子活动；六是广泛开展"山海"合作，依托浙东沿海和西南山区的比较优势和经济互补性，广泛开展多领域、全方位的经济技术合作。合作方式包括联合开发资源、依托名牌产品的合作、建立专业化分工联系、加强科技合作，以及参与旧城改造、交通、通信、水利、城乡电网改造等基础设施建设和投资开发农林业、旅游业等。①

从 2002 年到 2009 年，浙江全省累计实施山海协作产业合作项目 4797 个，到位资金 978.64 亿元；累计实施山海协作新农村建设项目 335 个，到位资金 8936.9 万元；累计组织培训劳务 22 万人次，转移输出劳务 46.18 万人次；累计帮扶社会事业建设资金 1.62 亿元。 山海协作工程的实施实现了发达地区与欠发地区的合作共赢，对促进全省区域协调发展发挥了积极作用。② 2008 年以来，浙江又以山海协作工程为载体实施了"百村经济发展促进计划"，加强发达地区和欠发达地区的经济、技术、教育、卫生、人才、就业等协作。 从 2002 年到 2015 年，山海协作工程共完成产业合作项目 8980 个，建成 9 个省级山海协作产业园、10 个省级山海协作职业技能实训基地，组织培训并转移劳动力 28 万人，帮扶低收入群众实现增收 25 亿元。③ 2018 年，浙江省委、省政府出台《关于深入实施山海协作工程促进区域协调发展的若干意见》，提出要实施以补齐基础设施短板，构建区域一体化发展新格局；丰富合作内涵，推进经济社会全面发展；创新平台建设，促进山海融合互动发展；创新政策机制，促进资源要素优化配置等为主要内容的协同措施，促进浙西南山区与东部沿海地区的交流与合作，加快推进全省区域平衡协调发展。

总体来看，山海协作工程突破了长期以来以输血帮扶为主的传统扶贫模式，探索建立了符合市场经济条件下扶贫开发以对口造血帮扶为主的新模式。实践证明，山海协作工程是把欠发达地区培育成为新的经济增长点的有效抓

① 浙江省人民政府办公厅：《关于转发省协作办实施"山海协作工程"帮助省内欠发达地区加快发展意见的通知》，浙政办发〔2002〕14 号。

② 《农村工作通讯》编辑部：《浙江特色的扶贫道路》，《农村工作通讯》2012 年第 5 期，第 11—14 页。

③ 马跃明：《浙江率先完成脱贫任务：对人民负责对历史负责——浙江扶贫开发工作综述》，《今日浙江》2015 年第 24 期，第 20—23 页。

手,是科学发展观在区域发展战略中的具体体现,是推进社会主义和谐社会建设的有效途径,是一项民心工程、德政工程、双赢工程。

3.2.2 内外协同,实施浙商回归工程

与省内"山海协作工程"相同步,浙江又开始实施"全国浙商帮扶低收入群众152增收计划",计划在5年左右的时间里发动100家浙商,帮扶20万低收入群众增收致富。同时,积极引导和推进山海协作来料加工业务,培育一批来料加工经纪人,建设一批来料加工基地,加快建设来料加工信息平台,扩大义博会来料加工对接区的影响,为欠发达地区更多承接来料加工业务提供信息支持,促进欠发达地区闲散劳动力增收致富。"152"增收计划主要通过四项任务开展帮扶:其一,通过产业开发创增收。重点以具备产业发展条件的低收入农户集中村为重点,大力扶持低收入农户发展特色种养业、家庭工业、农家乐休闲旅游业,促进低收入农户实现创业增收。其二,转移就业促增收。以实现就业为导向,加强对低收入农户的技能培训、就业服务和就业援助,使有劳动力的低收入农户至少有1人实现稳定就业。其三,来料加工帮增收。通过加工技能和经济业务培训,推动低收入农户进入来料加工业务链条,帮助低收入农户实现来料加工增收。其四,社会关爱助增收。推动浙商与低收入群众建立结对联系,帮助低收入农户解决子女就学、病人就医等困难,降低低收入农户因学因病因灾致贫和返贫的概率。[1]

2012年以来,浙江省政府开始启动浙商回归工程,主要以在外浙商为主体,以"乡情、亲情、友情"为纽带,鼓励和吸引在外浙江商人回乡投资创业。浙商回归工程在吸引在外浙江人回归家乡创业创新的同时,也为欠发达地区提供了内生发展机会,尤其是一些在外创业者完成原始积累后,回到家乡发展和投资的欲望特别强烈,从政策的角度支撑"人才回乡、信息回归、资金回流、企业回迁"等就成为很多贫困地政府关注的一号工程。这些政策组合拳为贫困地区提供了大量的就业岗位和发展机会,成为浙江经济社会通过资

---

① 章芳荣:《全国浙商齐心帮扶"152"增收计划对接会召开》,《义乌商报》2008年10月22日。

源要素配置实现科学发展的缩影,农村贫困地区发展的内生动力得以被激发。
2012 年至 2015 年间,浙商回归累计到位资金达 8352 亿元,浙商回归的内容
还在不断走向深化。 回归投资项目数量不断增多,项目层次越来越高,迎来
了回归高峰期和效应显现期。"浙商回归"还带来了人才、科技回归,为传统
产业转型升级注入了持续动力,浙商回归正在成为经济新常态下加大浙江有
效投资和带动贫困地区发展的重要力量。①

3.2.3 区域扶持,完善生态补偿机制

在江河源头区域和水库库区等生态保护的重点区域,需要用特殊政策给
予特别扶持,通过异地安置和生态补偿等形式帮助贫困地区人民实现脱贫。
2004 年浙江实施乌溪江库区群众异地脱贫工程,2005 年又把相应政策扩大到
紧水滩库区、百丈漈库区,开启了重点水库库区特别扶持之路。 在库区群众
异地脱贫工程中,共有 4.3 万名群众异地搬迁至县城、中心镇,人均收入三四
年翻番。 对重点库区的特别扶持成为对泰顺、文成、景宁、庆元、松阳、开
化、磐安、衢江、常山、龙泉、遂昌、云和等 12 个重点欠发达县特别扶持的先
导。 这些县基本处于省际边界,有的是全省 8 大流域的源头,有的是重点水
库库区,经济发展既受区位条件、自然条件的限制,也受生态保护、水源保护
的限制,仅靠地方经济发展和一般财政转移,城乡居民的人均收入水平和民生
保障水平难以缩小与全省平均水平的差距。 为此,2011 年,浙江省委、省政
府做出了实施重点欠发达县特别扶持的决策,省财政为泰顺、文成、景宁、庆
元、松阳、开化等 6 个县和磐安、衢江、常山、龙泉、遂昌、云和等 6 个县每
年每县分别安排专项转移 2 亿元和 0.8 亿元,用于增加农民收入、提升民生水
平、增强内生功能的项目建设。

在另一方面,浙江也充分认识到,省内大多数生态功能区也是贫困人口比
较集中的地区,生态问题和贫困问题相互交织。 实施生态保护补偿有利于拓
宽贫困人口增收渠道,促进生产生活方式转变,提高保护生态的积极性,恢复
和扩大绿色生态空间。 在此背景下,浙江省政府于 2005 年出台《关于进一步

---

① 林宏:《"浙商回归"现状调查与对策建议》,《发展规划研究》2014 年总第 96 期。

完善生态补偿机制的若干意见》，提出要加强规划引导，加大政策、资金、项目等方面的支持力度，充分发挥欠发达地区的后发优势，努力把欠发达地区培育成为我省经济新的增长点。支持欠发达地区加快城乡基础设施建设，加快发展各项社会事业，不断改善经济发展环境。支持欠发达地区、特别是重要生态功能区加快转变经济增长方式、调整优化经济结构，大力推行清洁生产，发展循环经济，发展生态环保型产业，积极构建与生态环境保护要求相适应的生产力布局，努力实现区域经济的跨越式发展。深入实施"山海协作"和"欠发达乡镇奔小康"工程，积极推动区域间产业梯度转移和要素合理流动，带动和促进欠发达地区加快发展。与此同时，要继续支持鼓励异地开发、下山脱贫、生态脱贫、"大岛建小岛迁"等行之有效的生态补偿方式。积极借鉴金磐、景鄞扶贫经济开发区的实践经验，结合环杭州湾、温台沿海、金衢丽高速公路沿线三大产业带规划的实施，继续从体制上、政策上为欠发达地区的异地开发创造有利条件。加大下山脱贫、生态脱贫的政策扶持力度，各级财政要逐年增加下山脱贫资金投入，下山脱贫小区建设中地方收取的有关规费给予全免，所需用地予以重点保证。对移民下山后将原宅基地改为农林用地的，除享受宅基地整理、退宅还耕（林）政策外，各地可根据实际情况给予搬迁农户一次性经济补偿。支持鼓励开展跨县域的下山脱贫和生态脱贫工作。在实施"大岛建小岛迁"中，对迁出渔民优先安排宅基地和生产生活用地，当地可根据实际给予一次性经济补偿。深入实施"千万农村劳动力素质培训工程"，加强下山脱贫和生态搬迁农民的转移就业培训工作，积极促进欠发达地区劳务输出，加快欠发达地区农民脱贫致富进程。[①]

总的来看，进入新世纪之后，浙江的社会经济发展逐渐走在了全国前列，但也面临着一系列新的机遇和挑战，如何利用优势补齐短板就成了广大浙江干部群众所要思考的时代课题。因此，如何解决发展起来之后出现的区域不平衡和相对贫困问题就显得尤为重要。浙江利用山海资源优势创造性地提出了山海联动、区域联动和生态补偿等战略，实施了一系列重大举措来解决区域

---

① 浙江省人民政府：《关于进一步完善生态补偿机制的若干意见》，浙政发〔2005〕44号。

发展不平衡的问题；同时，浙江又积极利用遍布于全球各地的浙商优势，为域外浙商回报家乡建设创造条件，实现了外地浙江人帮助本地浙江人的内外联动格局。

3.3 人力投资:增强贫困群众的抗贫能力

当社会经济和社会发展已处于一定阶段，如何解决发展起来以后的问题，也即逐渐消除"丰裕中的相对贫困"就变得更为重要了，这也就需要从根本上扭转政策理念和导向。 与生产主义不同，发展主义的扶贫理念认为，发展不仅仅意味着经济发展，更是社会的发展和人的发展，因而其更加注重社会政策的社会投资功能，也即对于人力资本的投资，包括发展教育文化和卫生事业等。[①] 通过人力资本的投资可以提高劳动力的素质，不仅有助于企业竞争力的提高，也可以起到从根本上消除贫困，增强国家竞争能力和实现可持续发展的作用。[②] 从 20 世纪末期，浙江开始明显加大对农村地区教育、文化、卫生事业的投入，这些举措从长远看对于提升农村贫困人口的人力资本具有重要意义。

3.3.1 保障基础教育,实现城乡教育均衡

改革开放前期，浙江省农村中小学规模小，布点比较分散，师资力量弱。为改变这一状况，浙江按照"高中段学校向县城集中，初中向中心镇集中，中心小学向乡、镇所在地集中，新增教育资源向城镇集中"的原则，整合相关教育资源并增加对农村学校的投入力度，使得农村地区学校的教学条件和水平全面提高。 1997 年，浙江率先在农村全面普及九年制义务教育，为广大贫困地区发展义务提供了坚实保障。 在此基础上，浙江又开始探索实施义务教育

---

① 林卡、赵怀娟:《论生产型社会政策和发展型社会政策的差异和蕴意》,《社会保障研究》2009 年第 1 期。
② 邓广良、刘洲鸿:《社会发展主义》。王卓祺、邓广良、魏雁滨(编),《两岸三地社会政策理论与实务》。香港中文大学出版社 2007 年版。

的均衡发展策略。 2003 年，浙江出台了多项义务教育财政公平政策来促进地区间义务教育的均衡发展，农村地区特别是广大偏远地区的义务教育事业发展进入了快车道。 这些举措包括：

一是在国内首先提出要普及十五年教育。 浙江提出在 2005 年之前基本实现高标准普及九年义务教育，基本普及学前三年和高中三年的教育，也即涵盖从学前三年到高中毕业。 截至 2018 年底，浙江义务教育入学率为99.99％，巩固率和完成率均为 100％，全省学前三年到高中段的十五年教育普及率为 99.02％。①

二是免除义务教育阶段的学杂费。 2006 年，浙江省政府办公厅发布《浙江省义务教育中小学生免除学杂费实施意见》，从 2006 年秋季开始，全省义务教育阶段中小学生全部免除学杂费，取消一切行政事业收费、服务性收费及代管费，同时要求各级财政部门将义务教育阶段学校日常公用经费纳入公共财政保障范围，增加对义务教育的财政性经费投入。

三是继续强化教育经费保障机制。 尤其是针对农村经济发展的相对落后性，特别是为了弥补农村税费改革后对农村义务教育经费带来的巨大压力，浙江省财政厅于 2003 年制定了《农村中小学公用经费定额标准》，并于 2004 年联合浙江省教育厅印发了《关于进一步做好农村中小学公用经费保障工作的通知》，提出要建立健全农村中小学公用经费保障"四化"机制，做到定额标准化、安排预算化、执行规范化、督查经常化，推进城乡教育均衡发展。2005 年，浙江又启动了以改善欠发达地区农村中小学师生的教学生活条件为目标的"四项工程"，也即家庭经济困难学生资助扩面工程、爱心营养餐工程、食宿改造工程、教师素质提升工程，从而保障全省农村家庭经济困难学生公平接受教育的机会和权利。

四是推进义务教育高水平均衡发展。 以均衡配置办学资源，加大省级财政转移支付力度，完善发达地区对口支援欠发达地区制度，支持农村偏远地区发展义务教育为重点，浙江省人民政府于 2013 年出台《关于深入推进义务教育高水平均衡发展的实施意见》，提出到 2013 年，全省实现县域义务教育基

---

① 浙江省教育厅：《2018 年浙江教育事业发展统计公报》，2019 年 4 月 30 日。

本均衡发展,基本均衡的县(市、区)比例达到 80% 以上,义务教育在办学条件、办学经费、教师队伍数量及结构等方面配置基本均衡,义务教育学校教育质量和办学水平明显提升。 到 2015 年,全省基本实现教育现代化,实现基本均衡的县(市、区)比例达到 90% 以上,基本均衡的义务教育公共服务体系进一步完善,学校布局与人口分布结构相适应,基本满足常住人口适龄子女的教育需求,课程改革深入推进,义务教育学校教育质量和办学水平全面提升。到 2020 年,全省全面实现教育现代化,实现义务教育公共服务均等化,义务教育校际差距、城乡差距和区域差距明显缩小。

3.3.2 发展文化事业,补齐乡村文化短板

中华人民共和国成立初期,浙江文化事业发展严重滞后,全省公共文化基础设施极为薄弱,只有 10 家电影院、4 家报社、23 家新华书店、2 家公共图书馆和 1 家博物馆,乡村公共文化设施几乎为零。 从 1978 年开始,浙江各地市级群众艺术馆、县级文化馆和乡镇文化站也相继恢复建立,农村公共文化事业得以缓慢恢复和发展。 到 1987 年,全省有乡镇文化站 3526 个、文化馆 93 个、公共图书馆 80 个、博物馆 40 家。[①] 进入新世纪以来,浙江不断强化对于农村公共文化设施的建设,村级图书馆、文化站、老年活动室、体育健身场所等文化设施不断建成。 2001—2005 年期间,全省各级财政投入农村文化建设 11.23 亿元,居全国各省区第二位;农村人均文化经费 7.8 元,居全国各省区首位;全省农村文化事业的投入逐年增长,2001 年全省农村文化事业费为 1.44 亿元,2005 年达到 2.96 亿元,年均增长速度 19.74%。 2006—2010 年期间,浙江进一步加大了对农村文化建设的投入力度,从 2007 年起,省级专项资金对农村文化建设的投入增加到每年 1.09 亿元,相比"十五"期间每年 1500 万元的投入力度增加了 6.3 倍。

2013 年以来,浙江省持续把农村文化礼堂列入省十大民生实事项目。 根据浙江省委办公厅、省政府办公厅联合印发的《关于推进农村文化礼堂建设的

---

① 王锋:《浙江乡村文化事业的发展及其启示》,《西安社会科学》2009 年第 4 期,第 113—115 页。

意见》,强调各县(市、区)和乡镇(街道)要发挥主导作用,加大对农村各项建设的整合力度,相关专项资金向农村文化礼堂建设倾斜,发挥行政村的建设主体地位,多方筹措资金,为农村文化礼堂建设和运行提供资金保障。2013 年至 2015 年省财政每年将统筹安排 3000 万元,通过以奖代补形式,扶持农村文化礼堂建设。 引导社会力量广泛参与,动员企业和社会热心人士贡献力量,发动各级文明单位支援结对共建村,推动各地建好农村文化礼堂。① 根据规划,到 2020 年,全省要建成 1 万个以上高水平农村文化礼堂,覆盖全省 80% 以上农村人口。 农村文化事业的发展极大地促进了农村居民文化教育娱乐消费,人均消费费用从 1985 年的 13.34 元增长到 2016 年的 1611 元,30 年间增长了 120 倍,农村文化基础设施水平显著提高。②

3.3.3 强化卫生事业,推动医疗资源下沉

中华人民共和国成立初期到改革开放以来,浙江卫生事业发展速度较快。到 1984 年底,全省已经拥有医疗卫生机构 8188 个,病床数 7.7 万张,专业卫生队伍 13.7 万人,覆盖省、市、县三级医疗卫生服务网络基本建立。 与 1949 年相比,医院床位数增长了 12.68 倍,专业卫生人员数增长了 11.3 倍。③ 当然,农村地区医疗机构的发展水平和发展速度远不及城市,农村看病难、看病贵,因病返贫与因病致贫的现象在一定程度上有所存在。 2003 年,浙江省政府印发《关于建立新型农村合作医疗制度的实施意见(试行)》,强调建立由政府组织、引导、支持,农民自愿参加,个人、集体和政府多方筹资,以大病统筹为主的农民医疗互助共济制度。 根据方案,浙江新型农村合作医疗制度以农村居民为参保对象,实行以县为单位统一筹资、统一管理为主导形式的大病统筹合作医疗制度,重点解决参保农民大额住院医疗费用和门诊指定项目

---

① 中共浙江省委办公厅、浙江省人民政府办公厅:《关于推进农村文化礼堂建设的意见》,浙委办发〔2013〕37 号。

② 国家统计局浙江调查总队:《2016 年浙江居民消费情况分析》,http://www.zj.gov.cn/art/2017/2/17/art_5499_2217584.html,2017-02-17。

③ 陶森元、钱友渔、陆立军:《浙江省卫生事业的现状、目标与对策》,《中国卫生事业管理》1985 年第 1 期,第 18—23 页。

大额医疗费用的补偿。有条件的地方可在县级统筹的基础上，建立其他多种形式的合作医疗做补充。这一方案对于改善农村县、乡、村三级医疗卫生服务条件，使农村居民开始能安全、方便、价廉地享受到基本医疗卫生服务具有重要意义。

2012 年，浙江开始着力推动城市优质医疗资源下沉和医务人员下基层，提升县域内医疗卫生服务能力和群众就医满意度。2015 年，浙江省政府印发《关于推进"双下沉、两提升"长效机制建设的实施意见》，旨在以"双下沉、两提升"为突破口，着力解决城乡、区域医疗资源配置不均衡和基层人才短缺等瓶颈问题，推动公立医院综合改革，构建分级诊疗体系，为率先建立覆盖城乡居民的基本医疗卫生制度奠定扎实的基础。按照部署，到 2015 年底前，全省城市三级甲等医院优质医疗资源下沉要实现所有县（市、区）全覆盖，县级医疗资源下沉要实现所有乡镇全覆盖，基层卫生人才培养培训任务全面完成。到 2017 年底，城市三级甲等医院人、财、物全面下沉的长效机制建立，重点项目有效推进，合作办医成效日益显现；城市公立医院在主城区的扩张得到有效控制，普通门诊服务量逐步减少；分级诊疗体系更加完善，实现 90％左右的患者在县域内诊疗，群众就医满意度显著提升。①

2017 年以来，组建县域医疗共同体和在边远贫困地区发展远程医疗协作网等工作相继展开，旨在以县级医院为龙头，整合县乡医疗卫生资源，实施集团化运营管理，完善县级医院、乡镇卫生院（社区卫生服务中心）的管理体制和运行机制，形成服务共同体、责任共同体、利益共同体、管理共同体，促进县域内医疗卫生资源合理配置、医共体内人员正常流动、基层医疗服务能力明显提升、就医秩序合理规范。2018 年，浙江省委办公厅、浙江省政府办公厅联合印发《关于全面推进县域医疗卫生服务共同体建设的意见》，提出到 2019 年，医共体建设全面推开，县域综合医药卫生体制改革不断深化，整合型医疗卫生服务体系初步建成。到 2022 年，县域医疗卫生服务能力明显增强，资源利用效率明显提升，群众健康水平明显提高；所有医共体牵头医院达

---

① 浙江省人民政府：《关于推进"双下沉、两提升"长效机制建设的实施意见》，浙政发〔2015〕28 号。

到县级强院建设标准,乡镇(街道)所在地医共体成员单位普遍具备较高水平的基本医疗、公共卫生和健康管理等服务能力,其中小城市、中心镇和服务人口较多、地域较广、规模较大的乡镇(街道)所在地医共体成员单位具备二级乙等以上医院医疗服务能力;基层就诊率达到 65% 以上,县域就诊率达到 90% 以上。[1]

总体来看,通过强化教育、文化、医疗等基本公共服务的城乡均等,贫困地区群众能够更多地享有公民权利和自我发展机会一直是浙江公共服务发展所追求的政策目标。 特别是进入新世纪以来,浙江开始逐步加大对农村及偏远地区的公共服务的投入力度。 城乡之间的均衡发展,不仅仅体现在城乡居民可支配收入之间的差距缩小,更体现在城乡居民对于政府基本公共服务可及性上趋于均衡,这对从长期角度提高农村贫困群众的抗贫能力至关重要。

3.4 多元扶持:织密贫困地区的社会保障网

构建多元化的社会帮扶体系也是一种较为有效的贫困治理工具,其不仅能够直接拓展贫困群众的个人社会资本,从长远看,更是包容性社会建设的重要组成部分。 我国现行的社会帮扶体系呈现出多头管理的分散格局,除了民政部门主导建立的社会救助体系以及教育、医疗、住房、法律、就业等专项救助制度之外,各种群团组织及各类慈善组织、基金会与公益社团等也都发挥着一定的社会帮扶功能(高传胜,2016)。 当然,社会救助和社会帮扶体系的建立,不单单要实现单向无偿给付性救助的功能,更重要的是要以其为基础探索建立内生性的多层次的社会帮扶网络。 多年以来,浙江坚持动员全社会参与、拓展扶贫领域、丰富扶贫形式,形成了党委、政府统一领导、扶贫部门牵头实施、职能部门各负其责、社会力量广泛参与的扶贫开发推进机制,形成了跨地区、跨部门、跨单位,全社会共同参与的多元主体的社会帮扶体系。

---

[1] 中共浙江省委办公厅、浙江省人民政府办公厅:《关于全面推进县域医疗卫生服务共同体建设的意见》,浙委办发〔2018〕67 号。

3.4.1 建立制度保障,构建社会安全网

中华人民共和国成立初期,浙江秉持"生产自救、节约度荒、群众互助、以工代赈,并辅之以必要的救济的方针",开始实行农村困难户救济制度,每年对困难户进行救济,发放救济款、救济粮、救济衣服等。 1961 年,浙江制订了《关于试行农村救济款管理使用暂行办法(草案)》,规定"救济款是国家用于帮助贫困社员解决生活困难的专款,解决贫困社员的困难主要依靠生产自救和集体互助来解决",并规定了救济款使用范围、救济对象、救济原则等,从制度上规范了社会救济,保障农村困难群众的基本生活。 1978 年之后,家庭联产承包责任制的实施调动了农民的生产积极性,农民的生活条件逐步有所改善。 这一时期,对农村贫困户的救济工作不仅包括一些临时救助,还针对老弱病残等贫困户给予定量救济,农村社会的贫苦户救济工作逐步发展。 自 1979 年至 1991 年,浙江全省共发放农村困难户救济费 13297.66 万元,得到救济的困难户 1171.96 万人次,其中 1985 年至 1991 年定期定量救济费 405.29 万元,1991 年全省享受定期定量救济的农村社会困难户有 20406 人。①

与此同时,浙江在农村也逐步建立了集体补助制度。 1956 年,农业生产集体化的兴起为解决农村贫困户的生活困难问题创造了条件。 贫困户参加集体经济组织,从事力所能及的劳动生产,绝大多数的口粮和基本生活有了保障,少数生活仍有困难的也可得到集体经济补助。 1958 年,浙江出台的《高级农业生产合作社示范章程》及 1961 年《农村人民公社工作条例(修正草案)》中都提出要对生活没有依靠的老、弱、孤、寡、残疾的社员给予生活上的适当安排和照顾。 1962 年浙江省农村人民公社逐步实行粮食按劳分配加照顾的政策,从而使农村困难户的口粮基本得到保障。 从 1979 年至 1991 年,集体经济对困难户的供给补助共 6629.59 万元,绝大多数困难户的基本生活得到了保障。②

---

①② 浙江省民政志编纂委员会:《浙江省民政志》,中国社会出版社 1994 年版,第 19—28 页。

1996 年，浙江开始探索建立城乡一体的最低生活保障制度。 最低生活保障制度作为一种解决贫困问题的补救机制，是现代化国家的社会保障制度体系中必不可少的基本组成部分，是社会保障体系中的最后一道"安全网"。为此，浙江先后印发了《关于在全省逐步建立最低生活保障制度的通知》和《关于加快建立最低生活保障制度的通知》，提出"统筹考虑城镇居民和农村居民基本生活的需要，实行城乡联动、整体推进，抓紧建立面向城乡居民的最低生活保障制度"的总体要求。 截至 1998 年底，浙江全省各县（市、区）全面实施城乡低保制度，实现城乡低保的全省覆盖。① 2001 年，《浙江省最低生活保障办法》正式颁布实施，其就低保制度的原则、各级政府的职责、低保资金的保障、低保标准的确定、低保对象的申请、困难家庭经济状况和实际生活水平的核查、低保对象的审批、低保救助金的发放、低保对象的权利和义务，以及低保工作的管理等都做了明确的规定。 因而，这一办法的出台标志着浙江城乡一体化社会制度的全面建立，使浙江农村居民在全国率先能够享受到政府提供的制度性社会救助，因而具有重要的里程碑意义。 十几年来，浙江农村低保制度不断优化和完善，获得了良好的社会效应，缩小了城乡差距，去除了传统社会救济的覆盖面小、无科学救济标准、经费难以落实等弊病，提高了社会救助的整体水平和工作效率，对浙江省经济体制改革和社会稳定产生了积极影响。 从 2014 年到 2016 年，浙江省农村平均低保标准分别提高了 12.4％，23.8％，17％，城乡低保差距逐年缩小。

3.4.2 动员多方力量，打造扶贫联合体

政府单位之间的结对帮扶是先富带动后富，实现区域协调发展的重要途径。 从 2008 年到 2013 年，浙江启动了第一轮扶贫结对帮扶工作。 5 年多来，省级 29 个结对帮扶团组 295 个帮扶单位和市县两级结对帮扶单位，集中开展对全省 26 个欠发达县和金华市婺城区、兰溪市、台州市黄岩区范围内5200 个低收入农户集中村的结对帮扶工作，累计共落实帮扶项目 8600 多个，

---

① 《农村低保先行者浙江的经验与困扰》，经济观察网，http://www.cnwnews.com/Html/finance_jrzj_wh_bx/2007-9/23/2029343287.html，2007 年 9 月 23 日。

到位帮扶资金 7.53 亿元，引进资金 8.24 亿元，有效推动了欠发达地区发展和低收入农户增收。 2014 年，针对全省范围内 5000 个扶贫重点村的第二轮扶贫结对帮扶计划正式启动，目标是使结对村的生产、生活条件进一步改善，村集体经济有显著发展，低收入农户人均收入增长幅度高于当地平均水平。 第二轮帮扶计划强调各结对帮扶单位帮助扶贫重点村的任务是：厘清发展思路，制订发展规划；发展特色产业，重点发展能够带动低收入农户增收的项目；帮助开展农民技能培训，促进低收入农户提高生产水平和就业创业能力；改善生产生活基础设施，重点解决制约生产发展的基础设施；发展村级集体经济，落实村级集体经济发展项目和举措；落实农村工作指导员制度，指导村级民主管理、文化发展和法治建设。 各结对帮扶单位要充分运用"浙江省扶贫信息管理系统"的数据，根据低收入农户和扶贫重点村的致贫原因和帮扶需求，开展有针对性的帮扶工作等。①

　　2018 年，浙江新一轮（2018—2022 年）扶贫结对帮扶工作正式启动，项目旨在协助当地党委、政府实施"低收入农户高水平全面小康计划"，实现到 2022 年底确保重点帮扶村的生产、生活条件有显著改善，结对帮扶村集体经济稳定发展机制初步建立，经济社会面貌有显著的变化，低收入农户家庭户户达到全面小康目标，实现集体经济年收入达到 15 万元以上，村内有劳动力的低收入农户年人均收入水平达到 18000 元以上。 在这一工作目标的指引下，新一轮结对帮扶的工作任务是要重点分析低收入农户的贫困原因和所在村的发展制约因素和资源要素条件，提出有针对性的、切实可行的帮扶、发展思路；要重点谋划能够带动低收入农户增能增收和发展壮大村级集体经济的项目；要协调争取、帮助落实项目实施所需的政策举措和要素条件；要努力改善解决制约生产发展的关键基础设施等。 具体的结对帮扶工作机制包括要"一户一策、精准帮扶，一村一计、'造血'帮扶，定期协商、联乡帮扶，横向协作、带县帮扶，精准派人、驻村帮扶"等，确保帮扶工作取得实效。②

---

　　① 中共浙江省委办公厅、浙江省人民政府办公厅：《关于做好新一轮扶贫结对帮扶工作的通知》，浙委办发〔2014〕8 号。

　　② 中共浙江省委办公厅、浙江省人民政府办公厅：《关于做好新一轮扶贫结对帮扶工作的通知》，浙委办发〔2018〕63 号。

同时，改革开放以来，经济领域市场化改革引发了中国社会结构和功能的分化，单位福利体制逐渐瓦解，不同类型的社会主体开始尝试以各种方式参与福利供给和贫困治理。在这一背景中，政府与社会合作从而吸纳企业和民间力量参与辖区内困难群众的结对帮扶成为一种全新的政策工具。[①] 在这一背景中，浙江还积极发动社会力量参与扶贫。

例如，浙江省工商联实施了"村企结对"工程，具体举措包括由工商联组织推荐，当地党委、政府聘请民营企业家担任村里的经济顾问，发挥企业家在农村建设和乡村振兴中的独特作用；或者通过一批龙头企业来带动农业产业化，带动当地的农业发展和农民致富；或者通过鼓励民营企业与村集体展开合作，实现共同开发和共同发展等。浙江举措在筹措新农村建设资金、优化村企资源要素配置、激发农村发展活力、促进城乡融合发展等方面发挥了不可替代的补充作用。

浙江省侨办侨联实施了"侨胞反哺家乡"。据不完全统计，从 1978 年到 2012 年，浙江省籍海外侨胞、港澳同胞在全国各地扶贫救灾捐赠公益达 120 亿元，约占国内接受华侨捐赠总额的 1/6；在省内累计捐赠达 100 亿元，这些捐赠大多用于支持浙江省农村和边远山区建设。"在外创天下，回家搞建设"，体现了侨商与浙江兴衰与共的依存关系。[②]

浙江省残联实施了"残疾人共享小康工程"。其以保障残疾人基本生活和基本康复为重点，实施残疾人基本生活保障工程、残疾人康复工程和重度残疾人托（安）养工程，努力使广大残疾人残有所助、学有所教、劳有所得、病有所医、老有所养、住有所居，努力缩小残疾人生活水平与社会平均水平的差距，使广大残疾人在积极参与小康社会建设的同时，共享全面小康社会建设成果。[③]

浙江省扶贫基金会实施了"特色农业开发"项目。依靠省财政厅的资金

---

① 袁泉：《政社合作中的政府行为及其制度逻辑——以 C 区的"结对帮扶"项目为例》，《南开学报》（哲学社会科学版）2016 年第 2 期，第 79—85 页。

② 吴晶：《推动海外浙商和侨胞"闯天下""强浙江"》，《今日浙江》2012 年第 3 期，第 34—35 页。

③ 浙江省人民政府：《关于实施残疾人共享小康工程的意见》，浙政发〔2008〕29 号。

支持和社会捐赠,以发放低息贷款,聘请农业专家为农民培训技术的方式,引进农业新品种、新技术并逐步推广,依托农民专业合作社等多种方式,帮助扶持贫困乡镇、欠发达乡镇、低收入农户集中村发展经济,取得了较好的社会影响力和扶贫成效;浙江省慈善基金会实施了"爱心超市"项目,其由民间组织主导、社会捐赠为主,实行专业化、商业化运作,固定接收爱心物资场所及义卖场所,让更多的人找到参与公益的方式,让闲置物品转换为爱心,带动社会大众在潜移默化中植入公益理念,帮助困难群众;浙江省青少年发展基金会实施了"希望工程""大学生助学计划""低收入农户青少年关爱行动"和"亲青筹青少年公益项目"等,自 1991 年基金会设立以来到 2018 年底,基金会通过全省各级共青团组织和希望工程实施机构的共同努力,累计接受海内外捐款 5.05 亿元,接受政府补助收入 3075 万元,累计资助支出 4.04 亿元,累计援建希望小学 588 所、希望幼儿园 25 所,捐建希望书库(图书角)1379 个,奖励和资助大、中、小学生 188749 人次,培训希望小学教师 1357 名,奖励和扶持青年创业创新项目 85 个,医疗救助家庭经济困难患病青少年 1220 人等。①

3.4.3　实施重点扶持,探索致富新途径

2011 年,浙江省委、省政府联合出台《关于推进欠发达地区加快发展的若干意见》,计划到 2015 年,浙江所有欠发达县(市、区)基本达到全面建设小康社会的目标,与发达地区差距明显缩小,居民收入水平明显提升、民生保障水平明显提升、内生发展功能明显增强。 按照这一要求,浙江省贫困地区和革命老区建设领导小组开始实施"重点欠发达县群众增收致富奔小康特别扶持政策",旨在对文成、泰顺、开化、松阳、庆元、景宁、磐安、衢江、常山、龙泉、遂昌、云和等 12 个重点欠发达县(区、市)加大财政投入力度和基础设施建设力度,从而显著加快当地经济发展速度、农民增收速度、富民产业发展、公共服务发展、农民异地搬迁和美丽乡村建设。 具体措施包括:加大扶贫开发力度,通过产业帮扶、就业帮扶、金融帮扶等形式,大力促进低收入

---

① 《浙江省青少年发展基金会公告》,《青年时报》2019 年 3 月 12 日。

农户提高增收能力和收入水平;扶持特色产业发展,把发展生态经济作为推进产业转型升级主攻方向,大力支持和扎实推进经济发展生态化、农业生产规模化、农副产品标准化,不断增强欠发达地区的内生发展能力;深入实施"基本公共服务均等化行动计划",进一步支持农村人口集聚、人居环境建设和公共事业配套,着力提升民生水平等。① 通过上述政策组合,该项目计划到 2016年实现 12 个县农民人均纯收入年均增长 12%左右,其中低收入农户收入年均增长 15%以上,家庭人均纯收入 8000 元以上的低收入农户(低保农户除外)比重达到 50%以上,低收入农户和城乡居民人均收入与全省平均水平的相对差距呈缩小趋势,教育、卫生等社会事业发展水平明显提高,生态环境状况继续保持全省前列的目标。

当经济社会发展进入一定阶段,必然要面对社会风险日益增多、社会矛盾日益显著的巨大挑战,这给扶贫工作的开展带来了一定的压力和困难。 如何构建一个共治共享的社会共同体成为浙江新的扶贫政策的选择,包括通过实现政府公共服务的均等化来改善民生,建立具有托底功能的社会安全网、吸纳社会多方力量参与社会帮扶、对重点欠发达地区给予政策扶持等一系列政策工具被相继实施。 这些政策工具强调公共服务的城乡均等和发展机会的人人平等,注重人力资本的长期积累,进而切断贫困的代际传递效应。

3.5 政策瞄准:提高扶贫工具的政策效用

党的十八大以来,以习近平同志为核心的党中央提出了"精准扶贫"的理念,党的十九大报告中更是将打赢精准脱贫攻坚战列为决胜全面建成小康社会的三大攻坚战之一。 我们应在精确识别贫困地区和贫困人群的基础上,把扶贫资金分配与扶贫目标任务、扶贫效果挂钩,精准发力从而实现扶贫工作效果的最大化,切实增强贫困人群抵御社会风险的能力,解决扶贫工作的精确瞄

---

① 浙江省贫困地区和革命老区建设领导小组:《关于实施欠发达县特别扶持项目的通知》,浙扶贫〔2011〕1 号。

准问题。 改革开放以来，浙江的扶贫工作虽然取得了令世人瞩目的成就，绝对贫困人口数量大为减少，但仍存在一些区域性的贫困问题。 因此，精准脱贫就是要让这些困难地区和困难群众在全面建成小康社会的征程中不掉队，让改革开放和经济发展的成果能够惠及每一个人。

在此过程中，浙江从开展信息核查，识别扶贫对象为起点，扎实推动精准扶贫的各项工作落到实处。 2011 年，浙江按照当年农民收入 40％左右和农村户籍人口 10％左右的标准，把家庭人均年收入 4600 元作为省定的扶贫标准。2014 年末，浙江全面开展拉网式专项排查，确认了家庭人均年收入 4600 元以下低收入农户 21 万户 43 万人，分别占农村总户数和总人口的 1.6％和1.3％，并开展了信息核查、数据核实、建档立卡等工作，为下一步精准扶贫工作措施的落地奠定了基础。 2015 年末，浙江省人大、省政协组织各级人大代表、政协委员，对花名册上的 43 万贫困人口，进村入户、逐人走访、当面问询、一一核对，确保不落一户一人。 通过"产业帮扶一批、金融服务一批、培训就业一批、异地搬迁一批"等举措，到"十二五"末期，浙江已经高标准消除了家庭人均年收入 4600 元以下的绝对贫困现象。 以此为基础，浙江各地积极利用本地社会经济发展和自然禀赋优势因地制宜地开展扶贫创新。在互联网基础设施发展较为完善的地区，政府部门能够依靠互联网和大数据建立扶贫信息基础数据库，对贫困人口的需求进行精准识别，并及时掌握贫困人口的动态变化情况；在生态环境基础较为优越的地区，大力引入乡村旅游扶贫模式带动下，低收入农户收入实现较大幅度的增长；在物流和电子商务基础设施较为便利的地区，电子商务扶贫模式被广泛应用。

与此同时，困难农户实现精准脱贫自然离不开金融的支持，金融扶贫就是借助市场的力量创造一种新的激励机制和金融机制，为贫困农户提供精准化、差异化的服务项目，让其能够依靠自身力量有尊严地脱贫致富。 这种模式是政府借助于市场力量参与扶贫工作的有效途径，其不仅能够造福农民，也能让农村金融机构盈利，达到双赢效果。 从 2014 年开始，浙江全面推行了以"丰收爱心卡"为金融精准扶贫载体的扶贫小额信贷制度，该卡以全市认定的低收入农户为对象，以各级财政扶贫资金为支持，具有借记卡、小额信贷、扶贫资金代付结算等功能，能够对开展特色农业、来料加工、家庭工业、休闲旅游业、电子商务业等生产经营项目的低收入农户给予小额信贷支持。 截至 2015 年末,"丰收爱心卡"覆盖了全省 90％的低收入农户,累计为欠发达地区发放小额信贷 26.43 亿元。

在上述工作机制和政策组合拳的联动作用下,浙江各地涌现了一批"精准扶贫、精准脱贫"的成功实践。

3.5.1 景宁县:金融工具助力精准扶贫的创新实践

一是深化"政银保"农村扶贫金融改革。 通过政府贴息、银行提供贷款、保险公司承保的模式,构建政、银、保三方合作平台,为低收入农户提供小额信贷贴息贷款,发展种植、养殖、加工销售等产业。 2019 年上半年,已累计发放小额贴息贷款 7835 万元,惠及低收入农户 1365 户。 帮助低收入农户解决了缺乏资金发展产业的难题,切实提高低收入群众收入水平,实现了从"大水漫灌"到"精准滴灌"的机制性转变。

二是实施精准扶贫救助责任保险(脱贫保、防贫保)。 通过构建"政保"合作平台,政府提供保费支持,为低收入农户在疾病救助、助学补助等方面进行保险。 因病住院的低收入农户最高可享受 15000 元的医疗救助。 同时,为了更好地服务低收入群众,景宁县扶贫办在县行政服务中心社保大厅设立了窗口,专门办理脱贫保、防贫保业务,方便了群众。 自项目实施以来,累计提供救助金额 264.8 万元,解决了低收入群众抵抗风险能力差的难题,为困难群众拉了一条低保障、广覆盖的保险救助带,从而补齐困难群众抵御风险能力差的短板,防止困难群众因病、因灾、因学而致贫返贫。

三是落实低收入农户产业扶贫直补政策。 深入实施低收入农户产业直补政策,对在县域范围内发展"短、平、快"产业项目的低收入农户进行最高 7000 元的产业补助。 2018 年 6 月以来,累计受益低收入农户 2705 户,补助金额共计 698.6 万元。 该政策通过产业帮扶,直接带动低收入农户持续稳定增收,解决了低收入群众自身发展动力不足的难题。 2019 年一季度,景宁县低收入农户人均可支配收入 2666 元,增幅 17.9％,居于全省前列。

四是制作扶贫政策汇编加强政策宣导。 为提高干部群众的政策知晓度,景宁县扶贫办有针对性地汇总制作了《精准扶贫应知应会"一本通"》,作为指导开展精准扶贫工作的口袋书,便于低收入农户和扶贫干部随时查阅,使扶贫干部人人成为扶贫政策宣讲员,推进各项精准扶贫政策落实到位,带动低收入农户实现持续稳定增收。

3.5.2 江山市:多措并举激发精准扶贫内生动力

近年来,江山市聚焦精准扶贫,系统谋划,不断提高扶贫开发的有效性和持续性,低收入农户收入水平和生活质量得到全面提升。 2018 年底,全市低收入农户人均可支配收入 10981 元,同比增长 16%,增幅位居全省第二。

一是产业精准撬动,全力增强低收入对象"造血"功能。

(1)探索项目扶持新路子。 立足村庄产业实际,按照"项目产业化、造血持续化、帮扶精准化"思路,探索出一条"扶贫部门立项补助、村级组织入股实施、新型农业主体承包经营、村集体与低收入农户共同受益"的产业项目精准扶贫新路子,投入专项资金 3121.9 万元,成功实施扶贫产业项目 30 个,每年项目经营权外包所得收益作为固定收益,30% 用于村集体发展,70% 用于低收入农户增收,每个项目年均固定收益 20 万元,收益年限均在 10 年以上,每年为项目实施村集体创收近 6 万元,惠及低收入农户 5131 人,带动人均增收 3000 元以上。 2013 年以来,江山市实现扶贫重点村产业扶贫项目全覆盖,转移劳动力 4.3 万人,农民工资性收入年均增幅 11.5%。

(2)聚焦来料加工品牌发展。 把来料加工业作为低收入农户第一增收品牌,重点打造"经纪人+电商平台+加工队伍"的运作模式,实现线上线下全面发展。 全市共有来料加工经纪人 673 名,固定从业人员 4 万名,发放加工费 4.2 亿元,建立示范基地 36 个,集中加工点 257 个,开办网店 17 家,营销额 1436.94 万元,有效带动了低收入农户就业。

(3)注重乡村旅游拉动。 依托旅游生态资源优势,持续对重点区域进行政策、资金倾斜,重点发展以景区为核心向外辐射区块,推动农家乐(民宿)发展串点连线成片。 深入挖掘乡村特色、乡愁特色、乡土特色、文化特色,培育农家乐特色村 66 个、农家乐经营户 800 多家,床位 1.1 万张。 仅 2018年,农家乐接待游客 885 万余人次,收入近 5.11 亿元,直接带动近 4000 户低收入农户增收。

二是政策精准联动,形成扶贫开发"大帮扶"格局。

(1)落实专项扶贫政策。 采取整体搬迁与零星搬迁相结合、集中安置与分散安置相结合的办法,分类实施联建房、公寓房、商品房和旧房等多种安置方式,深化农民异地搬迁。 10多年来,累计投入资金369亿元,建成规模化安置小区10个,完成低收入农户搬迁2.6万人。 坚持因村制宜、挖掘潜力、扩大优势,重点落实强村政策,江山市作为全省首批6个光伏小康工程试点县之一,以"借鸡生蛋"模式,投入资金9531万元,与企业合作组建江山市小康光伏有限公司,连续20年每年收取固定收益1048.41万元,用于扶贫重点村发展和低收入农户增收,能够为村集体每年增收6万元,带动1237户低收入农户户均增收2500多元,在全省率先完成光伏小康工程、率先实现收益分配。

(2)叠加金融扶贫政策。 发挥好资金互助、扶贫小额信贷、金融机构普惠服务三大资金流作用,累计向7306户低收入农户发放贴息贷款379万元,帮助破解低收入农户自主创业的资金难题。 组建江山市扶贫资金互助服务中心,对全市25个村级扶贫资金互助会进行统一管理,共回收资金698.77万元,发放贷款69万元,有效解决低收入农户生产资金困难问题。 对接绿色金融普惠服务,创新推出"民宿贷""惠农快车"等信贷产品,2018年发放农户小额信用贷款30亿元,其中低收入农户贷款余额1.2亿元。

(3)健全社会扶贫政策。 开展"百家企业结村、千名干部联户、万名乡贤资助"的"百千万"帮扶活动,以"千企结千村,消除薄弱村"活动为契机,38个村与杭州市、绍兴市36家企业结对,42个村与衢州市、江山市民企、商会签约结对。 统筹各级资金3000万元,建成"红色物业经济园",为64个村每年每村增收6万元。 自2017年开始累计安排专项资金646.24万元,为全市3.32万名低收入农户购买健康保险,完成理赔308.7万元,受益人群3305人次。 近5年累计发放最低生活保障金3.6亿元、医疗救助1.06亿元,推进低收入残疾人帮扶、落实残疾人四项福利补贴制度。 连续4年实施雨露计划,安排专项资金460.2万元,惠及低收入农户子女中接受中、高等职业教育对象1534人次。

三是服务精准推动,打通政策落实"最后一公里"。

（1）信息传输"零距离"。 江山市扶贫领域作为全国政务公开标准化规范化试点领域之一，以"实现阳光扶贫，增强群众获得感幸福感"为出发点，"争创亮点、打造样板"为目标，完成扶贫公开事项梳理79项，在全市19个乡镇（街道）、292个村布置"一个区角、一个查询机、一个资料栏、一个服务台和一张便民服务图"的查阅点311个，扶贫对象足不出村即可了解扶贫政策。

（2）政策落实"数字化"。 将"最多跑一次"改革向扶贫领域延伸，围绕"互联网＋扶贫政务服务"理念，利用大数据＋手机APP，创新打造"速递寒门"一站式扶贫阳光服务平台。 平台涵盖全市低收入农户基本情况、困难原因、帮扶需求等信息，实时向农户推送扶贫政策信息，满足低收入农户资格认定及项目申报、办件查阅进度、补助资金发放等需求，通过"平台管理＋数据共享＋全科网格"模式，推动精准扶贫数字化。

（3）线下帮扶"网格化"。 坚持党建统领，构建全科线下帮扶网格，全市1066个网格3298名专职网格员与所有低收入农户结对，切实解决扶贫政务服务"最后一公里"问题。

我们看到，近些年来，浙江日益面临着扶贫工具的政策效用递减困境，以往大水漫灌式的粗放式扶贫转变越发不能解决新时期扶贫工作中遇到的困难与问题，如何真正让落后地区的困难群众也能够同步享有经济发展成果考验着广大浙江干部的政治智慧。 因此，利用信息化手段精准识别扶贫对象并动态监管扶贫资金和扶贫项目成为新的趋势，同时辅之以各地因地制宜的创新实践和必要的金融扶持工具，这一系列政策组合拳的根本目的就在于强化扶贫工作的结果导向，以人民群众在扶贫攻坚中的获得感和满意度作为衡量政策成效的标志，有效提升了扶贫工具的政策效应。

3.6 浙江内生式扶贫的意义与启示

回顾中华人民共和国成立以来的浙江扶贫实践，我们可以清晰地看到一个根本的特征就是内生性扶贫理念，在中华人民共和国成立初期不等不靠、自力更生,探索大规模贫困问题的解决途径。改革开放以来,浙江解放思想大力发展乡镇企业和农村基础设施建设,来带动贫困地区经济发展和农民收入提高。进入新世纪后,浙江又善于利用自身存在的优势创造性地开展扶贫工作,同时建立了一整套完备的社会救助制度和社会帮扶机制,一个现代化的扶贫脱贫工作体系粗具规模。特别是党的十八大以来,浙江又全面贯彻中央精准扶贫战略,扶贫工作全面落实到人、精准到户,因地制宜地开展扶贫创新实现"造血式"扶贫,力争为高水平全面建成小康社会奠定坚实基础。因而在不同的历史时期,强调扶贫工作的内生性一直都是浙江扶贫工作的出发点。

因此,中华人民共和国成立以来浙江内生式扶贫开发道路的演进主要体现在四大方面:一是通过发展乡镇经济和特色产业等为低收入群众提供就业机会,强调提高贫困地区的内生性经济增长动力,提高扶贫对象的经济生产能力;二是通过加强民生保障和实现公共服务均等化提高低收入群众的人力资本,强调扶贫对象公平享有发展机会、公平享受发展红利,提升扶贫对象可持续的抗贫能力;三是通过构建多主体、多渠道的社会支持网络为扶贫对象链接各种社会资源,逐步完善覆盖全体贫困群众的社会保障和社会扶持体系;四是通过数字治理和技术创新提升扶贫政策工具的精准化水平,因地制宜、因人而异地补齐贫困地区的发展短板,实现困难群众脱贫方式的"私人定制"。这一具有浙江特色的内生式扶贫理念,对广大欠发达地区的贫困治理也至少具有以下三点意义和启示。

第一,要优先解决如何发展起来的问题。贫困地区总体的经济发展水平在很大程度上为困难群众增收致富提供了内生性的驱动力。例如,发展特色产业能够在一定时期内稳定提供大量就业岗位,直接增加受助对象的收入水平;通过加大对于基础设施建设的投入,一方面能够补齐制约贫困落后地区发展的交通要素和配套设施,另一方面能够为贫困地区劳动力劳动技能的长期积累提供帮助,提高长期劳动生产效率;通过充分利用本地自然资源禀赋挖掘经济发展新动能,能够为经济发展转型提供新的动力支持,实现经济的长期发展。

第二,要逐步解决发展起来以后的问题。在经济发展进入一定阶段后,绝对贫困现象常常并不是贫困的主要发生形式,如何解决"丰裕中的相对贫困"问题、如何提升贫困群众的人力资本问题等必须成为贫困治理的主要目标。 要实现这一目标，强化民生保障和实现基本公共服务的均等化、完善社会帮扶体系等，往往就能够成为有效的政策工具。 例如，大力发展教育、文化、医疗等公共事业能够有效提高贫困群体的人力资本，赋予贫困群体平等的公民权利，这些措施能够从根本上、长时期提高扶贫对象的抗贫能力。

第三，要注重解决扶贫效用递减的问题。 无论是通过经济发展解决贫困问题，还是从提升长期人力资本的角度去解决贫困问题，都往往是一种普惠式的扶贫，也都会面临扶贫效用边际递减的问题。 要解决这一问题，必须依靠数字治理和技术创新的手段实现扶贫工作的精准化，保障所有贫困群体都能够享受到个性化、定制化的政策安排，实现政策工具的精确瞄准和政策效用的最大作用。

4

实现共建共享：以政府为主导的多元主体共建共享创新之路

作为我国改革开放的前沿阵地，浙江 70 年的发展历程也是探索治理体系现代化的过程；尤其是改革开放 40 年来，随着社会力量的不断成长，利益诉求更加多元化，原有的治理模式已经难以应对实践问题，政府越来越需要与社会其他各主体合作共治来解决各种发展问题。面对社会的变迁，浙江主动适应环境变化，积极推进区域治理格局的创新，形成多元合作框架，充分发挥多元主体的力量，动员各方面资源，从而以共治有效促进共享，走出了一条共建共治共享的合作治理之路，使广大人民群众有了更多的获得感。

4.1 在发展中逐渐构建起多元主体合作治理的制度框架

合作治理之路是党委领导、政府负责、社会协同、公众参与和法治保障的多元有机协同之路。改革开放以来，浙江通过加强党对非公企业、群众团体和社会组织的领导，强化各领域党的建设，积极激发社会多主体活力，推动社会多元共治的治理机制创新，逐渐形成以党的领导为核心的多元主体合作共治的制度框架。

4.1.1　推进社会组织有序发展

社会组织是区别于政府组织、企业组织的具有非政府性、非营利性等特征的新的组织形态。① 社会组织是包括社会团体、民办非企业单位和基金会的统称。 1998 年 11 月，国务院召开全国加强民间组织管理维护社会稳定工作会议，将社会团体、基金会、民办非企业单位统称为民间组织。

社会组织在传统社会就广泛存在，中华人民共和国成立后，社会组织纳入规范化发展轨道，也经历了不同时期的发展历程。 1950 年 9 月 29 日，中央人民政府政务院颁布《社会团体登记暂行办法》，当年，浙江全省有 69 个市、县先后开展社会团体登记。 登记的范围包括：人民群众团体、社会公益团体、文艺工作团体、学术研究团体、宗教团体和其他合于人民政府法律组成的团体。 是年，经批准成立登记并下发登记证的社会团体有 267 个，批准备案的人民团体有 230 个，批准筹备登记的社会团体有 353 个。 1954 年至 1978年，由于受社会经济的制约，浙江批准成立的社会团体仅 287 个，而且由于受各种因素的制约和影响，这些社会团体很少开展活动，基本处于“休眠”状态，全省各级社会团体登记管理工作也随之中断。 1978 年后，全省各类社会团体经历了迂回曲折的过程。

20 世纪 80 年代初，温州市开始出现由企业、个人举办教育、卫生等社会事业的民办机构。 随后，全省各地一批企业事业单位、社会团体、公民个人及其他社会力量，涉足社会公益服务领域，利用非国有资产，创办一大批从事非营利性社会服务活动的组织。 这些民办机构就是民办非企业单位最初的组织形式。 1996 年 8 月 28 日，中共中央办公厅、国务院办公厅发出《关于加强社会团体和民办非企业单位管理工作的通知》，首次提出民办非企业单位这类组织名称，并明确要求加强民办非企业单位管理，统一归口由各级民政部门负责登记。

1988 年 9 月 27 日，国务院发布第一部基金会管理行政法规《基金会管理办法》，明确基金会是指对国内外社会团体和其他组织及个人自愿捐赠资金进

---

① 王名:《社会组织论纲》,社会科学文献出版社 2013 年版,第 2 页。

行管理的民间非营利组织,是社会团体法人。 基金会实行由人民银行、民政部门和归口管理部门三方共同负责的管理体制。 1990 年,浙江省开始基金会登记工作。 至 1990 年底,全省共有基金会 23 个。 2004 年 3 月 8 日,国务院发布《基金会管理条例》,《基金会管理办法》同时废止,基金会发展进入一个新的时期,数量不断增加,规模不断扩大。

为使社会组织更好地发挥作用,21 世纪以来,浙江陆续出台相关政策鼓励社会组织健康有序发展。 2007 年 8 月浙江省发布《浙江省社会团体组织规则》,推动建立健全社团的自律机制、运行机制,促进社团健康发展;2010 年 1 月,浙江省民政厅出台《关于规范异地商会登记管理工作的通知》,着力解决在浙异地商会登记管理工作,加强培育发展,更好地发挥其提供服务、反映诉求、规范行为和推进区域经济合作交流的积极作用;2013 年 9 月浙江省出台《关于开展四类社会组织直接登记工作的通知》,对于行业协会商会类、科技类、公益慈善类和城乡社区服务四类社会组织直接向民政部门依法申请登记工作;2014 年 4 月浙江省民政厅发布《关于社会团体登记管理制度改革的试行意见》,取消对全省性社会团体筹备成立的审批,取消对全省性社会团体分支机构、代表机构设立登记、变更登记和注销登记的行政审批,下放异地商会登记管理权限;2015 年 6 月《浙江省民间管理工作领导小组关于加强社区民间组织培育与管理的意见》的发布,使社区社会组织的健康发展和发挥其在推进城市化进程、深化社区建设中的作用有了更完善的制度保障;2016 年 8 月《浙江省民政厅关于进一步加强社会组织建设的指导意见》提出了当前社会组织发展的主要任务:加强登记备案工作、推进枢纽型和支持型社会组织的发展、培育发展各类社会组织、加大社区社会组织的资金扶持、引导社区社会组织参与社区协商、发挥社区社会组织在"三社联动"中的载体作用,以及加强社区社会组织管理和监督。 根据相关统计数据,截至 2017 年底,全省共有社会团体 23592 个,比上年增长 6%;全省共有民办非企业单位 27183 个,比上年增加 9.8%;全省共有基金会 593 个,比上年增长 16.1%。[①] 快速发展的各

---

① 浙江省:《2017 年浙江省民政事业发展统计公报》,http://www.zjmz.gov.cn/il.htm? a=si&id=8aaf80156426d270016449579b8000bf&key=main/10/xxgkml/tjbg。

类社会组织在各领域民生服务中发挥着越来越大的影响力。

首先，社会组织在公共服务供给中发挥了重要的作用。 在服务需求日益个性化的今天，政府提供公共服务的能力明显不足，提供普惠性公共服务的政府很难满足公民个性化的公共服务需求，而社会组织正好可以弥补政府的不足，政府通过公共服务购买机制，将更多公共服务交给社会组织来提供，从而更好地满足公民的需求。 2014 年 6 月，浙江省政府出台《关于政府向社会力量购买服务的实施意见》，对政府购买服务工作进行了总体部署。 从 2013—2015 年，省级层面投入福利彩票公益金 8000 余万元，资助全省社会组织公益项目 221 个，覆盖范围包括困难人群援助，残障人群康复，特殊人群帮教，留守儿童、外来民工子女心理成长，空巢、失独老人关爱等方面。 2015 年 7 月，试行《浙江省民政厅关于社会组织承接政府转移职能和购买服务推荐性目录的编制管理办法》，对编入社会组织承接政府转移职能和购买服务推荐性目录的基本资格进行界定。 规定依法登记、内部治理结构健全、财务资产管理制度规范、服务能力较好、近两年年度检查合格的社会组织，才具有编入资格。 评估等级在 3A 以上、获得公益性捐赠税前扣除资格或非营利组织免税资格、近两年有承接政府购买服务且成效较好或近两年获得部、省、市相关政府部门表彰的社会组织被优先列入当年的推荐性目录。 同时，推荐性目录的及时发布和更新，让政府在进行公共服务购买时能够更加精准地挑选到提供优质服务的社会组织，推动政府购买服务迈向"点单"购买模式。 杭州市从2010 年开始，在公共卫生、公共就业、法律服务、教育服务、公共文化体育服务、养老服务、公共交通服务等八大领域开展政府向社会组织购买服务工作。温州市共向 100 多家社会组织购买了 20 项公共服务，资金规模从最初的几十万元扩大到 2 亿元。 嘉兴市建立了政府购买社会组织服务评审委员会，不断规范政府购买服务的流程，近年全市各级共安排 4000 多万元政府资金购买社会组织和社会工作专业服务，涉及社区建设、居家养老、青少年教育、社区矫正、残疾人照料等 10 多个领域。 宁波市北仑区通过政府向社区服务中心购买服务的机制，破解了老小区无物业及工业园区缺管理的难题。 据统计，2015年度，全省购买服务预算资金 80 亿元，省级政府购买服务预算资金已进入采购程序的金额达 9.9 亿元，超额完成年初制订的 7 亿元的目标任务，全省民政系统资助社会组织的资金总额为 1.43 亿元。① 2018 年全省福利彩票公益金共资助各类社会福利和公益事业项目 1.12 万个,资助公益金 19.94 亿元。

其次,社会组织成为社会协商治理的重要力量。 社会组织是自下而上的组织机制,具有草根性和平民性特征,和人民群众具有天然的紧密关系,在社会治理和矛盾调解中具有独特的优势。 如金华市工商联实践出了一条商会组织运用社会化方式参与社会治理、调解矛盾和利益管理的新思路。 最近几年,随着市场经济的不断发展和成熟,全市工商联会员不断丰富工商联"统战性、经济性、民间性有机统一"的基本内容,深化了工商联"团结、服务、引导、教育"八字方针的工作内涵。 正是在这样的时代背景下,工商联商会人民调解组织应运而生,建立了由优秀企业家、律师和相关工作人员组成的人民调解委员会,同时联合司法部门举办各类法律政策知识培训和业务训练,制定商会调解工作的相关制度,如《商会人民调解工作程序范围和纠纷范围要求》及《纠纷投诉须知和调解纪律》等相关规定。 商会通过参与人民调解,既维护了社会的稳定,也降低了行政成本。

再次,社会组织是"三社联动"的重要载体。"三社联动"致力于构建社区、社工和社会组织的良性互动,构建基层社会治理的新格局。 其中社会组织是"三社联动"的重要载体。 嘉兴在实践中形成了一系列社会"组织参与"三社联动的机制:创新机制激发社会组织参与社区服务;通过政府购买服务助力社区服务,例如通过政府购买社工服务,建立针对失独者的四级帮扶网络(市、县、乡镇、乡)——"三叶草"社工服务室;不断放宽社会组织的准入条件,同时也加强对社会组织的监管,例如每年抽取十分之一的社会组织进行财务审计、年检和评估,保证社会组织的质量和社会声誉。

一系列政策和制度创新有效推动了公益性社会组织的有序发展,并在一系列政策引导下使公益性社会组织参与到政府治理和社会治理体系中,使其成为政府和社会良性互动的重要载体和参与力量,推动了社会资本的积累和社会的健康发展,从而在共享发展中不断增强人民的获得感和满意度。

---

① 浙江民政厅:《浙江:政府购买服务为社会组织添动力》,http://www.zjmz.gov.cn/special.htm? a=si&id=8aaf801550eb46d6015253adfe1218c7&key=main/01/stdt。

4.1.2　创新发展公共服务购买机制

政府购买公共服务是指政府通过公开招标、定向委托、邀标等形式将原本由自身承担的公共服务转交给社会组织、企事业单位履行，以提高公共服务供给的质量和财政资金的使用效率，改善社会治理结构，满足公众的多元化、个性化需求。[①] 改革开放以来，随着浙江经济的发展和社会的进步，人民群众对政府提供服务的需求不断增长，对公共服务供给的质量和效率要求也越来越高，为此需要通过体制机制创新来应对挑战。 政府将部分公共服务的提供交由自身具备一定条件的企业和社会组织来运作，这对浙江各级政府职能的转变、社会组织的培育、市场化的发展，以及政府提供公共服务机制的创新、公共服务供给水平和效率的提高都具有重要意义。 2014 年，浙江省人民政府办公厅颁发了《关于政府向社会力量购买服务的实施意见》（浙政办发〔2014〕72 号），进行公共服务多元供给的探索创新，大力开展政府购买公共服务活动，加大政府财政对社会组织培育的支持力度，不断提升社会组织承接政府职能转移的能力，满足大众对公共服务多元化的需求，提高公共服务供给水平和效率。 2018 年，为做好政府购买服务改革工作，加快建立具有浙江特色的现代财政制度，支持事业单位分类改革，推动事业单位转型发展，增强事业单位提供优质公共服务能力，提升财政资金使用效益，根据《财政部中央编办关于做好事业单位政府购买服务改革工作的意见》（财综〔2016〕53 号），结合浙江省实际，并报经省政府同意，制订了《浙江省事业单位政府购买服务改革工作实施方案》。 而在此之前，各地方政府也已纷纷出台相关政策文件，如杭州市于 2010 年出台了《杭州市人民政府关于政府购买社会组织服务的指导意见》（杭政函〔2010〕256 号）、温州市于 2011 年出台了《温州市人民政府办公室关于政府购买社会组织服务的实施意见》（温政办〔2011〕172 号）等。

党的十八大以来、尤其是十八届三中全会以来，政府向社会购买服务的创

[①]　徐家良、赵挺：《政府购买公共服务的现实困境与路径创新：上海的实践》，《中国行政管理》2013 年第 8 期，第 26—30 页。

新不断加速。 尤其是在政府向社会组织购买服务方面,中央财政连续 3 年资助社会组织参与社会服务项目 2 亿元,2013 年我省共 9 个社会组织项目入选,资助总额 325 万元;2014 年共 9 个社会组织项目入选,资助总额 365 万元。 省本级福利彩票公益金资助首次跨上 1000 万元,2013 年共安排了 67 个社会组织的公益项目。 据初步统计,2013 年省、市、县三级用于资助社会组织公益项目的财政资金总额共 1.68 亿元。 浙江省民政厅提出,力争 2018 年全省新增社会工作服务机构 110 家,社会工作政府购买服务资金总额将达到1.8 亿元。① 2018 年,全省列入购买服务推荐性目录的社会组织 6709 家。近 5 年来,浙江已争取中央财政 2300 多万元,投入省级福利彩票公益金累计1 亿多元,资助全省社会组织公益项目 500 多个。 政府购买公共服务已遍及民政公共服务的各个领域,居家养老、婚姻危机干预、未成年人保护、失独老人关爱、残疾人帮扶、公益组织培育孵化。

政府向社会购买服务有多种创新形式,从浙江近些年的实践来看,主要有三种类型:直接购买、平台间接购买和福利彩票金购买。

(1)公共服务的政府直接购买

2013 年 9 月,国务院办公厅《关于政府向社会力量购买服务的指导意见》(国办发〔2013〕96 号)对政府购买公共服务工作的各个环节进行了详细的规定,专门列举了承接政府购买服务的主体包括"依法在民政部门登记成立或经国务院批准免予登记的社会组织,以及依法在工商管理或行业主管部门登记成立的企业、机构等社会力量";同时在资金管理方面明确"政府向社会力量购买服务所需资金在既有财政预算安排中统筹考虑。 随着政府提供公共服务的发展所需增加的资金,应按照预算管理要求列入财政预算"。 这样,使用专项的财政资金来扶持、资助社会组织的制度框架已经初步建立了起来。近些年,浙江省地方政府在推进公共服务购买的过程中涌现出许多创新案例,相关的创新以两种类型为代表:一种是由宁波海曙区首先推行的政府向社会组织购买居家养老服务;另一种是舟山创新推出的政府购买文化服务的创新。

---

① 徐家良、赵挺:《政府购买公共服务的现实困境与路径创新:上海的实践》,《中国行政管理》2013 年第 8 期,第 26—30 页。

①政府向社会组织购买居家养老服务。随着经济社会的发展和老龄化趋势的加剧，社会化居家养老服务面临着新任务和新要求。为进一步深化居家养老服务工作，切实提高老年人的生活质量，更好地适应人口老龄化发展的需要，满足老年人不断变化的养老需求，宁波海曙区于 2004 年率先开始政府购买居家养老的探索，选取 17 个社区开展居家养老试点工作，并于 2005 年实践了"政府扶持、社会组织运作、社会参与"的政府向社会组织购买居家养老服务模式。海曙区"政府购买居家养老服务"的创新探索取得了良好的社会效益，该项目于 2008 年初荣获第四届"中国地方政府创新奖"，成为全国独具特色的服务品牌。

宁波海曙区星光敬老协会是海曙区政府推行居家养老服务项目运作的主要承担者，星光敬老协会是一家专门从事老龄人群服务而自愿结成的非营利性社会组织，该协会成立于 2003 年 6 月，是由区政府在社会化居家养老服务的政策推行过程中倡导成立的。协会在政府的支持下，利用自身在养老方面的专业优势，最大限度整合社会养老资源，积极为全区独居、困难和高龄老人开展各项服务活动，不断充实养老服务队伍的建设力量，有效实现了社会广泛参与的目的。

为了使海曙区居家养老服务项目长效运行，切实保证项目的资金来源，海曙区政府将购买居家养老服务的资金列入政府财政预算。2004 年，海曙区政府在确定首批 600 余名高龄独居老人为居家养老服务对象后，按照每人每年 2000 元的服务成本，从每年的区财政预算中拨出 150 万元，用于政府向社会组织购买服务，①其中用于星光敬老协会的日常开支为 30 万元，余下的 120 万元用于购买服务。政府购买居家养老服务的经费，由政府预算拨给敬老协会之后，敬老协会再依托社区来组织运作。协会提前 2 个月把每个社区的居家养老护理员的工资划拨到各个社区，护理员在完成养老服务后，每月定期到社区领取工资。

星光敬老协会承担的养老服务工作主要包括：一是确定居家养老服务的

---

① 王诗宗：《地方治理在中国的适用性及其限度——以宁波市海曙区政府购买居家养老政策为例》，《公共管理学报》2007 年第 4 期，第 45—52 页。

对象为 60 岁以上、独居且无收入的老人（包括残疾人），经过敬老协会审核后确定海曙区有 600 名左右的老人能够获得政府为其购买的服务；二是根据居家养老护理员和老年人的需要来确定居家养老的服务内容，主要包括日常生活照料、陪同看病、治疗等医疗康复以及沟通、交流的精神慰藉等；三是做好对居家养老护理员的培训和招募志愿者的工作，相关的培训内容包括老年人生理和心理的基本知识、与老年人沟通和护理等基本技能、当地的风俗和方言，以及护理员自身的思想道德教育等，同时也可以向社会广泛招募养老服务的志愿者，不断扩充养老服务队伍建设，为当地老人提供全方位的养老服务；四是对居家养老服务的工作质量进行检查和监督。监督主体是星光敬老协会下设的海曙区居家养老服务社，服务社中有四名工作人员专门负责辖区内居家养老服务的监管工作，每天必须有两名工作人员深入到各社区，一方面检查养老护理员的工作情况，另一方面收集老人的反馈信息和服务需求，及时掌握最新的动态资料。

海曙区居家养老服务项目最具特色的制度安排是其形式多样的激励机制，星光敬老协会通过设立"服务今天，享受明天""义工银行"等激励机制充分整合社会资源，扩大居家养老服务的受益面，其中 2009 年设置的"海曙敬老奖"是海曙区推进敬老养老服务工作的最高奖项，也是最具有积极效应的。"海曙敬老奖"自设立以来，每年围绕不同主题进行奖项评比，以表彰区内在敬老爱老方面工作成绩突出的单位、团体和个人，目前已经奖励了千余个组织和个人。通过宣传他们在养老敬老方面的先进事迹，他们充分感受到人性温暖和社会认同，同时也大力弘扬中华传统美德，在全社会营造良好的敬老爱老的社会风尚，进一步推动了海曙区居家养老服务工作的顺利开展。

②政府购买公共文化服务。舟山市为充分调动、组织社会各方力量参与现代公共文化服务体系建设，使公共文化服务深入扎根于社会文化的土壤之中，舟山市文化广电新闻出版局以社会化运作为突破口，创新基层公共文化服务方式，搭建"淘文化网"——舟山文体产品和服务社会化运作平台（tao.zswh.gov.cn），这是实施政府购买公共文化服务、打造文化共建孵化平台、实现公共文化服务效益和资金效益最大化的具体措施。2013 年下半年起，舟山市文广局就开始着手思考如何把散落在民间的、具有发展潜力的文艺团体

纳入政府视野，实行规范化运作。 经过反复调研和征求意见，2014年初出台了《舟山市公共文体产品和服务社会化运作管理办法》。 2014年起，舟山市除保留少数演出任务外，将大量公益文体活动的选择权交给社会，交给群众，重塑和培育公共文化服务主体，采用政府购买服务方式，探索以资金使用效益最优化和公共利益最大化为导向的财政供给方式。 2014年4月14日上午，舟山市公共文体产品和服务社会化运作平台——"淘文化"正式启动上线。据了解，这是全国第一家开发的"文化买卖平台"，老百姓不仅可以像"淘宝"一样自主选择自己喜爱的文艺团队和文体节目，甚至可以在观看节目表演后给予评价，把群众的满意度作为评价公共文化服务的重要标志，同时也可作为其他买家购买该服务的参考依据，"最受欢迎节目"和"最受欢迎团队"栏目也将进一步激励团队创新。

畅通社会参与渠道。 该平台所有社会组织、团队均可低门槛准入，完成注册后，按照主管部门协议要求上传团队介绍和提供节目单，等待社区文化礼堂、军营、学校、敬老院等被服务单位的选择，只要被点单选中，双方自主达成意见，就可以进行送戏演出，经被服务单位确认满意后，政府会下拨3000—8000元一场的演出补贴。 自运行以来，已有43家社会组织、文艺团体注册，参与服务人数达到1436人，提供节目337个（场）；需求单位注册93家，其中福利院、敬老院、戒毒所、老年协会9个，部队5个，大型企业7个，乡镇、街道、社区、文化礼堂72个，充分表达了全社会对文化的诉求。

强化供求对接环节。 "淘文化"让老百姓有了更多的选择权和主动权，以前文化下乡，都是政府送什么老百姓就看什么，现在将原来由政府主导内容的投送方式转变为由民众自我选择的模式，变"送文化"为"选文化"，基层民众可以在网上自主选择想看的节目，表达其对公共文化服务的需求和认定，强化以群众文化需求为核心的表达机制建立，解决了公共文化供给和群众需求"脱节"、沟通不顺畅的问题，满足了多层次群众多样化的文化需求。

力求项目运作透明。 舟山市文化部门打破"线下"交易可能存在的暗箱操作、权力寻租等问题，使文化产品和服务的提供、买卖、售后服务、评价、支付经费等一系列操作程序都通过网络完成，把能交给社会的、交给市场的项目都交给社会和市场来做。 目前该平台已发布"百团百艺"进文化礼堂、市民大舞台惠民系列活动、"淘吧"(自选超市)、全民排舞大赛、全民海洋歌会、读书流通站、"乡村美丽、荧屏给力"送电影下乡、"快速公交、快速阅读"读书加油站、走读昌国等 9 个文化项目,有定向服务项目,也有竞标项目;有政府购买项目,也有社会力量购买项目。 该平台充分利用互联网架构起文化产品服务供需双方的信息互通平台和群众反馈机制,实现了文化项目与群众需求的有效对接,确保了公共文化买卖的公开透明。 为了保证演出质量,网上还有评价表,以此掌握老百姓真正的满意程度,同时根据评价结果进行团队、节目排行。 此外,像走读昌国、全民海洋歌会、全民排舞大赛引入市场竞争机制,统一在网上提交方案,公开竞争,实现了效益最大化。

注重管理透明规范。 项目发布、用户需求、资质审核、项目方案、点单(评审、竞价)、合同备案、活动完成图片、群众满意度评价、绩效评价等程序全部通过网上平台完成,体现公共文体产品采购的公开公平公正透明和管理的规范性。 最后资金支付,要根据双方合同协议、活动照片、节目单、需求方的评价和文化部门的跟踪评级来实施支付,缺一不可。

"淘文化"舟山市公共文体产品与服务社会化运作平台是舟山市文体部门在公共文化服务方面的一大创新,也是舟山市全面深化文化体制改革的一项具体举措。 该平台通过互联网促进了文化产品供方与需方之间的信息流通,在保证政府的基本公共服务职能上,充分发挥了市场在资源配置中的主导作用,充分动员了社会力量来参与文化建设,同时也是政府文化部门在职能转变上由"办文化"向"管文化"的一次尝试,是一次公共资金使用效益最优化和公共利益最大化为导向的财政供给方式探索,实现了广大人民群众由"被动接文化"向"主动点文化"的转变,焕发了文化团队的内生力,使群众实实在在地享受到了实惠。

(2)公共服务的政府间接购买

公共服务购买的间接形式主要表现为近些年来的基于平台型社会组织发展的公共服务购买创新。 具体而言,主要指民办非企业单位或基金会通过将基金变成一个发展型平台,以基金支持相关的社会组织的发展,并通过这些公益社会组织来促进政府购买公共服务的机制创新，改进公共服务供给方式。

间接购买目前可以根据政府在其中扮演的角色差异区分为政府成立的平台型组织和民间成立的平台型组织两种类型。 这两种类型的创新都与社会建设和社会组织的发展密切相关。 近些年来，很多地方如北京、上海、广州、深圳、成都等都积极通过平台型组织的创新，来推动诸如政府向社会组织购买服务的机制创新。 在政府或行政部门牵头成立的平台型组织创新方面，浙江的台州市社会组织发展基金会、杭州市江干社会组织发展基金会等，都是近些年新出现的政府主导下的平台型基金。 其目的不是直接面向公共服务，而是通过支持公益性社会组织的发展，来间接推动公共服务发展。 全省已有 68 个市县建立了不同性质（包括事业单位和社会组织）的社会组织服务平台，共建立社会组织服务中心 52 个、社会组织促进会 38 个、社会组织发展基金会 7 个。

台州市社会组织发展基金会于 2009 年注册登记，是一家省民政厅业务主管和注册登记、服务于全市社会组织的非营利性机构，也是全国首个专门服务于社会组织发展的平台型基金会。 基金会的宗旨是"培育扶持社会组织发展，引导社会组织服务社会"。 其注册的原始基金来源有：台州市民政局用福利彩票公益金向该基金会捐赠 200 万元，台州市民间组织联合会捐赠 20 万元，台州市慈善总会捐赠 100 万元，爱华控股集团捐赠 50 万元，台州市路桥家具市场捐赠 50 万元。 该基金会主要负责在一定范围内扶持各类公益慈善类社会组织、城乡基层社会组织、行业协会等，协助各组织进行公益活动宣传，资助各组织开展公益活动，支持社会组织领域的理论研究与创新，接受政府委托如社会组织购买服务等。 基金会有志于整合公益资源优势进行跨界合作，为公众参与社会公益事业创造条件。

2010 年，基金会与台州学院合作建设"台州市社会组织发展基金会合作基地"，以打造具有区域特色的社会组织孵化器，并由爱华控股集团定向出资 500 万元建立"台州学院爱华奖励基金"。"台州学院爱华奖励基金"全称台州学院"爱华"社会主义核心价值观优秀践行者奖励基金，奖励台州学院在社会组织领域的教学、科研、活动中表现突出的践行社会主义核心价值观的优秀在校师生；初步设立期限为 20 年，计划每年给予奖励金 20 万—30 万元。 该项目倡导师生积极践行社会主义核心价值体系,积极推动了台州高等教育事业的发展,同时有力推进了台州社会组织发展孵化器项目的实施。 此外,该基金会还大力促进台州市新农村建设项目的开展,2012 年度基金会共计资助4 个新农村项目,包括临海市涌泉满堂红水果专业合作社柑橘、黄桃、杨梅高枝改良项目,台州市椒江绿心水稻种植专业合作社水稻规模经营与植保项目,台州市椒江三峰葡萄种植专业合作社大棚葡萄种植区内毛豆种植示范项目,台州市椒江友旺水产养殖专业合作社淡水养殖鱼塘内荷花种植示范项目。 对农村项目的资助,是基金会 2012 年对资助对象进行的一次新的探索,符合基金会业务范围。 我国是农业大国,发展农业潜力巨大,该项目有助于加强台州新农村建设。

2013 年,杭州市江干区政府计划每年投 500 万元,用于资助社会组织承接公共服务项目以及社会组织培育孵化方面的其他各类支出,因此于 2013 年5 月设立了全市首个促进社会组织发展基金会——杭州市江干社会组织发展基金会。 运行的第一年由江干区财政注入 200 多万元启动资金,以后每年将有政府资金注入,同时鼓励其他社会机构积极注资。 基金会广泛服务于社会组织公共服务平台建设、公益项目招投标、社会组织培育孵化、专业人才引进和培养以及对优秀社会组织的奖励,对街道(镇)建立社区社会组织服务中心的,基金会将给予 30 万到 50 万元的一次性补贴。 江干社会组织发展基金会每年由监察、审计、财政、民政等部门组成的评审委员会,评审确定各个社会组织申报的公益服务项目,通过公开评审、公示形式确定每年的公益服务项目,并由基金会实现专款专用,扶持社会组织承担起公益服务的职能。 获得相关资助的社会组织在江干区范围内广泛开展为老、为残、为弱等方面的公益服务。 基金会成立以来,通过层层选拔、优胜劣汰的激烈竞争,首批由江干社会组织发展基金会支持的 17 个公益服务项目,被各类社会组织一一认领,在全区活跃开来,这些公益服务项目分别获得 5 万—15 万元不等的资金支持。 这 17 个公益服务项目既有康复直通车开进社区上门为老年人提供服务,也有民意调查工作室组织监督人员对村务情况进行明察暗访,还有青少年驿站定期组织亲子活动等,涵盖社会生活各个领域。

杭州下城社会组织发展基金会经杭州市民政局批准,于 2013 年 9 月 26 日正式成立。 该基金会为非公募基金会，由下城区民政局发起，原始资金为400万元。 业务范围是资助社会组织开展社会公益服务及其他符合本基金会宗旨的公益活动等。 基金会的成立旨在扶持公益慈善类、社会福利类、社会服务类社会组织等重点领域的社会组织发展；资助社会组织开展公益活动，尤其是有利于改善民生、增进公共福祉、促进社会和谐幸福的公益项目；资助社会组织领域的理论研究与创新，开展政策法规宣传，推介和展示社会组织风范，扶持、壮大公益事业品牌等。 通过优化培育扶持社会组织的资助机制，以进一步推动社会组织健康发展。

浙江台州市和杭州市江干、下城两区的平台型创新，是典型的政府主导型的平台型组织，也是近些年出现的推进公益事业发展的新形式，其目的在于推动公益性社会组织的发展。 政府在其中起着资助、倡导、整合的作用，有助于促进社会组织的培育以及推动政府购买公共服务的机制创新和发展。

(3)公益创投与民生服务多元化创新

通过福利彩票推动公益事业发展是政府积极培育社会力量和实现公共服务多元供给的一种独特而有效的形式，在我国已发展了很多年，是社会公共事业发展中的重要力量。 我国的福利彩票始于1987年，以"团结各界热心社会福利事业的人士，发扬社会主义人道主义精神，筹集社会福利资金，兴办残疾人、老年人、孤儿福利事业和帮助有困难的人"，即以"扶老、助残、济困、救孤"为宗旨。

据统计，从1987年到2017年底，浙江省累计发行销售各类福利彩票1219亿元，筹集公益金360亿元，福彩公益金资助建设的社会福利和公益事业项目已达11万个……。 30多年间，各级民政部门坚持福利彩票"扶老、助残、救孤、济困"的发行宗旨，资助福利院、敬老院、光荣院、社区服务单位、养老服务中心（站）、避灾安置场所、老年电大、农村"老年福利服务星光计划"、烈褒单位、殡葬设施等项目建设，资助"残疾孤儿手术康复明天计划"、贫困残疾儿童抢救性康复、"福彩助我行"、儿童大病医疗救助等项目。 福利彩票公益金项目的实施，对促进社会福利和公益事业发展、保障和改善民生做出了重要贡献。 同时，这也是政府实现公共服务多元供给的重要形式，对于政府在城乡教育助学、城乡医疗救助、红十字事业、残疾人事业、文化、扶贫等公益事业领域提升公共服务供给的效率和质量具有重要意义。

杭州从 1987 年至 2018 年,已累计发行销售各类福利彩票 246.37 亿元,筹集公益金 71.82 亿元。新建、改建了诸多社会福利设施,重点用于社会福利院、儿童福利院、星光老年之家、老人公寓、农村五保集中供养和居家养老服务站等社会福利项目的建设上。2018 年,杭州市共销售福利彩票 31.13 亿元,围绕福利彩票"扶老、助残、救孤、济困"的发行宗旨和"公益、慈善、健康、快乐、创新"的文化理念,杭州福彩开展了一系列公益资助及品牌建设活动,把公益做到"看得见、摸得着"。2018 年,杭州使用福彩公益金 26055.41 万元,资助各类福利公益项目 1267 个。其中重点打造"福彩暖万家"公益品牌,累计投入福彩公益金 570 万元,用于资助残困少年儿童、家庭困难的大学新生、孤寡空巢及低保老人、困难环卫工以及困难外来务工等社会弱势群体,资助人数达 2175 人。

近年来,全省各地积极推动福利彩票金购买公共服务的创新,2016 年省级彩票公益金安排支出 127268 万元,其中福利彩票公益金支出 72511 万元、体育彩票公益金支出 54757 万元,其中 300 万元用于省级社会组织公益项目。2017 年全省福利彩票公益金共资助各类社会福利和公益事业项目 1.27 万个,资助公益金 18.5 亿元。资助救助类单位、殡葬事业、社会组织公益项目等 1207 个,资助资金 15919.5 万元。2018 年,省级彩票公益金安排支出 120765 万元,省本级安排 8100 万元,其中 400 万元用于社会组织公益项目。杭州市每年安排 100 万元福彩公益金,2018 年,杭州民政系统使用福彩公益金 26055.41 万元,资助各类福利公益项目 1267 个,包括社会福利院、儿童福利机构、养老服务机构等项目。2016 年资助了包括老年人福利、残疾人福利、儿童福利、社会公益等项目,共计支出 12249.8 万元。2013 年 9 月,温州市民政局印发了《关于申报 2013 年度市级福利彩票公益金资助社会组织开展公益项目的通知》,面向社会征集公益项目,这是温州市民政局首次面向社会公开征集公益项目,使用福彩公益金资助公益组织和公益项目,重点领域包括社区服务、社会福利、社会救助、社会工作、救灾减灾等领域,以及社会组织服务平台开展的公益孵化、公益创投等项目。2017 年,温州共资助各类福利公

益项目 2096 个，广泛用于社会福利院（含福利中心、老年公寓等）、儿童福
利机构、老年服务机构（含敬老院、养老照料中心、老年电大等）、优抚事业
单位、社区服务设施建设、避灾安置场所、救灾储备仓库、社会组织公益项
目、残疾人事业实施设备、残疾儿童手术康复明天计划、残疾儿童抢救性康复
项目等的建设与补贴。

经过多年的发展，浙江省通过福利彩票金积极推动了公益事业的发展；并
通过公共服务购买的创新，在一定程度上确保了公共服务供给的效率和质量，
减轻了政府提供公共服务的资金压力。

4.1.3　推进社区服务机制创新

城乡社区是社会治理的最基本单位，是社会治理的基石。 但随着单位制
的解体和人口的大规模流动，给社会治理带来了新的挑战，加强和改善社区治
理成为新时期的重要政策问题。 可以说城乡社区治理水平直接决定着社会治
理的水平。

中华人民共和国成立之前，浙江省并无基层群众自治组织。 1949 年 10
月 23 日，杭州市上城区上羊市街成立的居民委员会是中华人民共和国第一个
居委会，从此揭开了浙江和全国城市基层群众自治组织建设的序幕。 在农
村，村民委员会组织始于 1950 年。

中国社区服务萌芽于 20 世纪 80 年代。 随着居民生活水平的提高，家务
劳动社会化需求强烈；人口老龄化和家庭规模缩小，社会保障需求强烈。 面
对城镇居民这些新型的社会服务需求，靠政府的计划经济模式已经难以满足。
1986 年，民政部首次提出"社区服务"概念，在城市开展以民政对象为主的福
利服务和便民利民服务。 1987 年 9 月的武汉会议，民政部把社区服务作为民
政工作的一项基本任务推向了全国。 到 1990 年，开始城市社区建设，2000
年 11 月，中共中央、国务院办公厅下发《关于转发〈民政部关于在全国推进
城市社区建设的意见〉的通知》，提出在经济体制改革逐步推进和社会结构发
生变化的新时期，要以城市社区建设为载体，建立以群众自治为核心的社区居
民自治体系。 全省各地根据《通知》要求，把加强城市社区组织和队伍建设
作为社区建设的一项重点工作，切实抓紧抓好。 2002 年，社区建设在全省全

面铺开。 各地全面提高社区建设整体水平,社区体制改革成效显著。 至年
底,全省 11 个省市的市区和 28 个县(市)的城关镇完成社区体制改革,共建
成 1940 个新型社区居委会。 自此,城市居委会转型为社区居委会。 2006
年,省委、省政府下发《关于全面推进社会主义新农村建设的决定》,提出推
进农村新社区建设,加强农村公共服务体系建设。 同年 8 月,省民政厅围绕
完善基础设施、深化村民自治、构建服务体系三大任务,在 11 个县(市、区)
的 46 个村部署开展农村社区建设试点工作。

浙江历届省委、省政府都非常重视社区治理和创新。 习近平在主政浙江
期间一直非常重视社区的作用,指出"扩大基层民主,实行居民自治,是社会
主义政治文明建设的重要内容,也是社区建设的基本原则",因此"要理顺政
府部门与社区的关系,转换政府角色","按照政事分开、政社分开的原则,
对社区居委会和政府部门的职责进行清理和划分"。① 政府的创新推动带来
了社区治理的新气象,丰富的社区治理创新实践进一步推动了政社良性互动
局面的生成。

(1)乡村社区服务机制的创新探索

在 1978 年村委会的地位被确立之后,尤其随着村民委员会组织法的相继
试行和实施,浙江的乡村社区治理制度形式不断出彩,民主选举、民主决策、
民主管理和民主监督得到了协调发展,代表性的有"村务监督委员会"、"五
步工作法"、村务公决制度、村务工作权力清单等等。

浙江在发展探索中形成了多种与村务监督委员会相关的形式创新,除了
全省普遍建立的村务公开监督小组之外,还有天台县的廉情监督站、武义县后
陈村的村务监督委员会以及温岭的村民代表监督委员会等形式。 这些形式的
监督委员会(小组、站)均由村民民主选举产生,在村党支部的领导下,在事
前、事中和事后对村务尤其是村财政情况进行监督,其中武义县后陈村的经验
得到了习近平同志的肯定。 到 2009 年底,全省 30032 个行政村,村村建立了
村务监督委员会,实现了村级监督组织"全覆盖";2010 年底,"村应当建立

---

① 习近平:《干在实处 走在前列——推进浙江新发展的思考与实践》,中共中央党校
出版社 2006 年版,第 381—382 页。

村务监督委员会或者其他形式的村务监督机构"，被写入了修改后的《村民委员会组织法》"①。

"五步工作法"是为了解决村民在民主选举之后有效开展民主决策和管理的一种创新实践。"五步工作法"始于天台县 2005 年实施的"民主提案、民主议案、民主表决、公开承诺和监督实施"村级事务的一种工作方法，民主提案在年初或者届初由组织、党员和村民围绕村集体事务和村民利益提出提案，民主议案是指召开村两委的联席会议进行讨论，民主表决是指召开村民代表大会或村民会议进行表决，公开承诺是指由村两委做出公开承诺，监督实施是指村两委在事前、事中和事后要通过汇报的形式接受村民的监督、质询和评议。通过这种形式的民主管理和决策，有效保证了村民的自我决策和管理的权利，村民的积极性被完全调动起来，公民意识和集体意识被唤醒。

奉化的村务公决制度最早开始于 1994 年。 村务公决是指涉及村庄建设、集体资产、大规模公益事业和村规民约等重大事项时，必须经过村民会议、村民代表大会、干部（村民）代表联席会议等形式进行讨论。 为了保证村务公决制度的有效运转和实施，奉化制定了相关实施细则，在遵循"票决制"和"一事一决"制度的基础上，公决事项的通过必须满足：村民会议要有 50% 以上的村民或者 2/3 以上的户代表参加；村民代表会议和党员、村干部、村民代表会议必须有 2/3 以上的人员参加。 除了涉及重大村务公决，相关的配置制度还包括村级事务听证制度、村级财务公示制和村干部工作报告评议制。 村务公决制度的实施，真正实现了村委会作为基层群众自治组织的作用，保证了村务管理工作的规范化和标准化。

随着乡村财政资金的不断增长，规范基层小微权力的运行便成了一个难题。 宁海县通过实施权力清单制度，为规范小微权力提供了一种思路。 2014年宁海制定了《宁海县村务工作权力清单三十六条》，内容包括：建立权力清单，厘清村干部的权力边界。 明确了村干部在村级重大事项决策、项目招投标管理、资产资源处置等集体管理事务方面的 19 条权力清单，村民宅基地审批、计划生育审核、困难补助申请、土地征用款分配以及村民使用村级印章等

---

① 房宁:《中国梦与浙江实践——政治卷》,社会科学文献出版社 2015 年版,第 109 页。

便民服务事项 17 条。 进行权力重构,从二权合一到五权共治。 宁海县进行村级小微权力清单的改革,其中的核心就是进一步分割村党支部和村委会的权力,从而形成一种新的权力制衡。 其中包括五个权力主体,分别是村党支部、村委会、村民代表大会、村务监督委员会和村经济合作社。[①] 权力清单制度保证了基层权力的规范运行,基层矛盾也得到了缓解。

(2)城市社区服务机制的创新发展

改革开放以来,我国城镇化建设不断推进。 据统计,截至 2018 年末,浙江省常住人口城镇化率为 59.58%。[②] 城市化的发展也带来了城市社区治理的丰富实践。 自 1949 年 10 月 23 日杭州上羊市街建立中华人民共和国成立后的第一个居民委员会后,浙江城市社区积极创新,尤其改革开放以后,城市社区在服务居民、改善社会治理方面发挥着重要的作用。 近些年来,社区治理涌现了大量创新探索的案例,不断丰富着政社良性互动机制。

2009 年底,杭州上城区湖滨街道针对市民意见表达比较散、乱的状况,把已有的"社会舆情信息直报点""社情民意直报点""12345 进社区""草根质监站""社区楼道议事小组"等单独存在的形式进行整合,建立了"湖滨晴雨"工作室。"湖滨晴雨"工作室由四部分组成,包括一室、六站、两员和四报。 其中:一室是指湖滨晴雨工作室,主任由社区工作者担任,同时设有网上和网下的民意收集信箱,起到上情下达、下情上报的作用。 六站是指湖滨街道下辖的六个社区均设有民情气象站,进行民情收集和政策传递与解答。两员是指民情预报员和民情观察员,前者由市区及政府职能部门的负责人、媒体记者、专家学者担任,共 12 名,后者由党代表、人大代表和居民担任,共67 名。 四报是指:民情气象一天一报,主要通过 QQ 群进行通报,工作室进行汇总和研判;民情焦点一周一报,主要围绕平安、物价和环境等民生焦点进行网上和线下的调查;民生时政一月一报,主要依靠民情预报员和观察员进行

---

① 冉昊:《农村小微权力清单的社会治理之维:基层自治组织权力制衡的探索》,《教学与研究》2017 年第 9 期。

② 国家统计局:《中华人民共和国 2018 年国民经济和社会发展统计公报》,http://www.stats.gov.cn/tjsj/zxfb/201902/t20190228_1651265.html。

预报和收集；民生品质一年一报，每年对社区民情气象站和民情观察员工作进行总体评价，优秀者予以表彰。

2015 年，杭州市下城区委第九届八次全体（扩大）会议上审议通过了《中共下城区委关于全面推进社区治理和服务创新的决定》（以下简称《决定》）。《决定》指出，要积极构建"党建引领、多元参与、协商治理、智慧服务"的社区治理格局，其中包括突出多元参与、加快优化社区治理结构。《决定》明确了参与社区治理和服务创新的多元主体，厘清了各自的职责和功能；坚持党委领导和政府主导，政府相关部门和街道是推进社区治理和服务的组织者和参与者，起着主导作用；充实社区居民委员会的力量，扩大本地居民在居委会中的数量，让有热情和有能力的社区居民参与进来；发挥辖区单位的作用，推动辖区学校、医院和机关企事业单位活动设施向社区居民开放；加快社会组织的发展，在街道进行社会组织孵化基地建设，培育公益性、服务型和互助性的社会组织，并且探索成立社区社会组织联合会，探索社区服务外包，促进社会组织参与社区管理和服务。除此之外，遂昌县在乡村社区积极开展"平台共建，资源共享，渠道共用"，由第三方运营，有效整合央企、国企、民企、社会团体等 30 多家单位服务功能与政府职能形成工作合力，共同推进"行政服务、社会服务、公益服务"便民服务中心体系建设，这种共建共治模式有效整合了政府、企业和团体等平台资源，实现了资源配置的利益最大化，是对农村社会治理改革的积极探索。

2017 年 11 月，中共浙江省委、浙江省人民政府发布《关于加强和完善城乡社区治理的意见》，对城乡社区的建设和发展提出了新的指导意见和要求。

4.2 以多元共建机制推进基层服务创新

浙江改革开放以来经济与社会的不断发展，也带来了社会主体的日趋多元化。如何发挥多元主体在社会治理中的积极性，推动多元主体的协调联动，成为浙江基层社区治理创新的重要议题，浙江在实践中积极探索社区治理的"社工、社区和社会组织'三社联动'"，完善"德治、法治、自治"相结合的乡村治理体系，构建信息时代的智慧治理体系，开启了社区多元主体合作共治的新进程。

4.2.1 "三社联动"的社区共治

社区、社工和社会组织是基层社会治理中三大治理元素。城乡社区是基础，社会组织是载体，而社工人才是支撑，只有这三者实现了有机互动，才可能使基层社会治理机制良性发展。

改革开放以来，浙江社区治理的探索以完善城市居民自治、建设管理有序、文明祥和的新型社区为目标，不断建立健全新型社区的党组织、居委会组织和社区中介组织建设。通过加强社区工作者专业化队伍建设，建立社区工作者上岗资格证书及岗位培训制度，制定鼓励社区居民参加社区志愿活动的规章制度，不断提高社区服务水平和质量。据统计，至 2017 年底，全省共有社区服务设施 3.38 万个。[①] 为了有效激发社区多元主体活力，2014 年 7 月 1 日浙江省民政厅出台《关于加快推进"三社联动"完善基层社会治理的意见》，该意见为激发社会组织活力，完善社会治理提供了指导意见和方向。此后，浙江省各地纷纷进行"三社联动"的治理创新探索。嘉兴市通过完善社区职能、发挥社会组织活力、促进社会工作的专业化不断推进"三社联动"；杭州市通过创新组织模式，夯实民主自治基础来促进"三社联动"推进社区治理创新；江山市全面理顺"三社"关系，提高三社的联动效应；安吉县鼓励多元参与合作共治，创新社会治理模式……

首先，"三社联动"以强化社会治理为基本目标。社区连接着政府和社会，是国家治理体系和治理能力现代化的基层基础，加强和完善社区职能是必要的，也是必须的。为加强社区建设，嘉兴市委、市政府出台《关于加强社区社团社工建设进一步完善社会管理体制的意见》，助力社区治理创新。在实践中，嘉兴市政府借助信息化手段搭建了基础性社区平台——96345 社区服务求助中心。该平台集成了社区公共服务、市场服务和志愿互助，目前已经

---

① 浙江省民政厅:2017 年浙江省民政事业发展统计公报,http://www.zjmz.gov.cn/il.htm? a=si&key=main/10/xxgkml/tjbg&id=8aaf80156426d270016449579b8000bf.

实现县市区全覆盖,正向镇村扩散。 杭州市通过创新组织形式,完善社区治理的组织构架和工作机制,形成了交叉任职、分工负责、条块结合、合署办公的复合模式,防止居委会的"边缘化"和"行政化"。① 江山市全面理顺"政社"关系,淡化社区的行政色彩,强化社区的自我管理和服务的职能,理顺"三社"关系,按照"以社助社""以社联社"促进社区服务的专业化和公益化。 安吉县 2015 年 10 月发布《关于加快推进"三社联动"创新社会治理工作的实施意见》,明确了"三社联动"的基本方向和任务,在完善和加强社区职能上,通过社区服务中心、日间养老照料中心、社区社会救助平台等建设,拓展社区的服务职能,完善社区治理能力。

其次,"三社联动"以充分激活社会组织活力为重要手段。 社会组织是"三社联动"的重要载体,社会组织是否有活力,深刻影响着"三社联动"的成效。 2016 年,浙江省民政厅发布《关于进一步加强社区社会组织建设的指导意见》,目标是到 2020 年,社区社会组织成体系、成建制、成规模培育发展,平均每个城市社区有 15 个以上、农村社区有 5 个以上社区社会组织,枢纽型、支持型社区社会组织基本覆盖每个街道(乡镇)和城乡社区,民办社会工作机构基本覆盖城市社区和 1/3 以上的农村社区,登记和备案的社区社会组织达到 15 万个。 近年来,在上述目标指导下,通过大力培育枢纽型支持型组织,建设社会组织服务平台,将三社工作相关指标列入对县(市、区)平安考核内容等,发展出一批依法自治、各具特色、作用明显的社区社会组织,社区居民的参与度和获得感显著增强,创新形成共建、共治、共享的基层社会治理新格局。 截至 2018 年,全省有 14 万家社区社会组织,在各个领域发挥作用。 全省在公益、慈善领域提供服务的社会组织近万家,全省有 8000 多个城乡社区社会工作室、1800 多个社会工作站、787 家社会工作服务机构,登记的志愿服务组织 669 个,各类志愿服务队伍 12.7 万多个,社区志愿服务站点 4200 个。 嘉兴市委、市政府出台《关于加快推进政府购买社会组织公共服务的指导意见》,激发社会组织活力。 2013 年嘉兴市成立了社会组织培育发展中心和社会组织孵化平台,形成了市、县、镇三级全覆盖,成功孵化社会组织

---

① 房宁:《中国梦与浙江实践——政治卷》,社会科学文献出版社 2015 年版,第 115 页。

50 余家，并大力推行政府购买服务。 2015 年，杭州市出台《关于进一步激发社会组织活力推进我市社会治理创新的若干意见》（以下简称《意见》）。根据《意见》精神，市财政每年安排 5000 万元用于社会组织的培育和发展。此外，杭州还将建设社会组织平台基地，市级将建立总面积不少于 5000 平方米的社会组织服务大楼，区县（市）将建立总面积不少于 1000 平方米的社会组织服务中心，乡镇（街道）将建社会组织工作站，社区提供社会组织活动场所。 江山市通过"转、联、建"的方式来促进社会组织的发展和壮大，政府积极引导文体类社会组织转型为公益类社会组织，对社会组织的负责人进行专业知识和技能培训，实施"摇篮工程"，2013 年成立江山市社会组织服务中心，通过资金资助培育扶持功能型社会组织。 安吉县在政策层面出台了《关于进一步培育和发展社会组织的意见》，推进政府转移和购买服务目录出台，为社会组织的发展提供政策保障，在实践中充分利用社会组织服务中心的作用，加快新的社会组织孵化园的运转，不断更新和扩大社会组织的覆盖面。

再次，"三社联动"以推动社会工作专业化为基本支撑。 社会工作人才是"三社联动"的支撑。 针对社区工作者年龄较大、专业不对口、数量不足等问题，嘉兴市委、市政府建立了市校合作机制，以及大力实施"社会工作人才培育工程"和"社会工作知识普及工程"，与复旦大学、浦东新区社会工作协会等省内外高校和机构共建社会工作"一中心、多基地"，邀请教授专家组建"嘉兴市社会工作专家库"，与浙江工商大学联合举办社会工作专业专升本学历教育班，全面推进专业社会工作理论研究、人才培养、专业培训、项目孵化和督导建设。 杭州市通过实施社会工作人才"扩容""提质""增效"三大工程，不断扩大数量和提高专业化水平。"扩容"是指鼓励和引导社区工作者、社会服务机构和高校毕业生报考；"提质"是指按照分层分类的培训原则，举办社会工作培训班；"增效"是指推广特色社会工作室、全能社工制度，激发社工活力。 江山市通过实施"英才工程"，培育社工专业人才，将社工人才纳入"英才奖励"，对于取得不同职业水平的社工分别给予一次性的补助。2015 年，江山市民政局开展"人人都是社工师、人人都要参与或组建一个社会组织"的"N 个 1"活动，同时在 13 个社区规划布局小微型、亲民型、特色型社工服务站的建设。 安吉县在政策层面出台《关于加强社会工作专业人才队伍建设的实施意见》，以保障社会工作专业化顺利进行。 在执行中，以安吉县社会工作协会为基础，对所有社工进行注册和管理，通过评选机制实行年度考核，将有经验的社区工作者从行政事务中解放出来，建立社区社工站，转化为专职的社会工作者，从而提供人才保障。

"三社联动"是社区治理的有效创新实践，"三社联动"机制的建立有利于提高社区公共服务的供给质量；扩大社会参与水平，激发社区、社会组织和社工的积极性和创造性；有利于社区、社会组织和社工之间的协调联动，从而整合社区多元主体的功能优势，实现 $1+1+1>3$ 的效果。

4.2.2 德治、自治和法治的乡村共治

党的十九大报告强调"实施乡村振兴战略，加强农村基层基础工作，健全自治、法治、德治相结合的乡村治理体系"，以桐乡和德清为代表的"德治、自治和法治"相结合的乡村治理创新探索，形成了差异化的创新探索，有效地促进了乡村社会合作共治的发展。

(1)德治与乡村共治

在社会生活中，法律难以解决社会治理的众多难题，而道德由于其特有的内在约束力，在社会治理中起着非常重要的作用，但道德的约束力往往需要在熟人互动中才会发生。 为了解决此问题，桐乡通过道德评判团推动"好坏大家判"。 高桥镇成立道德评判团，以公众舆论评判人们的行为，让民众自我教育和自我规范。 道德评判团主要由10—15名村模范人物组成，协调人由村党支部书记担任。 主要做法有树立典型、文化熏陶和乡规民约，树立典型即致力于打造"五有市民""四好家庭""四型社会"和"好干部"，通过树立典型推进民风、家风和党风不断提高和好转；文化熏陶即利用道德讲堂、主题公园和文化礼堂开展社会主义核心价值观的教育和宣传，引导人民群众树立良好的道德风尚；进行村规民约的修订，以使道德观念通过实践活动深入人心。

德清县主要通过建立公民道德馆、文化礼堂、和美乡风馆等道德阵地传承传统文化，弘扬文明风气。 通过开展"道德积分"活动，引导公民"积小善为大善""积小德为大德"，从而成为一种道德习惯；通过推行"道德信贷工

程"，将"文明家庭"和信贷对接，对获得"文明家庭"称号的农户在贷款上面实行政策照顾，从而将道德发展和经济发展结合起来；除此之外，德清县还不定期开展道德模范的宣传活动，将德治深深扎根于当地人民的生活中。

（2）法治与乡村共治

法治是现代社会的基本治理准则和手段，具有健全和完善的法律制度是现代国家矛盾解决的主要方式。为强化依法行政，桐乡市探索建立"依法行政指标体系"，通过45个具体的指标形成依法行政指数，并且纳入责任考核。在公正司法方面，强化司法资源的整合和队伍建设，并且建立了市、镇、村三级法律服务团，为人民群众提供公正的司法服务。通过法治文化宣传强化全民守法，建立了东方法制园等法治文化教育和示范点，引导人民群众树立法治思维。

德清县在法治建设方面，坚持"法无明文禁止即可为"，围绕优化法治环境的目标，开展"法治德清"建设，通过全面推行政府权力清单制度、完善规范性文件、重大决策、行政合同合法性审查机制、健全事中事后监管制度等，规范公共权力运行，强化依法行政和公正司法；通过加强法治宣传教育、强化法律服务等举措，保障村民依法表达诉求，切实维护村民的合法权益。①

（3）自治与乡村共治

为增强社会自治能力，2013年桐乡在镇级建立并运行"百姓参政团"，让镇上的相关利益者在涉及自身利益的问题上拥有知情权、参与权、建议权，形成"大事一起干"的良性互动机制，百姓参政团由12名固定成员和10—20名非固定成员组成，前者由全镇的人大代表、政协委员、卫生院院长、中心学校校长、企业代表、道德模范人物等组成，后者主要是直接的利益相关者。除此之外，还聘请专业律师作为顾问，解决涉法的专业问题。百事服务团主要设在村里，是通过整合村里的"网格化管理、组团式服务"等各支队伍而产生

---

① 中共中央党校：《"三治"融合推进地方治理现代化》，http://www.ccps.gov.cn/theory/sjkt/201501/t20150112_57097.html。

的。 百事服务团在村委会设立工作室，并开通 24 小时电话热线，24 小时响
应群众的需求，除少数技术性服务收取少量费用，大多数服务均免费。

德清在推进自治方面主要从四个方面入手，分别是完善民主选举机制、规
范民主决策机制、健全民主管理机制、强化民主监督机制；为落实这四个机
制，德清具体推行了"阳光村务七步法"落实村民的知情权、参与权、表达权
和监督权，完善村民代表联系户制度、村务联席会议制度，建立民主恳谈等制
度，落实村民的民主管理权利，强化村务监督委员会的作用，完善"资金、资
产、资源"监管网络平台建设。

"自治、法治、德治"的创新探索，充分发挥了社会、法律、道德的作
用，既依托外部约束机制，又强化了社会规范和自我约束，既吸收了现代法治
建设的有益经验，又立足于中国传统和国情，不但有利于基层社会的和谐稳
定，也激发了社会的活力。

4.3 健全群众利益表达与回应机制，让全社会共享治理成果

共建、共治和共享是内在逻辑统一的整体，共建和共治是共享的保障，共
享是共建和共治所追求的目标和结果。 改革开放 40 年来，浙江地方各级政府
的创新探索历程，既是政府与社会合作治理体系发展的过程，也是多元主体合
作共治的过程，而所有这些努力的最终目标，是不断增进人民福祉，确保社会
安定，增强人民群众的获得感，让全体人民共享治理成果。

长期高速的社会经济发展使社会结构日趋复杂，社会群体越来越分化，利
益诉求也越来越多元。 探索如何完善多元诉求的制度性表达渠道，不断吸收
越来越复杂的利益诉求，成为现代治理体系建设中的重要命题。 改革开放 40
年来，浙江各地不断探索民生诉求表达和回应机制的创新实践，除上文已经提
及的杭州"民主促民生"、天台村级民主决策"五步法"，还有常山的民情沟
通日制度等形式，这些形式的实践构建了政府与社会的互动沟通机制，保障了
人民群众的表达权，推动形成了基层实践的合作治理格局。

4.3.1 领导下访制度推动政社互动

领导下访,是新时期开展群众工作的一种有效形式,是信访工作的一种新探索和新思路,也是从源头做好信访工作的一项有力措施。 自 2003 年起,浙江把领导干部下访接访作为新形势下加强信访工作的重要载体,纳入经济社会发展全局来谋划。 通过采取上下联动、约访为主,调研和检查相结合的方式,把信访工作延伸到经常性的群众工作中,面对面接待群众,实打实解决问题,起到了听民声、消民怨、解民忧、促和谐的积极作用。 浦江县曾是浙江省信访管理重点县(市、区)之一。 2002 年,全县共受理群众信访 10307 件(人)次,到县以上越级上访 34 批次 352 人次。① 从 2003 年开始,浦江积极构建信访工作大格局,下访、接访成为浦江领导干部的"必修课"。 随之而来的变化是:2013 年全县信访总量比 2003 年下降了 76.9%,全县存有疑难信访件比 2003 年下降了 90.1%,连续 8 年浦江县在全省信访工作考核中被评为优秀。

为了更好地推动领导下访制,常山县较早探索民情沟通制度。 常山县的民情沟通日制度是指每月 10 日左右基层领导干部在固定的场所接待村民,与村民进行面对面的沟通和交流,从而了解民情、解决民生问题和接受村民监督的一整套机制,包括民情体察阶段、民情沟通阶段、民情办理阶段和民情反馈四个阶段,而民情沟通是整个流程的关键。 常山民情沟通日制度起源于 2005 年 11 月,中共常山县委出台《中共常山县委关于建立民情沟通日制度的意见》,此后,民情沟通日制度开始在常山县 15 个村试点。 在试点取得良好效果后,常山县委、县政府开始着手进行全县推广。 2006 年,中共常山县委颁布《关于完善民情沟通制度的意见》《关于进一步深化民情沟通日工作的意见》,至此,常山民情沟通日普遍建立。 此外,为了弥补每月仅仅 10 日一天沟通存在不充分的问题,在 2015 年,常山县又开始推广"民情茶馆"这一常驻形式的"机构",有事则谈事解难,没事则喝茶谈心;开发"爱心 E 掌通"

---

① 张丽:《郡县治,天下安——领导干部下访接访的浦江样本》,《浙江日报》2014 年 3 月 19 日,第 8 版。

的 APP，擅长使用手机者，直接把遇到的困难写出来或拍下来上传；不擅长使用手机者，可以拨打 24 小时党员志愿者服务热线，让值班人员帮忙把需求登记上网，后台则将需求和问题归类、合并，以派单形式交由医务人员、社工等专业人士"组团"解决。经过长时间的发展，常山民情沟通已经形成了一整套保障体系和制度。首先是建立民情限期办理制度，规定简单事项 3 个工作日办结，一般事项 7 个工作日办结，重大事项一个月办结。其次是建立民情沟通日工作部门联席会议，联席会议由县委常委、组织部长作为召集人，各成员单位的领导为联席会议会员，联席会议的主要职能是分析在"民情沟通日"中产生的问题和新情况，研究相关的解决措施，抓好落实。再次是设立农村党员、村民代表联户议事制度。2007 年中共常山县委办公室发布《中共常山县委办公室关于推进农村党员、村民代表联户议事制度的通知》，从而建立了联户议事制度，主要是通过党员和村民代表挂钩联系若干农户，宣传党委和政府的相关政策，传送村民的意见和要求，引导村民积极参与公共事务管理。最后是监督考核制度，监督考核制度的总体要求是坚持分级考核，采取明察与暗访、普查与抽查、定期检查和不定期检查、入村走访与检查台账、宣传先进典型与通报批评相结合的办法，同时建立"评驻村干部、评村干部、评民情沟通日活动满意度"的"三评制度"①。

常山县的民情沟通日制度是基层协商民主与合作治理的重要创新实践，落实了人民的知情权和表达权，有利于强化基层的民主监督，有利于基层的民主决策和科学决策，调动了村民的参与积极性，激发了基层活力。

4.3.2 政府绩效考评中的民意表达与回应

在过去的政府绩效考核中，往往是上级对下级进行考核，这是一种内部的考核机制，而以杭州市为代表的政府绩效考核开始突破内部考核的界限，逐步向外部扩展，注重民意的表达和回应。1992 年，杭州市在市直单位中推行了目标责任制考核；2000 年，杭州市委、市政府为优化发展环境，根治市直机关

---

① 陈华兴、黄宇、傅歆主编：《2017 年浙江发展报告——政治卷》，浙江人民出版社 2017 年版，第 188 页。

门难进、脸难看、话难听、事难办的"四难"综合征,切实转变机关作风,推出了"满意单位不满意单位"评选活动;2005年,在"满意单位不满意单位"评选活动的基础上,政府又将"满意单位不满意单位"评选(社会评价)与目标考核相结合,增加领导考评,对市直单位实行"三位一体"的综合考评。杭州市综合考评委员会办公室成立以来,在建立健全综合考评体系、推进市直单位创新创优、扩大公民有序政治参与、强化"评价—整改—反馈"工作机制等方面做了积极探索,推出了社会评价意见报告定期发布、社会评价意见重点整改目标公示制度,建立了年度目标绩效改进工作机制,实行先评后考,同时将外来务工人员纳入社会评价投票层面,试行网上评议,设立社会评价专线电话,设置综合考评进位显著奖等一系列创新举措;经过数年的实践,杭州市的考评体系实现了对政府各部门和下级政府进行考核评价的功能,在每年的考评中都要对1.5万名各界人士进行问卷调查,这些问卷数据不但可以反映社会对各部门的满意度状况,而且通过问卷回答,可以将一些社会最关注的政策问题反映出来。市考评办将这些社会反映出来的问题进行归类整理,然后由市委、市政府牵头,对一些重大问题集中提出处理意见,向相关政府部门提出整改要求,相关政府部门在接到整改要求后进行整改,完善相关政策,提高公共服务质量。以2008年为例,2008年度市直单位综合考评社会评价,共征集到9个层面代表评价意见10915条,经梳理归并后为5930条,主要集中于"七难"(就业难、看病难、上学难、住房难、行路停车难、清洁保洁难、办事难)问题、城市管理、公共服务等方面问题,其中安全生产、城市建设与管理的统筹协调等问题成为人民群众关注的新热点。2009年4月28日,杭州市委、市政府召开全市综合考评总结大会,要求各部门在明确社会评价意见的基础上,进行整改,重点解决社会关注的各种民生问题。所有相关部门提出自己的年度整改目标,并在年底对整改结果进行公示,接受社会监督。

4.3.3 健全民主化的民生决策机制

让民众共享改革发展的成果,除了结果导向,还必须关注民众的过程参与,充分吸纳民意和考虑民情,保证改革的成果真正惠及广大人民群众。浙江省积极探索民主化的民生决策机制，形成了温岭的民主协商制度、杭州的民主促民生制度和民生实事项目代表票决制等创新实践。

浙江基层的实践探索和创新，为中国民主协商提供了尤为丰富的样本和形态。"温岭民主恳谈"就是其中的典型代表。 温岭的民主恳谈产生于20世纪90年代末，是将原有的农村思想政治教育活动转化为对话和协商等形式，之后不断发展演化。 2003年，温岭开始试行行业工资协商制度；在此基础上，于2005年将协商制度不断扩展，最终扩展到政府预算，即参与式预算。从2005年3月开始，温岭市在新河、泽国两镇率先"试水"公共预算改革，温岭市2009年1月份出台了《关于开展预算初审民主恳谈，加强镇级预算审查监督的指导意见》，努力将镇级预算民主恳谈正式导入规范化、制度化、法制化轨道。 根据温岭市开展"民主恳谈"活动的相关规定，镇民主听证制度要求各镇（街道）就当地重大事务、重要建设项目、新的政策、新的管理办法的制定出台等举办决策听证，党委、政府提出初步意见、初步方案，提交镇民主听证会，经群众充分讨论，认真听取群众意见、看法和要求后，在群众旁听的情况下，现场研究并做出决策或决定。 参与式预算在政府和民众之间架起了一座沟通的桥梁，使得决策更加符合民意。 目前，温岭已经形成了包括党内民主协商、政党协商、人大协商、政府协商、政协协商、社会对话协商、财政预算协商、工资集体协商、村务社区事务协商等多范围的协商形式。

2009年6月26日，中共杭州市委和市政府发布《关于建立以民主促民生工作机制的实施意见》，正式拉开了"民主促民生"的序幕，建立了民生互动平台——"杭网议事厅"和社区互动平台——"律师进社区"等社区参与社会治理的平台形式。 杭网议事厅由杭州市政府办公厅、市委宣传部和杭州日报报业集团共同创立，集合了党政、居民和媒体，于2009年10月18日正式运行。 杭网议事厅承载着六大功能：反映民情、分析民情、引导民情、解疑释惑、排忧解难和服务决策；律师进社区主要是为了加强基层社区中的人民调解工作，为居民提供法律咨询和法律援助。 同年，杭州市下发了《关于开展"律师进社区"工作实施意见》，通过市司法局、市律师协会和浙江大学法学院等单位共同促进法律服务进社区。

2017年以来，浙江又开始在市、县、乡探索民生实事项目代表票决制。

民生实事项目代表票决制是指民生实事项目由大家提出、代表确定、项目负责、人大评价一整套机制设计。（1）民生实事大家提。 在民生实事项目代表票决制设计中，民生实事项目的产生由"部门提"转化为"大家提"，政府必须在广泛征求人民群众意见、建议的基础上提出民生实事事项候选项目。 以杭州市为例，2018 年以来，杭州市、县、乡三级共征集到各类项目建议 3406 件，经过多层级的删选确定了 1043 件提交人大代表票决。①（2）民生实事代表定。 在经过前一阶段对候选项目的筛选、确定了提交人大代表进行票决民生实事项目后，就要进行同级人大代表的现场票决，票决采取差额投票的方式选出正式的民生实事项目交由政府实施。 截至 2016 年底，宁海县各乡镇票决确定 802 个民生实事项目，总投资 94.61 亿元，当年平均完成率达到 85% 以上。②（3）实行人大代表项目负责制。 票决制明确了各个人大代表在各个阶段、每个环节的工作职责来保证民生实事项目的落地和实施。2017 年，桐庐县在县人代会上确定了该年县政府的十大民生实事，之后桐庐县建立了人大代表联系项目制，将代表分成 10 个联系监督小组，每个小组跟踪监督一个民生实事项目，重点落在项目进展情况、工程质量把控、资金使用等方面。③（4）人大评估实事效果。 针对民生实事项目的效果，由人大开展满意度评价，充分把握民意和发挥人民群众的主体地位。 2017 年底，舟山市人大常委会就该年度 10 个方面 44 项政府民生实事项目落实情况开展满意度测评。 根据测评结果，满意的有 40 项，基本满意的有 3 项，不满意的为 1 项，总体满意率 81.8% 。④

---

① 中国网:《人大代表热议"民生实事项目人大代表票决制"》,http://www.china.com.cn/lianghui/news/2018-03/13/content_50705360.shtml。

② 凤凰资讯:《从"为民做主"到"由民做主" 浙江全面推开民生实事项目代表票决制》,http://news.ifeng.com/a/20170612/51230931_0.shtml。

③ 浙江新闻:《轻轻一票重千钧 来看民生实事项目人大代表票决制的浙江实践》,https://zj.zjol.com.cn/news/852987.html。

④ 浙江新闻:《轻轻一票重千钧 来看民生实事项目人大代表票决制的浙江实践》,https://zj.zjol.com.cn/news/852987.html。

5 构建长效机制：为民办实事长效机制的创新实践

习近平同志反复强调，"以人民为中心"的发展思想，不是一个抽象的、玄奥的概念，不能只停留在口头上、止步于思想环节，而要体现在经济社会发展各个环节。① 而如何将"以人民为中心"的发展思想有效落实到经济社会发展的各个具体环节，是一项具有挑战的系统工程和创新工程，有赖于一系列的载体创新和机制保障。 这方面，浙江多年来探索并一直坚持的为民办实事长效机制的建设，为党委、政府思考如何将人民中心思想机制化和可操作化提供了重要的创新样本。 浙江为民办实事长效机制，既是习近平同志在浙江工作期间践行的"以人民为中心"发展思想的生动体现，也是浙江在"八八战略"指引下不断回应人民需求，满足人民日益增长的美好生活需要的持续实践创新。

2004 年，浙江省委、省政府制定了《建立健全为民办实事长效机制的若干意见》（以下简称《意见》），系统提出了涵盖就业再就业、社会保障、医疗卫生、基础设施、城乡住房、生态环境、扶贫开发、科教文化、权益保障、社会稳定等十个方面重点领域的实事内容。 此后，浙江省委、省政府每年年初都会专题研究为民办实事问题，省政府每年都会在政府工作报告中列出十条具体的年度目标并确保如期完成。 十几年来，历届浙江省委、省政府都秉

---

① 摘自习近平在省部级主要领导干部学习贯彻党的十八届五中全会精神专题研讨班上的讲话，参阅《人民日报》2016 年 5 月 10 日，第 2 版。

承习近平同志在浙江工作期间这一民生建设的重大部署，一张蓝图绘到底、一任接着一任干，为民办实事长效机制得到完善和发展，人民群众的获得感和满意度不断增强。

5.1 为民办实事长效机制出台的时代背景与理论渊源

5.1.1 时代背景

2002 年 11 月，党的十六大确立了全面建设小康社会的奋斗目标，提出要在 21 世纪头 20 年，集中力量，全面建设惠及十几亿人口的更高水平的小康社会，使经济更加发展、民主更加健全、科教更加进步、文化更加繁荣、社会更加和谐、人民生活更加殷实。

相对于国家总目标，浙江比全国更早实现了从温饱向小康的发展跨越，经济社会发展进入了全新的阶段。 在经济发展上，2003 年地区国内生产总值跨过 1000 亿美元大关，人均国内生产总值接近 3000 美元。 经济的外向度不断扩大，进出口总额超过 400 亿美元，一般贸易出口跃居全国第一位。 在社会建设上，科教文卫事业普遍发展，其中高等教育毛入学率在 2003 年超过了 20%，浙江正在进入高等教育的大众化阶段。 人民生活水平不断提高，2003 年城、乡居民年人均可支配收入分别为 12100 元和 4940 元，遍布城乡的扶贫帮困网络已初步形成。 经济社会的发展为人民带来了更好的物质文化生活水平。 但是，作为先发地区的浙江，在发展中也更早出现了成长的烦恼，浙江的经济社会发展率先面临发展到一定阶段的新挑战。

社会矛盾的挑战。 20 世纪末到 21 世纪初，浙江地区生产总值连续多年保持了两位数高速增长态势，但也带来贫富差距增大的问题。 有学者估算，2004 年浙江省城乡收入的基尼系数达到了 0.4783，远远超过了国际上公认的 0.4 这一警戒线，表明浙江由收入贫富差距所带来的社会风险值得警惕。[1] 不

---

[1] 胡祖光：《基尼系数和统计数据——以浙江省为例》，《浙江社会科学》2005 年第 4 期，第 11—14 页。

平衡的经济发展带来犯罪案件、经济纠纷、民事纠纷、信访数量的快速增长。因此社会问题多发、社会结构不稳定，社会良性运行秩序遇到了一定的挑战。在此背景下，2004 年 4 月，习近平同志主持召开建设平安浙江工作座谈会，提出要开展宽领域、大范围、多层面的平安浙江建设。同年 5 月，在中共浙江省委十一届六次全会上正式做出了建设平安浙江、促进社会和谐稳定的战略决定，全面建设"平安浙江"。全会要求全省各级党委、政府充分认识影响社会和谐稳定的新问题，把关注民生和促进社会和谐摆到党委、政府工作的重要位置，更加重视推进城乡区域、经济社会、人与自然的协调发展，更加重视促进社会公平正义，特别是改善困难群众生活和维护群众合法权益，加强社会建设和管理，努力构建社会主义和谐社会。

民生服务的挑战。尽管作为市场经济先发地区的浙江经济较为发达，但很长时期里浙江教育、科技、医疗、卫生、文化、环境保护事业等发展相对滞后，政府基本公共服务的供给不能满足老百姓日益增长的需要，一些偏远地区的基础设施建设和社会发展面貌也亟待改善，低收入农户的脱贫攻坚任务仍然艰巨。因而，浙江改革开放 20 多年来偏重于经济增长的发展模式，在一定程度上忽略了社会建设和民生服务，上学难、看病难、出行难等问题还不同程度地存在，民生保障领域欠下了很多旧账，这是浙江在新的历史时期全面建成小康社会过程中的一大短板。在党的十六届六中全会提出要高度关注民生问题，切实解决事关群众利益实际困难的政策背景下，从 2004 年开始，浙江省委每年都会专门研究民生保障工作，如图 5-1、表 5-1 所示，并逐渐增加对民生领域的投入，加大就业和社会保障工作力度，出台实施统筹城乡就业、全面推进社会保险、开展城镇居民医疗保障制度试点、完善企业职工基本养老保险制度和解决农民工问题等政策，提高企业离退休人员基本养老金、城乡居民最低生活保障、部分优抚对象抚恤补助、企业最低工资等标准，进一步加强就业培训，做好社会保险扩面、农民工服务和管理、公共卫生体系建设等方面工作。[①] 这些民生工作的强化对于浙江在新的历史条件下补齐民生短板，高水平全面建成小康社会具有十分重要的意义。

---

① 摘自习近平同志在 2007 年全国两会期间接受光明日报记者采访时的谈话实录。

图 5-1　2005—2019 年浙江历年十大民生实事内容的词语云

表 5-1　2005—2019 年历年十大民生实事出现频率最高的民生领域

关键词	词频出现次数
保险	47
医疗	46
养老	36
服务	36
保障	34
安全	33
污水	33
住房	32
困难	31
就业	30
垃圾	21
文化	19

5.1.2　理论渊源

　　为民办实事思想的提出以及长效机制的出台,不仅继承发扬了中国传统政治哲学中的"民本思想",而且体现了马克思主义政党把"人民立场"作为根本立场的政治主张,也代表了政府执政理念的转变。具体来说,为民办实事长效机制至少有以下三个理论渊源。

一是科学地扬弃了中国传统的民本思想。《意见》提出建立健全为民办实事长效机制，既是落实党的全心全意为人民服务根本宗旨的内在要求，与传统民本思想也是内在契合的。 习近平曾在多个重要场合引用《淮南子》中的"治国有常，而利民为本"的原话来深化阐释人民为中心的发展思想，正体现了"以人民为中心"的发展思想与传统民本思想的有机联系。 中国传统的民本思想是中国古代重要的政治思想和政治智慧，这一思想经过两千年的发展和演化，对于中国历代政治家的施政主张和社会文化思想等都产生了深远的影响，其已经逐渐内化为中华民族的文化心理结构，深刻影响着人们的思维模式和行为方式。① 据学者考证，中国传统的民本思想萌发于夏商至西周时期，正是由于桀纣亡国的历史教训以及现实的人民斗争使得当时的统治者初步认识到了人民的力量，"人无于水监，当于民监"②"敬德保民"③的思想相继被提出。 到了春秋战国时期，社会动荡的加剧更加凸显了民众的重要地位，如孔子提出"足民足食，民信之矣"④，孟子提出"民贵君轻"⑤等，民本思想日渐完善。 汉唐时期，民为邦本的思想进一步得到发展，如贾谊提出"闻之于政也，民无不为本也。 国以为本，君以为本，吏以为本；故国以民为安危，君以民为威侮，吏以民为贵贱，此之谓民无不为本也"⑥，唐太宗李世民进一步提出"君依于国，国依于民"⑦。 明清时期，民本思想更加成熟，如王夫之提出："人无易天地，易父母，而有可易之君。"⑧今天，正确认识这些中国传统民本思想的现代价值和普遍意义，对于我们在建设中国特色社会主义伟大事业新的征程中做好民生工作仍将具有重要借鉴价值。

---

① 张玉环：《论中国传统民本思想的哲学基础及现代意义》，中国石油大学硕士学位论文，2008 年。

② 摘自《尚书·酒诰》。

③ 摘自《尚书·康诰》。

④ 摘自《论语》。

⑤ 摘自《孟子·尽心下》。

⑥ 摘自《新书·大政》。

⑦ 摘自《资治通鉴·一百九十二卷》。

⑧ 摘自《尚书·泰誓上》。

二是生动诠释了马克思主义政党的根本立场。 马克思主义的根本立场是人民大众的立场，即一切为人民，一切相信人民，一切依靠人民，全心全意为人民谋利益。 在马克思和恩格斯看来，每个人的自由发展是一切人自由发展的条件，因此共产主义社会要实现"自由人的联合体"，最终实现人的全面发展。 这些主张体现了以人为本的价值导向，更是人类社会的最高追求。 作为马克思主义政党的中国共产党必须始终把人民立场作为根本立场，坚持全心全意为人民服务的根本宗旨，把为人民谋幸福作为奋斗的根本使命。 习近平同志指出，"我们党领导人民全面建设小康社会、进行改革开放和社会主义现代化建设的根本目的，就是要通过发展社会生产力，不断提高人民物质文化生活水平，促进人的全面发展。 而要坚持维护最广大人民根本利益，就要多谋民生之利，多解民生之忧，在学有所教、劳有所得、病有所医、老有所养、住有所居上持续取得新进展。""坚持党的群众路线，坚持人民主体地位，时刻把群众安危冷暖放在心上，及时准确了解群众所思、所盼、所忧、所急，把群众工作做实、做深、做细、做透。"①因此，构建为民办实事的长效机制深刻体现了中国共产党所秉持的"以人民为中心"的立场，体现了马克思主义政党的本质属性。 因此，为民办实事理念的不断丰富发展，是加强党的执政能力建设的必然要求，是密切党和人民群众血肉联系的重大举措，是党带领人民实现美好生活的现实路径。

三是集中体现了服务型政府的理念要求。 服务型政府建设是国家治理体系和治理能力现代化的重要组成部分，也是顺应人民美好生活需要的政府自身发展要求。 经济全球化、信息化和社会转型等一系列重大变革，对政府治理体系和治理能力提出了更高要求，政府自身需要转变职能，变革治理模式以应对经济社会变化的挑战，服务型政府便在这种背景下被提出来。 2002年，党的十六大提出要完善政府公共服务的职能，这是中央在社会主义市场经济条件下对我国政府职能的新定位。 2006年，党的十六届六中全会明确提出"建设服务型政府，强化社会管理和公共服务职能"的任务，这是中央首次厘

---

① 习近平:《全面贯彻落实党的十八大精神要突出抓好六个方面工作》,《求是》2013年第1期。

清服务型政府建设的内涵、重点及基本内容，服务型政府建设在理论上更加充实。 2007 年，党的十七大进一步提出要"加快行政管理体制改革，建设服务型政府"，将服务型政府建设与行政体制改革有机结合起来，注重政府基本公共服务供给能力的提升。 2012 年，党的十八大提出"建设职能科学、结构优化、廉洁高效、人民满意的服务型政府"，进一步将服务型政府建设的内容具体化，服务型政府建设进入全面深化的崭新阶段。 可以说，"从服务型政府"这一概念的提出及后来的一系列演化，其核心内容是提高公共机构和公务人员的服务意识，强化政府公共服务职能。 浙江提出要建立为民办实事长效机制，无论在理念上还是在具体措施上，都体现了服务型政府建设的要求。《意见》提出，要把为民办实事作为创建服务型政府的一项重要内容，进一步增强为民办实事的主动性。 因而，浙江省委、省政府提出为民办实事的理念不仅凸显了为人民服务的鲜明宗旨，而且顺应政府职能转变的趋势，也符合人民群众对于政府工作的期待。

5.2 为民办实事长效机制的实践意义

在担任浙江省委书记期间，习近平同志曾对为民办实事长效机制做过系统阐释，他在接受记者采访时指出，"建立健全为民办实事长效机制就是要坚持以人为本。 以人为本，体现在执政上，就是要坚持立党为公、执政为民，做到权为民所用、情为民所系、利为民所谋；体现在发展上，就是要回归到经济发展以社会发展为目的、社会发展以人的发展为中心这样一种理念，做到发展为了人民、发展依靠人民、发展成果由人民共享；体现在结果上，就是要实现好、维护好、发展好最广大人民群众的根本利益。"[①]这一执政为民的根本宗旨不仅要体现在实现最广大人民群众的根本利益上，而且要体现在关心维护每个群体的具体利益上。 2015 年 10 月，党的十八届五中全会上提出必须坚持"以人民为中心"的发展思想，把增进人民福祉、促进人的全面发展作为

---

① 摘自习近平同志在 2007 年全国两会期间接受光明日报记者采访时的谈话。

发展的出发点和落脚点，发展人民民主，维护社会公平正义，保障人民平等参与、平等发展权利，充分调动人民的积极性、主动性、创造性。随后，习近平同志在主持中央政治局第二十八次集体学习时再一次指出要坚持"以人民为中心"的发展思想。

当然，坚持"以人民为中心"的发展思想不只是个抽象的概念，它既是一个重大理论问题，也是一个重大实践问题。从浙江十几年来为民办实事的探索历程来看，为民办实事的实践创新都始终坚持了人民群体的主体地位，为民办实事长效机制是对"以人民为中心"的发展思想的生动诠释。在为民办实事长效机制的推动下，浙江在民生建设多个方面都取得了显著成效。2018年，浙江省全体居民人均可支配收入45840元，是全国居民人均可支配收入28228元的1.62倍；城镇常住居民人均可支配收入55574元，是全国城镇居民人均可支配收入39251元的1.42倍；农村常住居民人均可支配收入27302元，是全国农村居民人均可支配收入14617元的1.87倍，上述指标均连续多年居全国各省（区）首位。而浙江城乡居民人均可支配收入比只有2.036∶1，浙江成为全国城乡发展最均衡的省份。浙江的这些成就正是践行"以人民为中心"发展思想的生动写照。

5.2.1 为民办实事推动政府强化"以人为本"和"为民干事"的政策导向

2007年，在《意见》实施3年后，时任浙江省委书记习近平和浙江省长吕祖善同时在《今日浙江》就如何进一步深化完善为民办实事长效机制发文。习近平在文中强调，"要真正把解决民生问题摆在更加突出的位置，一切从实际出发，自觉按规律办事，立足当前、着眼长远，突出重点、拓宽领域，创新载体、健全机制，着力解决好人民群众最关心、最直接、最现实的利益问题。"[①]吕祖善在文中指出，"过去我们一讲发展社会生产力，就单纯看经济指标，而忽略社会指标、人文指标和环境指标，甚至片面地将GDP当成发展的一切。这样的GDP本身背离了发展的本义，背离了以人为本的实质。因此，各级党委、政府必须切实按照落实科学发展观、构建社会主义和谐社会的

---

① 习近平：《进一步完善为民办实事的长效机制》，《今日浙江》2007年第2期。

要求，不断深化对为民办实事的认识。 当我们在施政理念上真正树立了科学发展观，真正围绕促进人的全面发展，做到发展为了人民、发展依靠人民、发展成果由人民共享，完善为民办实事长效机制就不再是某几个具体的实事项目，而是各级党委、政府工作的核心内容，关注民生就成为我们的立身之本和第一使命。"①因此，为民办实事长效机制的推行，不是省委的一时之举，而是基于对浙江和国家经济社会发展阶段和发展重点的深刻反思。《意见》不但体现了中国共产党全心全意为人民服务的根本宗旨，也为各级党员干部树立正确政绩观提供了机制保障，使各级党委、政府在工作中真正形成"以人为本"和"为民干事"的价值导向，使广大党员领导干部将为民办事作为自己的行动自觉。 在浙江于 2004 年提出为民办实事长效机制若干意见后的 2006年，党的十六届六中全会提出构建社会主义和谐社会的重大举措，其中很重要的一个方面就是要高度关注社会事业和民生问题，切实解决事关群众利益的实际困难。 此后，中央经济工作会议也多次把促进社会发展和解决民生问题作为经济工作总体要求的重要内容。 由此，为民办实事工作机制的确立和不断完善成为浙江率先贯彻落实中央以人为本、关注民生政策的重要载体和机制保证。

5.2.2 为民办实事推动政府形成整体性、系统性回应人民诉求的行为方式

浙江在为民办实事的实践过程中不断改进工作方式，将人民群众的呼声作为第一信号，将人民群众的诉求作为办实事的依据，充分尊重群众的知情权和参与权。 近年来，浙江每年年初都会通过互联网向老百姓征集意见的方式确定十项民生事项，对一些重大实事项目也会通过多种渠道进行社会公示和听证，让人民群众有充分表达自己诉求的机会。 这种工作方式的转变使得政府部门的民生实事项目更加具有针对性，能够更加精准地回应老百姓普遍关心的问题，在项目实施中也更能获得群众的认可和配合，从而使为民办实事工程逐渐形成对群众诉求的整体性和系统性响应机制。 如在最近几年，各级党委部门不但积极开展走进基层、走进群众的走访调研活动以了解民意体察民

---

① 吕祖善：《不断深化对为民办实事的认识》，《今日浙江》2007 年第 2 期。

情，而且积极利用"12345"市长热线、领导信箱、部门信箱、浙江政务服务网统一咨询投诉平台，以及基层四个平台等渠道搜集人民群众反映强烈的现实问题。还有一些部门和地方注重发挥人大代表、政协委员、社区党员等在联系群众、搜集民意中的重要作用，并利用基层党组织、群团社团、大众传媒等机制来拓宽沟通群众和反映民意的渠道，从而真正实现线上线下相融合的政府快速响应平台，实现"民呼我应"和"群众点题"的工作格局。

为民办实事的回应性工作机制，反过来又对政府机关效能提出了更高要求。为此，从2004年开始，浙江在全省范围内掀起了一场以狠抓落实为主题的机关效能建设，向衙门作风导致的机关效能低下问题宣战，力图提高政府的执政水平，增强服务意识，改善政府权力运行方式。在效能建设的推动下，浙江在效能监察、效能问责、群众参与等方面进行了一系列改革创新，在便民服务中心建设、效能投诉热线、政务网站建设等方面都走在了全国前列。2014年，浙江出台《浙江省影响机关工作效能行为责任追究办法》，对各级党的机关、人大机关、行政机关、政协机关、审判机关、检察机关及其所属部门和机构，以及经授权、委托具有公共事务管理职能的组织及其工作人员的工作效能行为的责任追究进一步细化和明确。在机关效能革命改进政府工作作风，改善浙江政务环境和营商环境的基础上，浙江于2016年底又正式提出企业群众到政府办事"最多跑一次"的改革目标，这一改革以提升老百姓到政府办事的体验感为出发点，通过一系列机制建设大大提升了政府在老百姓心中的形象，推动了浙江整体性、回应性政府的建设进程。

5.2.3　为民办实事推动政府不断满足人民日益增长的美好生活需要

在《意见》指引下，浙江的民生保障体系不断健全，为民办实事的各项目标任务逐步实现。十几年来，浙江以义务教育、就业保障、公共医疗、养老服务等人民群众普遍关注的民生事业为重点，在幼有所育、学有所教、劳有所得、病有所医、老有所养、住有所居、弱有所扶上不断取得了长足的进步，民生保障和公共服务水平逐年提升。

在教育方面，浙江坚持优先发展教育事业，大力推进教育强省建设。十几年来，为民办实事项目中包括免除全省义务教育阶段学生学杂费、课本费，免除符合入学条件的民工子女义务教育借读费，全面完成中小学校舍安全工程建设任务，全面提高义务教育中小学生均公用经费最低标准，全面推进义务教育均衡化和"互联网＋义务教育"等。到 2015 年末，浙江 90 个县（市、区）全部通过国家义务教育基本均衡县评估。到 2017 年末，全省学龄儿童入园率达到 97.6％；全省小学、初中生均校舍建筑面积分别为 9.1 平方米和19.3 平方米，小学、初中的入学率和巩固率分别为 99.99％和 100％，建立校园网的学校（含教学点）达到了 99.9％；高中阶段教育毛入学率达到98.78％，高于全国平均水平；高等教育毛入学率达到 58.2％，浙江在全国省区中率先进入高等教育大众化阶段。①

在就业保障方面，十几年来，浙江在帮助城镇失业人员实现再就业、农民转移就业技能培训、促进城乡困难群众增收等方面持续发力。从 2006 年到2012 年，为民办实事项目每年引导和帮助 25 万—30 万名城镇失业人员实现再就业，城镇零就业家庭发现一户援助一户，通过各种手段累计完成农民就业技能培训 100 万人以上；"十一五"期间，全省就业辅助政策体系初步形成，市场就业机制不断健全，职业技能培训制度得到建立；到 2017 年末，全省城镇登记失业率降至 2.73％，高校毕业生初次就业率连续 5 年超过 95.5％，主要就业指标位居全国前列；②全省最低月工资标准从 2003 年的 520 元、480 元、430 元、390 元四档，调整为 2017 年的 2010 元、1800 元、1660 元、1500 元四档，各档最低工作标准均累计增长 275％以上。

在医疗卫生服务方面，十几年来，浙江始终把健康作为经济社会政策的重要目标，大卫生理念深入人心，大健康格局逐步形成。浙江从 2005 年开始全面部署卫生强省建设，在为民办实事项目中加大了对新型农村合作医疗、农民健康体检、农村公共卫生服务的财政投入力度；2006 年底，全省各县（市、区）已建立社区卫生服务中心 1200 个，覆盖全省的多层次、多形式城乡社区卫生服务体系初步建成；2012 年以来，浙江开始建立人才等优质医疗资源向基层流动的机制，启动"双下沉、两提升"工作，着力推动城市优质医疗资源

---

① 摘自历年浙江教育事业发展统计公报，浙江省教育厅网站。
② 摘自《2017 年浙江省国民经济和社会发展统计公报》，浙江统计信息网。

下沉和优秀医务人员下基层，提升基层医疗卫生服务能力和群众就医满意度，这一改革作为深化医药卫生体制改革的典型案例已经向全国推广复制。

在养老保障方面，十几年来，浙江逐步提高企业退休人员基本养老金和城乡居民基础养老金待遇水平、提供优质养老服务一直是为民办实事项目的关注重点。2009年，浙江出台《关于建立城乡居民社会养老保险制度的实施意见》，在全国率先实施城乡居民社会养老保险制度；2011年，浙江建立高龄老人待遇补贴制度，对年满80周岁的高龄老人，在享受城乡居民养老金待遇的同时，每月给予不低于30元的高龄补贴；2014年，浙江出台《关于进一步完善城乡居民基本养老保险制度的意见》，旨在全面建立公平、统一、规范的城乡居民基本养老保险制度，实现与职工基本养老保险相衔接。同时，在提升居民养老服务水平方面，城市社区实施了"居家系列服务惠民工程"，农村实现了居家养老服务中心的全覆盖，居家养老、社区养老服务体系逐步完善；到2017年末，全省共建成城乡社区居家养老服务照料中心2.36万个，并计划于2019年建成350个乡镇（街道）示范型居家养老中心。

此外，近年来为民办实事项目也逐步加大了对交通出行、污水治理、雾霾治理、垃圾分类、食品安全、能源基础设施等民生短板的投入力度，以回应人民群众对美好生活的向往，不断把增进人民福祉、促进人的全面发展作为浙江各级政府工作的出发点和落脚点，从而不断提高民生保障和公共服务质量，不断提高人民生活水平，以不断增强人民群众的获得感、幸福感。

5.2.4 为民办实事推动政府构建以人民满意度为基本导向的政绩考核体系

浙江在为民办实事工作开展过程中，还辅之以全面科学的督促检查和考核体系，把解决民生问题的实绩作为考核评价领导班子和领导干部的重要内容。《意见》强调，要建立与为民办实事相同步的责任落实机制，提出每年的年度工作计划确定后，要根据实事项目的内容，明确分管领导、承办单位、完成时间和工作要求，主要领导要高度重视、分管领导要亲力亲为，承办单位要根据目标责任制的落实情况定期向党委、政府报告项目进展，而对于涉及多个部门的事项，可以通过建立联席会议制度和联合办公制度等方式来予以协同推进。 此外，《意见》还特别注重督察机制和考核体系的建设，强调对为民办实事工作的督察要及时发现问题，提出针对性的工作要求和改进意见。 要加强对为民办实事工作的考评，把为民办实事情况作为对各级领导干部政绩考核和人大对政府部门工作评议的重要内容。 建立为民办实事工作报告、通报制度和责任考评追究制度，各级政府每年必须将为民办实事的工作情况向人民代表大会报告，向政协委员会、民主党派、工商联负责人和无党派代表人士通报，并通过各种方式向社会公布，接受社会各界和群众的监督，确保十件民生实事的承诺兑现。 2007 年浙江省民情民意调查数据显示，2006 年承诺的"为民十件实事"件件都有着落，而且各项"民生指数"都是"超额完成"，群众对十个方面实事的满意度达 88.8％。① 2014 年，浙江省委、省政府取消了对淳安、开化等地的 GDP 考核，取而代之的是以生态为先、民生为重的单列考核；同年 11 月，省委修订出台了《关于改进市、县（市、区）党政领导班子和领导干部实绩考核评价工作的若干意见》和《市党政领导班子实绩考核评价指标体系》，更加突出了科学发展和可持续发展的鲜明导向。②

一系列督促考评制度的建立与改进，有助于政府部门树立正确的政绩观，也在一定程度上为全省各地方政府出台相应的政府绩效考核指标体系奠定了基础。 例如，杭州市于 2017 年出台了国内首部政府绩效管理规划——《杭州市"十三五"绩效管理总体规划》，从"助推改革发展、落实战略目标，破解民生难题、回应公众诉求，转变机关作风、优化发展环境，引领政府创新、推进现代治理，完善体制机制、优化综合考评"等五个方面提出了政府绩效管理要达到的目标，其中生态环境、民生福祉等都是重要的考核维度。 这一绩效考核指标体系不单纯是政府管理的工具，还包含着现代政府施政的一系列核心价值诉求，尤其是坚持"让人民评判、让人民满意"的核心价值观，能够有效推动社会公众参与政府绩效管理的制度化平台和完善的政务信息公开制度，在更大的范围推进了政府治理的民主化和科学化。

---

① 钟闻、谢方文：《习近平从浙江到上海始终追求民生疏通民情通道》，《第一财经日报》2007 年 5 月 24 日。

② 马跃明：《把人民的希望变成生活的现实——浙江保障和改善民生工作综述》，《今日浙江》2015 年第 4 期。

5.2.5 为民办实事推动政府建立促进民生福祉持续提升的财政保障机制

一项好的改革举措能否达到预期效果，关键在于是否建立了一套可操作可执行的工作制度和保障机制。对于民生领域的改革举措来说，要取得让人民群众看得见、摸得着的实际效果，离开政府财力的投入保障几乎是不可能实现的。习近平同志在浙江工作期间，始终强调政府的公共财政要在最大限度上惠及全体百姓，向"民生财政"转变，确保在整个政府财政支出中，用于教育、医疗卫生、社保和就业、环保、公共安全等民生方面的支出比例不断提高。《意见》在制定之初，就明确提出要按照公共财政的要求，进一步优化支出结构，把为民办实事的有关投入纳入财政预算，并根据经济发展和财政增长的状况保持逐年增加。同时要求加大对于民生投入和经费的审计，确保资金的安全完整、专款专用。从 2006 年开始，浙江不断加大民生投入，通过大幅减少"三公"经费，坚持把全省财政支出增量的 2/3 以上用于民生方面，每年着重抓好十个方面民生实事。当年，浙江全省和省级新增财力用于民生方面的支出分别达到 72％和 73％。"十二五"期间，全省教育、农业、文化、医疗卫生、社保和就业支出年均分别增长 15.8％，20.5％，16.5％，14.4％，21.3％，均高于一般公共预算收入增幅。在整个"十二五"期间，浙江全省 11 个地级市、54 个县民生支出总量不断攀升，年均增长 15.14％，远高于同期 GDP 增长水平。即使在受到国际金融危机冲击的 2008 年，政府财政对于民生领域的投入也没有因为受到经济下行和财政收入减少的压力而减少，新增财力用于民生的比例依然达 72.2％。2008 年，浙江省委又出台了《关于全面改善民生促进社会和谐的决定》（以下简称《决定》），进一步提出要调整和优化财政支出结构，加大民生领域的财政投入，确保新增财力 2/3 以上用于解决民生问题，重点向低收入人群倾斜，向农村和农民倾斜，向欠发达地区和海岛山区倾斜。同时，《决定》对于财政资金的使用效率和筹资渠道也做出了具体的要求，例如要完善财政性资金绩效评价制度，整合专项资金，发挥财政资金的规模效益；要建立多元化民生领域建设投融资和运营机制，鼓励单位、个人以及社会各界共同投入解决民生问题等。通过浙江省委、省政府的不懈努力，目前全省社会养老服务体系基本形成，社会保障体系更加健全。

县县建成国家义务教育发展基本均衡县，职教、高教事业稳步发展。 优质医疗资源"双下沉、两提升"扎实推进，国家卫生城市、卫生县城实现全覆盖。这些民生成就的取得与十几年来浙江省委、省政府高度重视民生工作，切实把"以人为本"和"为民干事"作为政策制定的鲜明导向密不可分。 通过这些成就，我们可以清晰地看到坚持"以人民为中心"发展思想的实践，可以清晰地看到历届浙江省委、省政府一以贯之地做好民生工作的坚定决心。

从更为深远的意义来看，为民办实事长效机制促使浙江进一步形成了经济政策与社会政策协调发展的良性互动、良性循环的格局，各项民生指标的提高为经济的可持续发展和社会大局的和谐稳定奠定了坚实基础。 例如，职工基本养老保险月人均养老金由 2007 年的 1180 元提高到 2018 年的 3085 元；城乡居民基本养老保险省定基础养老金由 2010 年的 60 元提高到 2018 年的 155元；城乡居民基本医疗保障财政补助标准由 2010 年的 129 元提高到 2016 年的 430 元；基本公共卫生补助服务标准由 2010 年的 20 元提高到 2018 年的 55元；生态公益林补偿标准由 2004 年的每亩 8 元提高到 2018 年的每亩 35 元；2018 年浙江省已形成学前、小学、初中、普通高中、中职学校 500 元、650元、850 元、1200 元、2500 元的生均公用经费及拨款标准体系；浙江全省到 2018 年已经实现乡镇（街道）综合文化站、村（社区）文化活动室全覆盖，建成图书馆乡镇分馆 894 个、文化馆分馆 312 家、农村文化礼堂 7628 家、农家书屋 25335 个、文化广场 26109 个。① 这些民生指标持续增长的背后是政府行政经费的逐年削减。 2018 年，省级一般公共预算安排"三公"经费 2.68 亿元，相比于 2012 年的 7.37 亿元来说下降了 63.6%。 这些数据都表明在为民办实事长效机制推动下，浙江不断突出财政支出的公共性和普惠性，在一般性支出和"三公"经费不断缩减的同时，民生和公共服务领域的投入持续加大，财政支出结构不断得到优化调整。

总之，为民办实事长效机制所秉持的"以人为本"的政策理念，所形成的"人民群众点单"的服务模式，所追求的不断满足人民群众对美好生活需要的

---

① 数据来自于浙江省财政厅、浙江省人力资源与社会保障厅、浙江省卫生健康委员会、浙江省林业局、浙江省教育厅、浙江省文化和旅游厅等。

工作方式，所推动的以人民群众满意度为价值导向的政绩考核体系建设，所强化的以加大民生领域投入为主要方向的普惠性财政支出结构等，都从不同的维度生动阐释了"以人民为中心"的发展思想，极大地丰富了"以人民为中心"发展思想的理论深度和实践广度。

5.3 新时代进一步深化发展为民办实事长效机制的思路

民生事业是一个不断丰富发展的过程，它总要随着时间的推移、实践的发展与时俱进地提出符合时代要求和特征的方案。党的十九大报告指出，我国社会主要矛盾已经转化为人民日益增长的美好生活需要和不平衡不充分的发展之间的矛盾，这给各级党委、政府在新时代做好民生保障工作确立了新的目标。因而，保障民众生活的建设任务"只有进行时，没有完成时"，提升人民福祉的事业永远在路上。这不仅是民生建设的内在规律，更是人民对美好生活需要的客观要求。在新时代，进一步深化发展为民办实事长效机制也面临着一些新的挑战，主要体现在以下四个方面。

一是人民群众对于政府公共服务和民生保障的内涵和外延都有了更高的期望和要求。提升民生福祉、提高社会发展质量和促进人的全面发展正在成为新的议题领域，为民办实事长效机制如何从更高的层面优化民生项目，让美好社会建设成为人民群众对于美好生活追求的助推器给政府带来了新的挑战。

二是人民群众对于政府公共服务和民生保障的递送模式和触及方式提出了更高的期望和要求。尤其是如何在新的时空条件下利用互联网、大数据等技术工具创新公共服务和民生保障的供给方式，如何更加及时、精准地回应人民群众的诉求给政府带来了新的挑战。

三是人民群众对于政府公共服务和民生保障的地域均等和广泛覆盖提出了更高的期望和要求。如何积极推动城乡之间、地域之间的协调发展和共享发展，使改革发展成果更多、更公平地惠及广大基层群众，如何让人、财、物资源更多地向基层倾斜，持续提升基层的公共服务能力给政府带来了新的挑战。

四是人民群众对于政府公共服务和民生保障的满意度评估和绩效考核提

出了更高的期望和要求。如何建立以人民群众满意度为导向的绩效评估体系，如何在更长的时间跨度中衡量为民办实事项目的真正效用，从而更好地提升民生实事项目的科学性和针对性，这给政府带来了新的挑战。

为此，我们要准确把握民生事业发展的新特点和新趋势，不断优化调整为民办实事长效项目的发展思路，在决胜全面建成小康社会、全面建成社会主义现代化强国新的征程中持续发展和完善为民办实事长效机制，推动中国特色社会主义民生理论不断取得新的成果。

5.3.1 进一步优化为民办实事的政策理念

习近平同志曾经指出："保障和改善民生要抓住人民最关心最直接最现实的利益问题，既尽力而为，又量力而行，一件事情接着一件事情办，一年接着一年干。"[①]这一重要论述明确了新时代我们应当始终坚持为民办实事的政策理念，这一理念是浙江不断丰富和发展民生事业、不断满足人民美好生活向往的根本保证，也是浙江实现经济社会协同发展和人的全面发展的宝贵经验。

首先，进一步树立经济社会协同发展的理念为民办实事。在为民办实事具体项目的推进过程中，我们应当充分认识到公平与效率两大价值观的相辅相成，将为民办实事作为连通经济增长与社会发展之间的桥梁，将社会发展的目标与经济发展的目标相协调，将社会政策的工具与经济政策的手段相融合，将社会议题注入当地"经济发展"的内涵之中，最终实现经济与社会的协同发展和可持续发展。

其次，进一步树立促进人的全面发展的理念为民办实事。随着社会经济的发展和人民生活水平的提高，人民群众对生活的期望不仅仅停留在收入保障和物质生活层面。我们坚持为民办实事的政策理念，就应不断满足人民日益增长的美好生活需要，从提升人民生活质量和增进社会质量的高度，致力于社会生活环境条件的全面改善，更加关注社会发展的软环境，为人的全面发展创造更多机会和更大空间。

最后，进一步树立促进社会发展的理念为民办实事。民生项目的实施是

---

① 摘自习近平同志 2017 年在中国共产党第十九次全国代表大会上的报告。

消除社会问题和社会矛盾的重要基础，民生工程可以切断社会问题发育的链条，预防社会矛盾冲突的发生，因此，民生项目投入的增加会降低政府解决社会问题和处理社会矛盾的后期成本。为此，为民办实事长效机制在实践中应当将社会政策工具视为一种社会投资，更多地将民生项目的关注点聚焦到提升人力资本、增进就业机会、营造良好创业环境、强化社会资本投资等领域，通过社会投资项目的组合与优化的社会政策推动社会发展，增进地区的社会竞争力。

5.3.2　进一步推动为民办实事的数字化转型

当下，浙江正在以"最多跑一次"改革为总引领，积极运用现代信息技术和互联网思维加快政府管理体制改革创新，加快政府数字化转型，旨在全面提升政府履职的数字化、网络化、智慧化水平。在这一背景中，完善为民办实事长效机制应当努力实现为民办实事的数字化转型，全面优化政府民生事项的办事体验，让企业群众更多地感受到政府改革红利和数字红利。

首先，构建为民办实事的数字化决策机制。现代信息技术能够为政府灵敏感知社会风险、提高决策科学化程度提供新思路。特别是对于浙江来说，政务数据归集和数据库建设、信息化平台研发等工作已经取得阶段性成效，下一步应进一步统筹数字信息采集与协同体系建设，利用好基层"四个平台"、全科网格、社会舆情与社会风险预警监测系统等信息化平台感知民情民意，探索利用大数据来分析民生服务的痛点和难点，从而实现构建数字化实时信息采集、智能化分析和科学化决策，更加精准有效地解决民生难题。

其次，创新为民办实事的数字化参与机制。现代信息技术能够拓展社会公众对于公共权力的监督方式，特别是伴随着互联网技术而生长起来的网络空间和网络舆论，不但拓宽了为民办实事过程中的公众参与渠道，而且对政府行为形成了新的制约，极大地降低了社会监督的成本。因而，接下来应在"最多跑一次"改革成果的基础上，利用好浙江政务服务网统一政务咨询投诉举报平台、"12345"统一政府服务热线、基层信息化平台等渠道，畅通各地党委、政府与人民群众之间的沟通桥梁，努力实现上情下达、下情上报的双向沟通，既实现有情况上报让党委、政府知道，又实现有办理反馈让群众满意。

最后，创新民生服务的数字化供给递送机制。现代信息技术能够推动政府办事流程的优化和精简化，解决政府决策缓慢、机构臃肿与官僚作风盛行等一系列问题，实现跨系统、跨辖区、跨部门、跨职能的流程再造和业务整合。下一步应当利用好浙江政务服务网在线办理平台、"浙里办"移动办事平台，积极探索"互联网＋医疗""互联网＋教育""公共交通信息服务平台"等"互联网＋公共服务"项目的建设，让群众真正足不出户就能办理各种民生事项，便捷地享受各项优质民生服务，全方位提升民生服务数字化转型的应用水平。

5.3.3 进一步夯实为民办实事的基层基础

习近平同志曾经强调，"为民办实事不能停留在口号和一般要求上，必须具体地、深入地落实到关心群众生产生活的实际工作中去"①。深化为民办实事长效机制，必须要积极回应群众的关切点，通过各种渠道打通政府联系群众、服务群众的"最后一公里"，着力形成人往基层走、钱往基层投、政策往基层倾斜的良好导向，促使一大批多年积累在基层的矛盾和问题得到有效化解，一大批事关基层群众民生痛点的问题得到切实解决。

首先，构建多级联动的为民办实事工作机制。深化为民办实事长效机制，需以"基层减负年"为契机切实解决基层工作中存在的形式主义问题，实现工作作风转变，真正解决好老百姓所关心的切身利益问题。为此，各级政府所提出的民生目标需要有一定的衔接性和针对性，上级政府所确立的民生目标如果涉及跨层级、跨地区的协同，则需要有相应的工作机制来对接和分解，尤其要注重发挥基层党组织和广大党员、社区、社会组织、社会工作者的作用，实现民生实事的刚性目标要求与基层社会的多样性民生需求之间的有机统一，真正把基层为民办实事工作做实做细。

其次，提升基层政府的服务能力。应按照中央和省委有关决策精神，加快基层政府职能转变步伐，着力强化基层政府的公共服务职能和服务能力，着力完善基层政府的服务方式和服务体系。尤其是对于乡镇（街道）政府而

---

① 摘自习近平同志 2004 年在湖州专题调研建立健全为民办实事长效机制等工作时的讲话。

言,应逐步扩大其服务管理权限,统筹推进乡镇站所管理体制改革,着力提升乡镇(街道)政府在提高义务教育质量和水平、做好劳动就业和社会保险服务、落实社会救助和社会福利政策、提供养老和基本医疗卫生服务、强化村(社区)文化礼堂和文化家园建设等方面的服务职能,以及在促进村社经济发展、群众权益保护、环境卫生和生态保护、保障食品安全、矛盾纠纷化解等方面的服务能力。 同时,应持续推进乡镇(街道)便民服务中心功能升级,推进"无差别全科受理"向村(社区)延伸,完善跨域通办和帮办代办机制,进一步提高群众办事的便捷程度。

最后,实现人、财、物资源真正向基层倾斜。 各项民生目标的实现离不开人力、物力和财力的支撑,各级政府在确定为民办实事工作目标的同时应当同步考虑配套保障措施,确保各项民生目标能够如期兑现,提升基层政府的公信力。 在人才队伍上,应当加大对于基层干部的培训、培养力度,通过各种方式提升基层干部的干事创业积极性,同时应当鼓励和选派优秀年轻干部、退伍军人、高校毕业生到基层工作,不断为基层发展注入新鲜血液;在物力、财力上,应当建立一整套便利、管用、有约束力的制度和机制,在财政、金融、税收等方面对于基层基础设施建设、公共服务项目和社会事业发展等给予更多优惠,让基层组织能够有资源、有能力更好地为群众提供民生服务。

5.3.4 进一步建立为民办实事的动态跟踪评估机制

为民办实事工作机制运行十几年来,浙江各级政府都建立了相应的工作报告、督察通报和责任考评追究制度,这些制度对于确保各地兑现年度民生目标、考评地方政府的工作业绩具有重要意义。 从长远来看,建立和完善为民办实事项目的长期跟踪评估机制同样至关重要,其对于政府树立以公民为本位的思想,强化政府的服务意识,提高政府的服务效率,并最终实现回应性政府和服务型政府建设的目标具有重要的推动作用。

首先,为民办实事跟踪评估机制应以人民群众的满意度和获得感为根本导向。 习近平同志曾经强调,"实事还要见实效,最大的实效就是真正使广大群众得到实惠、感到幸福,产生良好的社会效应和人文效应。 群众最能体验为民办实事工作的成效，要让群众来评判为民办实事工作的成效。"①因此，为民办实事关键是办人民群众希望办的事，为民办实事目标的确定要以人民群众的需求为导向，坚决杜绝上马缺乏科学论证、劳民伤财的政绩工程，要积极发动群众参与评估，使得民生项目建设更加符合人民群众的期待，更加符合社会发展的实际需要。

其次，为民办实事跟踪评估机制应建立科学有效的评估指标体系。评估指标体系是我们做好为民办实事项目的指挥棒，建立为民办实事的跟踪评估机制旨在对多年来民生项目所发挥的长期经济社会效应进行综合考量，从而不断优化项目的实施。在评估指标体系建立的过程中，既要有可量化的统计指标，又要有干部群众的主观感知；既要有反映项目现有实施效果的短期指标，又要有衡量项目长期社会经济效益的连续跟踪指标；既要设计通过抽样调查和访谈座谈能够获取数据的指标，又要在有条件的部门和地方引入大数据分析的指标，力求从多向维度、多种方法、多个视角来评判民生实事项目的长期效益。

再次，为民办实事跟踪评估机制应积极发挥第三方评估机构的作用。对民生实事项目进行全面科学的跟踪评估不可能在一朝一夕间完成，评估主体不仅应包括政府部门和企业群众，也应当包括专业的第三方评估机构。尤其是对于部分涉及面较广、群众关注较多、投资金额较大并且有一定争议的民生项目，应当引入第三方评估机构参与评估工作，适当加大第三方评估结果的权重，充分听取其给出的意见和建议，确保评估结果的客观公正。

最后，为民办实事跟踪评估机制应强化评估结果的科学运用。跟踪评估的反馈和评估结果的运用是跟踪评估制度中的最后一环。一旦在跟踪评估中发现和确认了相关责任主体在为民办实事项目中违反了程序规定并导致负面后果的，需要依据相关法规和规章对涉事责任主体和责任人进行问责。同时，应当将跟踪评估的结果积极运用于为各地改进优化为民办实事长效机制提供思路举措上，让为民办实事项目能够取得长远的经济社会效益，也能够不断满足人民日益增长的美好生活需要。

---

① 习近平：《为民办实事成于务实》，《之江新语》，浙江人民出版社 2007 年版。

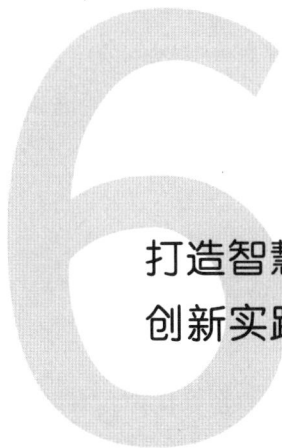

6 打造智慧民生：浙江民生事业的数字化创新实践

　　民生服务是指通过政府权力介入或公共资源投入，满足人民群众生存和发展等需求的服务，具体包括基础教育、医疗卫生、社会保障、公共安全、环境、基础设施等。民生服务供给能力和水平是衡量国家和政府治理能力和绩效的重要标准。

　　21世纪以来，随着国家在公共服务方面持续建设和投入，义务教育、社会服务、医疗卫生、社会保障等领域的公共服务发展迅速，我国民生服务供给水平大幅提升，人民群众基本公共服务需求基本得到满足。基本公共服务已经从总量供不应求转向总体平衡，结构性、区域性矛盾更加突出的新阶段。[①]党的十九大报告指出，我国社会主要矛盾已经转化为人民日益增长的美好生活需要和不平衡不充分的发展之间的矛盾。高质量的民生服务供给是满足人民美好生活需要的重要组成部分，提高民生服务供给水平也是解决社会主要矛盾的基本前提。党的十九大报告指出："必须多谋民生之利、多解民生之忧，在发展中补齐民生短板、促进社会公平正义，在幼有所育、学有所教、劳有所得、病有所医、老有所养、住有所居、弱有所扶上不断取得新进展，深入开展脱贫攻坚，保证全体人民在共建共享发展中有更多获得感，不断促进人的

---

　　① 孙晓莉、宋雄伟、雷强：《改革开放40年来我国基本公共服务发展研究》，《理论探索》2018年第5期，第5—14页。

全面发展、全体人民共同富裕。"①在数字化时代，探索通过民生服务的数字化创新，推动民生服务与信息技术的深度融合，提高公共服务绩效，是践行以人民为中心发展思想，全面建成小康社会，满足人民美好生活需要的重要途径。

6.1　数字化时代民生服务供给的挑战

民生服务供给是国家治理能力的重要体现，也是提升居民获得感、幸福感和安全感的直接内容。改革开放以来，随着我国经济社会的大发展大转型，特别是城镇化的深入推进、人口和社会结构的变化等，民生服务需求趋于多元化、复杂化。面对新一轮的数字化转型和社会对民生服务的越来越高的要求，政府民生服务的传统手段和方法面临严峻挑战。

6.1.1　民生服务传统供给机制的挑战

(1)民生服务碎片化的挑战

"碎片化"原指完整的事物破裂为诸多零碎的小块。在政治学语境中，"碎片化"主要用来描述一种在公共政策制定过程中，中央政府各部门之间、中央与地方政府之间、各级地方政府之间在项目谈判中的争论、妥协、讨价还价的状态。在行政学语境中，"碎片化"是指不同职能部门在面临共同社会问题时各自为政、缺乏沟通、缺乏协调的分割状态。②在公共政策学语境中，"碎片化"指本应该统一、完整、协调的政策目标、内容或过程出现分割、零散和冲突的状态。由此可见，公共服务供给碎片化是指在公共服务供给过程中，由于部门利益分割、公民利益偏好、信息分布散乱等原因，导致沟通、协调、合

---

①　习近平:《决胜全面建成小康社会　夺取新时代中国特色社会主义伟大胜利——在中国共产党第十九次全国代表大会上的报告(2017 年 10 月 18 日)》,《人民日报》2017 年 10 月 28 日,第 1—5 版。

②　Diana Leat,Kimberly Seltzer and Gerry Stoker,Towards Holistic Governance：The New Reform Agenda,Basingstoke：Palgrave Press,2002,p33.

作等集体行动的缺乏,进而形成一种分散、隔离、断裂、冲突、失衡的状态。①

民生服务碎片化挑战的主要原因是政府间职权模糊导致公共服务供给责任不清。 由于政府间职责体系的同构特征,不同层级政府或政府不同部门的职责是不明晰的,在公共服务领域,当公共服务的责任难以明确界定时,上下级之间或者不同部门间容易相互扯皮,甚至直接将责任转移给下一级,而需要由上级来协调的不同群体的公共服务供给制度则呈现严重的碎片化态势。 主要表现为跨部门公共服务供给碎片化、跨地域公共服务供给碎片化和跨组织公共服务供给碎片化。② 尽管近些年中央开始统筹解决公共服务的城乡和地区不均衡问题,但基于户籍和身份的公共服务体系依然面临严重碎片化问题,这不但导致公共服务供给协调困难,而且也加重了人口流入地的政府公共服务压力。

(2)民生服务精准化的挑战

民生服务供给的精准化体现在三个方面:一是公共服务需求的空间差异性精准供给,包括基于不同地区资源禀赋、经济社会发展水平和公共财政支出规模差异导致的公共服务的差异化需求;二是公共服务的层次多样性精准供给,能够针对不同群体、不同阶层形成公共服务个性化供给。 三是公共服务需求的发展动态性供给,通过数据跟踪受众在时间维度上的需求变化和趋势,解决公共服务供给滞后的问题。

我国现有的公共服务体系对于群众需求偏好的把控与管理缺乏精准度,导致公共服务供需错位。 主要存在三个方面的原因:一是相对于公共服务的供给,社会不同群体的公共服务需求存在巨大差异,具有多样性、发展动态性、地域差异性等复杂特性。 本地人口与外来人口,不同行政区域人口的公共服务需求差异明显。③ 而随着经济不断发展,人们对公共服务供给也提出

---

① 李利文:《公共服务供给碎片化研究进展:类型、成因与破解模型》,《国外理论动态》2019 年第 1 期。

② 张贤明、田玉麟:《整合碎片化:公共服务的协同供给之道》,《社会科学战线》2015 年第 9 期。

③ 孟兆敏:《快速城市化背景下城市公共服务需求偏好研究——以上海为例》,《南方人口》2014 年第 5 期。

了更高要求,追求质量更高、效率更高、价值更公允、获得感更强的公共服务及产品。① 二是公共服务需求的回应模式单一而陈旧。 在多元社会中,政府仅仅依靠自上而下的传统信息识别、抓取、分析和预判的服务供给决策方式,已经远远不能适应精准供给的需求。 公共服务作为事关民众切身利益的重要领域,能否构建公共服务需求的精准回应机制,直接影响着公共服务供给的质量。 三是大量公共服务具有公共产品属性。 具有公共产品特征的公共服务缺乏市场化的激励机制,致使公共服务的供给滞后于公众对公共服务的需求。② 在上述复杂的负面因素推动下,难以形成包含公共服务需求信息采集、服务供给以及满意度绩效评价的系统,公共服务供给存在主观或客观的判断失误,从而引发公共服务供需错位、资源要素配置扭曲、供给结构性失衡。③

(3)民生服务多元化的挑战

我国在社会经济生活的诸多方面都表现出较强的行政主导色彩,政府具有公共服务分配的绝对权威,是主要甚至是唯一的供给主体,并在未来相当长的时间内难以改变。④ 民生服务供给的运营模式单一、主体缺位,不利于公共资源的有效配置和公共服务的均衡发展。 由于政府部门、市场机构、社会组织乃至群众个人所追求的目标不一致,在公共服务供给的方式上也不同。因此在公共服务领域,单纯地依靠或完全地依赖某一主体均存在着自身难以排解的困境。⑤

社会组织发育不完善也影响了公共服务供给的多元化进程。 社会组织是很多公共服务的重要提供者,其在很多公共服务领域具有政府和市场所不具有的优势。 改革开放以来,由于在很长时期内对社会组织的发展存在疑虑,

---

① 鄯爱红:《公共需求管理与公共服务标准化》,《北京行政学院学报》2012 年第 2 期。

② 张贵群:《精准服务:公共服务供给侧结构性改革的行动逻辑》,《重庆理工大学学报》(社会科学)2017 年第 7 期。

③⑤ 张新生:《创新社会治理:大数据应用与公共服务供给侧改革》,《南京社会科学》2018 年第 12 期。

④ 陈少晖、陈冠南:《公共价值理论视角下公共服务供给的结构性短板与矫正路径》,《东南学术》2018 年第 1 期。

社会组织发展政策空间受限,导致社会组织在公共服务供给中的作用不强。党的十八届三中全会后,中央开始大力推动公益类社会组织的发展,这为公共服务供给创新提供了新的路径,但目前社会组织作为多元服务供给的主体之一,依然处在起步探索阶段,公共服务的社会组织提供依然有赖于政府的政策支持和社会组织自身的发展壮大。

因此,总体而言,我国公共服务无论是在市场化还是在社会化方面都面临一些挑战。公共服务市场化不彻底导致竞争性服务提供不足,公共服务供给绩效不高。公共服务社会化中的社会主体仍然严重发育不足,同时还存在合作效率偏低、合作主体责任边界不清、第三方组织独立性被侵蚀等诸多问题与缺陷,①难以成为公共服务的合格承接主体。

(4)民生服务低绩效的挑战

当前,民生服务尽管基本能满足群众日常需要,但民生服务供给的绩效不高。民生服务供给的绩效主要面临三个层次的挑战:首先是基层政府主导的公共服务供给责任体系降低了绩效。目前我们政府间的职责分工中,区、县级政府在基础教育、医疗、社会保障方面承担着主要责任,是大量公共服务的主要协调者和财政支出的承担者。但在财政收入上,区、县级政府的财政收入与其承担的公共服务责任并不匹配,致使区、县政府公共服务支出压力过大。其次是受财政事权结构的限制,地方政府的工作重心偏于追求提高经济总量和财政收入,而对城乡社会保障、公共卫生等公共服务的投入往往不足。再次是政府垄断性供给机制降低了供给绩效。政府主导甚至垄断了大部分公共服务的供给,长期以来由事业单位主导的公共服务供给结构,社会参与提供公共服务的体制、机制与能力都不足,使大量公共服务供给的竞争性不足,由此降低了公共服务供给的回应性和灵活性,从而弱化了公共服务供给绩效。还有公共服务供给的区域差异、城乡差异,这些都导致整体公共服务供给的低绩效。

---

① 陈少晖、陈冠南:《公共价值理论视角下公共服务供给的结构性短板与矫正路径》,《东南学术》2018 年第 1 期。

6.1.2　数字化时代的民生服务新挑战

信息技术加速了社会的分化和整合。 在数字化时代，政府公共服务的传统方法和手段的弊端越来越明显，迫切需要加快转变政府职能，通过数字化战略重构公共服务体系，提升政府公共服务能力。

(1)回应性挑战

随着数字技术的发展，特别是移动互联网的普及，政府承受着越来越大的网上舆论压力，数字化时代政府面临日益严峻的回应性挑战。

其一是政府难以有效适应数字化时代快速回应要求的挑战。 一方面，政府通过数字化信息平台提供公共服务的信息不足，例如交通、教育、住房、食品安全等方面，在政府网站上能够查询到的信息很少，不够全面，而且政府网站没有及时维护和更新，使其经常沦为一个摆设；另一方面，很多时候公众对公共服务的需求表达，缺乏有效的数字化传送沟通机制，政府难以快速全面地得到公众诉求的信息，导致政府提供公共服务的方式和公众需求间差距越来越大，主要表现为政府整体回应率偏低，并且存在时间上的波动性和回应的随意性，对一些问题存在维稳导向下的"条件性解决"。[①]

其二是数字化时代政府回应无法有效全面覆盖的挑战。 由于我国区域跨度非常大，各地区的经济发展水平存在很大的差距，城乡之间的差距也越拉越大，公众的综合素质良莠不齐。 一方面，大多数经济落后的地区，特别是偏远农村地区，互联网的基础设施供给不足，网络覆盖不全面，使公众没有办法获得政府提供的数字化公共服务信息；另一方面，由于不同人群的经济条件和知识水平差距明显，受教育水平较低人群没有能力利用数字化技术，从而也无法获得政府提供的数字化公共服务的信息。

(2)数字化新监管的挑战

数字化带来了各种服务创新和管理创新，这些创新给政府带来了各种新

---

① 李慧龙、于君博：《数字政府治理的回应性陷阱——基于东三省"地方领导留言板"的考察》，《电子政务》2019 年第 3 期。

的监管命题。 首先,社会在信息时代不断涌现出各种社会服务模式创新,以阿里巴巴和腾讯为代表的互联网企业改变了各种传统的服务提供方式,共享出行、共享住宿、互联网在线服务平台等的崛起为社会服务各类问题的解决提供了新思路。 但不可否认的是,新模式也带来了监管的新命题,比如滴滴出行出现的乘客遇害事件,实际上暴露了新的互联网共享出行方式在监管方面遇到的新挑战。 以 P2P 为代表的大量互联网金融平台的爆雷事件,也暴露了政府在这方面的监管难题。 如何在数字化时代重新梳理相关的监管政策,重构监管体系,是政府面临的重大课题。 其次,政府自身对数字技术的采用,也出现了监管滞后的问题。 为了提高政府绩效,近些年在政务服务网站,电子化信息平台等建设方面取得了巨大进步。 但信息技术的采用也带来政府如何有效监管和维护信息和数据的问题。 由于缺乏相对完善的政策保护,政府数据存在非常大的隐私泄露的隐患;而且在政府系统中的数据会被二次利用或多次利用,在使用的过程中还会出现数据二次泄密等问题,也影响大数据的开发运用。 因此,互联网时代政府如何有效而有序地推进大数据开发,如何平衡大数据开发利用和数据保护的关系,需要政府推动监管体系建设。

(3)数字化竞争的挑战

在当今这个信息时代,加快推进政府数字化转型是发展数字经济的重要引擎,对推进经济社会高质量增长具有重要意义。 世界各国也在数字政府建设上各显神通,竞争日趋激烈。 2017 年,日本早稻田大学与国际首席信息官协会(IAC)对全球 65 个国家数字政府建设进行评估,爱沙尼亚列第 5 位,得81.2 分;韩国列第 8 位,得 74.8 分;英国列第 9 位,得 74.1 分;我国列第 44位,得 52.9 分。[①]

我国数字政府建设虽起步较晚,但后来居上。《"十三五"国家信息化规划》细化了"数字中国"的建设目标。 党的十九大报告提出加强应用基础研究,支撑数字中国、智慧社会的建设。 党中央、国务院高度重视数字政府建设,并将其作为实现国家治理体系和治理能力现代化的战略支撑,提出以电子

[①] 数据引自《2017 国际数字政府评估排名研究报告(中文版)》,https://max. book118. com/html/2017/1211/143690596. shtm。

政务为抓手，推进政府管理和社会治理模式创新，实现政府决策科学化、社会治理精准化、公共服务高效化。

其中，智慧城市建设、大数据应用等领域都有了质的飞跃。 2012 年 12月，住房和城乡建设部办公厅发布《关于开展国家智慧城市试点工作的通知》。 2013 年 1 月，工信部召开智慧城市试点创建工作会议，公布首批 90 个智慧城市试点城市名单。 同年 8 月，工信部公布第二批试点名单，共 103 个城市。 2014 年 3 月 16 日，中共中央、国务院公布了《国家新型城镇化规划（2014—2020 年）》，将智慧城市正式引入规划之中。 2014 年 8 月 27 日，国家发展改革委、工业和信息化部、科学技术部、公安部等多部委联合发布了《关于促进智慧城市健康发展的指导意见》。《意见》指出，"到 2020 年建成一批特色鲜明的智慧城市，在保障和改善民生服务、创新社会管理、维护网络安全等方面取得显著成效"。 截至 2016 年 6 月，我国 95％的副省级以上城市，76％的地级城市，超过 500 座城市，明确提出或正在建设智慧城市，智慧城市有利于提升城市管理水平，提高公共服务供给效率，综合运用多种技术的智慧城市已然成为城市治理创新的必然选择，在一定程度上开创了城市治理的新局面。

2015 年 8 月，国务院发布了《促进大数据发展行动纲要》，党的十八届五中全会明确提出实施国家大数据战略，北京、上海、广东、浙江、贵州等地方政府已采取一系列行动措施开展大数据应用的探索和实践。 大数据作为一种新的思维方式、战略资源和技术手段，正在深刻改变人们的生产、生活方式。如何适应大数据时代的发展，创新政府治理模式，提升政府治理能力，已成为新时期各地方政府大显神通，推进地方治理创新的重要战略。 2018 年 6 月，国务院办公厅印发《进一步深化"互联网＋政务服务"推进政务服务"一网、一门、一次"改革实施方案》，标志着我国传统的电子政务模式已经不能满足新时代发展的要求，以"互联网＋政务服务"为代表的新电子政务进入了快速发展的阶段。

浙江省在政府数字化转型上一直走在前列。 在利用大数据技术和方法创新政府网络服务模式，提升"互联网＋政务服务"的效能等方面，浙江已做了很多新的探索，积累了许多经验。 比如"最多跑一次"实现的关键就在于政务服务大数据的集中整合、互惠互享、深度应用。 其中，"掌上办事""掌上办公", 无论在思路还是在理念和举措上都进步巨大。 但在数字化探索过程中, 数据不协同、相关制度建设滞后、创新缺乏系统性等问题仍存在。 总体而言, 数字政府建设面临着来自全球数字化竞争和国内各地方数字化竞争的挑战, 需要新一轮的数字化转型与创新。

6.2 民生服务的数字化转型方向

袁家军省长在浙江省"深化'最多跑一次'改革, 推进政府数字化转型"第一次专题会议上指出, 建设数字政府是遵循"政府理念创新＋政务流程创新＋治理方式创新＋信息技术应用创新"四位一体架构的全方位、系统性、协同式变革。 数字政府建设的根本目的在于通过数据汇集整合和共享使用, 并利用大数据、云计算、人工智能等新一代信息化工具为企业群众提供主动式、精准式的服务, 并形成智慧决策、智慧监管、智慧治理等新应用, 在此过程中实现政府跨部门、跨系统、跨地域、跨层级的流程再造和高效协同。

而所谓民生服务的数字化转型, 是指运用数字技术推动公共服务供给侧结构性改革, 由传统的被动式、碎片式和粗放式的服务转变为主动推送式、整体性和精准化服务。 从自上而下、政府主导、供方驱动的供给模式转型为上下互动、参与式表达和需方导向的供给体系, 以更好地为目标群体提供精准化、适配性的公共服务和产品, 从而形成政府、市场、社会、公众多元参与、共享共建的供给模式, 提高公共产品和服务的均等化水平, 提高民生服务供给绩效, 促进服务型政府建设。

6.2.1 以数字化推动部门协同

在公共服务中, 部门的碎片化和信息壁垒一直是阻碍公共服务绩效提升的难题之一。 为了推动部门协同, 2016 年李克强总理在《政府工作报告》中提出"互联网＋政务服务"概念, 要求各级政府"大力推进'互联网＋政务服务', 实现部门间数据共享, 让居民和企业少跑腿、好办事、不添堵"。

现代信息技术是一种协同网络, 要求不同环节能够在同一体系下对接运转，互联网的出现为政府提高协同效率，提高公民满意度提供了新的助力和工具。
技术的采用具有推动公共服务的制度协同、流程协同、资源协同等多个方面的作
用。 利用云计算、物联网、大数据等新一代信息技术，推动政务信息资源整合与
共享，推进网上受理、办理、监管"一条龙"服务，实现资源和数据整合共享。

公共服务的数字化可以推动不同部门和公共服务不同环节的协同。 基于
信息平台的数据交换大大降低了日常政务信息处理的单位成本，实现了信息
数据的实时传送，避免信息传送的时间延滞，提高了信息交换的效率。 公共
服务数字化还可以真正实现多元数据信息共享。 通过"互联网＋"平台系
统，以"一号申请、一窗受理、一网通办"的服务方式，实现互联互通、业务
协同、信息共享，政府可以将审批和服务事项在线上实现网上咨询、网上办
理、电子监察等目的，从而实现公共服务的部门协同，提高政府效能。

6.2.2 以数字平台实现数据共享

民生服务数据共享，就是要打通公共服务领域数据孤岛，实现跨部门数据
互联互通，为群众提供精准化、便捷化的公共服务。 由于传统公共服务领域
数据分散在不同层级和条块的单位和部门，数据完整性不足，数据孤岛现象严
重，存在信息不对称、研判不准确、决策不科学等问题和局限。 互联网和云
计算的快速发展为破解公共服务数据共享困境提供了技术支撑。 基于大数据
的公共服务供给侧改革首先就是要充分整合数据，改变以往随机抽样获取信
息的方式，取而代之以全样本数据采集，将公民需求多维度多层次细分，把面
上的需求判断变为对需求细节的感知，实现基础统计数据全覆盖。 互联网平
台可以将政府供给信息、市场供给信息、社会组织服务信息以及公众的需求信
息进行整合，全样本掌握公共需求数据，弥合传统数据采集的弊端，全面提升
政府数据管理能力。

互联网和信息技术也改变了数据和知识在政府部门之间的流动方式、形态
和效率，减少了信息的耗损，为政府在横向上和纵向上的整合提供了技术支撑，[1]

---

[1] 米加宁、贾妍、邱枫：《"互联网＋"时代的公共管理学科》,《中国行政管理》2016 年第
5 期。

为公共部门内部数据共享与协作提供了技术基础。 由政府专业部门所精准、全面获取的数据信息,可以依托大数据及网络手段发挥跨部门、扁平化的管理优势,建立政府部门垂直与水平双向管理体系。 一旦公共需求或公共舆情出现,政府内部可以保持密切沟通,建立信息共享与联动应对机制,协同配合,从而降低公共服务供给成本,提高公共服务供给效率。

公共服务数据共享,首先是建立统一、高效、共享的政务数据资源库。政务数据资源库的建立是整个系统的基础性工作,需要将政府各部门信息数据进行集中存储,并在此基础上完善数据储存和更新制度,保证数据资源库的定期更新。 进行业务数据定期向资源数据库的信息更新,实现数据资源库与各部门业务数据的对接、交换和共享。 其次是建立数字资源开发和分析机制。 根据实际需要,综合运用各类分析工具对数据进行分析,根据分析结果向政府部门提出决策建议,提高政府决策的正确率和有效性。 再次是建立公共服务数据开放机制。 公共服务数据的开放,有利于吸引政府、市场、社会等多元化主体参与数据的应用和公共服务的提供,不断拓展公共服务的层次和内涵。 由于公共服务数据多集中在政府部门,是政府在履行职能和提供公共服务过程中形成的公共产品,属于受到公共财政全额支持的公共资源,在保障国家安全、商业机密和个人隐私的前提下,原则上应该最大程度地面向公众开放,发挥数据价值。[①] 数据开放为政府、市场和社会等多元主体提供了协同治理的共同经验和行动逻辑,促进公共服务的"共建共享"和跨界合作,有利于缓解公共服务供给能力"短缺"问题。

6.2.3 以数字化推动服务空间优化

民生服务的均等化供给存在空间差异性问题。 首先,是一般性服务的空间全覆盖问题,即在一定区域的地理范围内,公共服务能否覆盖到该区域所有居民? 居民分布空间位置的差异是否影响了公共服务的可达性? 其次,是公共服务供求的空间差异与分配一致性问题,即不同的服务对象在社区空间上的分布不同,对公共服务需求的类型和数量也在空间上存在差异,比如

[①]　郑磊:《开放政府数据的价值创造机理:生态系统的视角》,《电子政务》2015年第7期。

沿海地区和内陆地区，城市中心和城郊之间因为空间分布的差异，导致对服务需求也可能是不同的。因此，如何从空间差异性来重新满足不同空间分布的居民不同服务需求，是公共服务供给需要考虑的问题。再次，是边缘区域存在特殊服务的需求问题。在一定地域范围内，边缘部分的人群不仅享受公共服务的可达性偏低，而且其社会经济地位也可能偏低，因此更需要公共服务的支持。

过去由于技术和发展水平滞后，公共服务的大量空间差异化需求难以满足。互联网为公共服务的空间优化提供了全新的技术手段。基于 GIS 和 GPS 的空间定位，可以精准匹配和寻找可达性最优的服务；互联网也使偏远地区的人能跨区域享受更优质的服务，比如使互联网教育将优势资源让公民得以公平获得，使个人可以自由安排学习时间；[1]大量公共服务设施也不再需要空间上的密集布局，因为群众可以从办事大厅长长的队列中迁移到网上办事大厅，不但减少了政府服务的人力资源，而且提高了服务效率。[2] 基于大数据和人工智能的智慧交通体系，可以实时跟踪优化车辆的空间分布，从而降低交通拥堵，减少交通伤害，将道路交通管理系统转化为智能环境。[3] 因此，互联网与公共服务的融合，优化了公共服务的供给渠道，不仅节约了公共服务资源，而且为创新公共服务体系带来了机遇。[4]

6.2.4 以数字化实现服务精准提供

当前公共服务领域的一大痛点，就是供给与需求不匹配，公共服务供给不精准。公共服务的数字化为解决这一痛点提供了新路径，数字技术的创新运用为公共服务需求的精准识别、公共服务规划的精准设计、公共服务的精准生

---

[1] Li B. The use of e-learning in pre-service teacher education [J]. Campus-Wide Information Systems,2009,26(2):132-136.

[2] Buckley J. E-service quality and the public sector [J]. Managing Service Quality: An International Journal,2003, 13(6).

[3] Barrero F, Toral S, Vargas M, et al. Internet in the development of future road-traffic control systems[J]. Internet Research, 2010, 20(2): 154-168.

[4] 何继新:《社区"互联网＋公共服务"供给模型建构探究》,《深圳大学学报》(人文社会科学版)2018 年第 2 期。

产等都提供了全新的可能性。

首先,公共服务精准供给的前提是精准了解群众在公共服务方面的真实需求。 数字化为精准了解群众的公共服务需求提供了新的机遇。 依托云存储等技术建立社情民意数据库,形成以人为中心的公共服务需求表达和评价机制。 通过建立通畅的需求表达、反馈机制,将自上而下的数据获取与自下而上的主动数据传递结合起来,确保及时有效地获取群众的公共服务需求信息,从而做出合理的、有针对性的供给安排。 运用数字化平台构建公众参与政府公共服务决策的机制,提高政府数字化公共服务决策的社会适应性,减少公共服务决策信息的错位。 通过相关机制建设,真正实现以群众满意度为核心,形成服务供给方与需求方的良性互动。

其次,通过深入挖掘公共需求数据,高效匹配公共服务的供需要素和资源。 在收集海量公共服务需求信息数据后,还需对其进行细化分类,挖掘数据背后的规律与价值,才能分门别类做出精准化的公共服务供给决策。 相比于传统的统计分析,大数据为分析更多现象与结果之间的联系提供基础,能够提升决策的科学化水平,降低决策的风险和成本。[1] 同时,依托大数据对公共服务需求数据的分析,可以有效弥合生产与需求之间的裂痕,为决策提供科学依据,合理配置资源、提高效率。[2] 在公共服务数据整合管理的基础上,开展数据挖掘与统计分析,借助网络地图、标签云、历史流图等可视化技术实现大数据分析和报告实时呈现,及时发现公共服务供给的关键问题,高效匹配公共服务供需要素和资源,提高公共服务的供给效率和应变能力。 因此,数字化可以推动政府精准把握群众的公共服务需求,并以有效公共服务供给满足公众的真实需求,从而提高公共服务供给结构的灵活性和适应性。

---

[1]　Moses L B, Chan J. Using big data for legal and law enforcement decisions: testing the new tool,University of New South Wales Law Journal,2014,37(2):643-678.

[2]　王法硕、王翔:《大数据时代公共服务智慧化供给研究——以"科普中国+百度"战略合作为例》,《情报杂志》2016 年第 8 期。

6.3 浙江的民生服务数字化创新实践

袁家军省长在浙江省数字政府建设研讨会上指出，数字政府是实现政府治理体系和治理能力现代化目标的重大战略举措。数字政府建设的本质是在数字化大背景下的政府履职理念、观念、方式、流程、手段、工具的全局性、系统性和根本性重塑；最终目的是践行以人民为中心的发展思想，打造统一的共享平台，实现以数据为核心的业务协同，进而发挥"政府有为、市场有效、企业有利、百姓受益"的体制机制新优势，增强政府履职的整体效果；突破口是围绕经济运行、市场监管、公共服务、社会治理和环境保护等政府"五大职能"；基本路径是实现平台一体化、政务服务一体化、公共支撑一体化、保障一体化。

6.3.1 互联网＋民生服务

2017 年，浙江省提出"最多跑一次"改革，全面推行"互联网＋政务服务"，通过推动线下办事大厅与网站平台、APP 客户端的全方位服务，提高办事效率，逐步形成各项便民服务"在线申请、网上办理、快递送达"的"零上门"机制，使得百姓和企业在办事时少跑腿、不排队。

"互联网＋政务服务"通过数据的共享，让信息多跑腿、让民众少跑腿来提高政府办事效率。这一方面推动了政府部门提升服务效能和作风的转变，推动政府部门完善服务流程和管理机制；另一方面，更加便捷了工作流程和简化了民众的办事程序。

(1)互联网＋医疗

推进医疗改革是国家工作的重要任务之一。党的十八大报告提出"健康是促进人的全面发展的必然要求。要坚持为人民健康服务的方向……，完善国民健康政策，为群众提供安全有效方便价廉的公共卫生和基本医疗服务"。近年来，浙江省委、省政府以人民就医条件优化为着眼点，逐步完善医疗服务，取得了良好成效。

面对群众反映强烈的"看病排长队，流程复杂，手续烦琐"及基层医疗机构诊疗能力薄弱等突出问题，浙江省各地政府积极探索，巧用"互联网＋医疗"，积极探索医疗改革方式，坚持民生导向和服务为先，为民众提供更好的就医条件，着力破解"看病难"问题。

2012 年，杭州市在全国首创"市民卡智慧医疗诊间结算服务"。持市民卡的病人就诊时在医生诊室就可以直接刷卡结算医保和自理部分的费用，免除反复往返收费窗口排队付费的麻烦，优化了诊疗流程。同时，在所有市属医院推出了"住院病人床边结算服务"，使杭州成为国内首个在所有市级医院全部实施这项创新便民服务的城市。住院病人办理出、入院手续及住院过程中的费用结算都可以在病人"床边"或病区进行，免除往返病区和结算窗口的麻烦。此方式被浙江省卫生计生委向省级医院推广，并被国家卫生计生委主办的《中国卫生》杂志评为"2013 年度中国'推进医改，服务百姓健康'十大新举措"之一。

2014 年，嘉兴桐乡乌镇被确定为世界互联网大会的永久会址；2015 年，其又被确定为全国"新型智慧城市"标杆市。借着这股强劲的"互联网＋"东风，嘉兴市将智慧医疗纳入新型智慧城市建设的重要内容，实施了"智慧医疗健康惠民"工程，开通"健康嘉兴"掌上应用，构建"一站式"健康信息平台；并且，推广诊间结算项目，打造付费"零排队"就诊流程；全面启用自助设备，实现就医"一条龙"全程自助。这些措施有效降低了全社会的时间成本，增强了群众就医获得感的同时，也提高了医疗机构运行效率。

2016 年，宁波市在云医院平台建设取得了阶段性成果的基础上，在全市开展"远程医疗服务体系"建设，加快推进"互联网＋"医疗健康服务。宁波市要求：全市二级甲等及以上医疗机构建设远程医疗服务中心；二级乙等及以下基层医疗卫生服务机构建设基层云诊室，统一利用宁波云医院信息平台建设"网上医联体"和开展"网上医疗"，实现"足不出户看云医，不出社区（乡镇）看名医"的目标，促进形成基层首诊、分级诊疗、双向转诊的就医新格局。

"互联网＋医疗"的方式，通常是构建信息平台、实现医疗信息的共享。

随着医联体建设的逐步完善，"互联网＋医疗"的方式将更多应用于医疗体系之中，使得医疗卫生资源城乡均衡分布。 总之，实现城乡均等化的医疗服务体系离不开"互联网＋"助力医疗。

(2)互联网＋社会保障

2016 年 11 月，人力资源和社会保障部《关于印发"互联网＋人社"2020行动计划的通知》中明确提出：2018 年之前，着力推进"互联网＋人社"试点示范工作：初步建成促进"互联网＋人社"发展的创新能力体系，优选一批行动主题纳入应用示范，探索形成一批可持续、可推广的创新发展模式。 2020年之前，实现"互联网＋人社"多元化、规模化发展：建成较为完善的创新能力体系，形成线上线下融合、服务衔接有序、规范安全高效的"互联网＋人社"发展格局，各项行动主题全面深化；形成开放共享的"互联网＋人社"生态环境，社会参与程度大幅提升，服务资源得到充分开发利用，群众满意度显著提升。

目前，浙江整合持卡人员基础信息库和全民参保登记库建设内容，建设以社会保障号码为唯一标识、全面覆盖人社各业务系统的浙江省人社基础信息库。 而全民参保登记系统，是浙江全省人社基础信息库的关键系统。 通过该系统，可以实现人社服务对象个人基础信息、社会保障卡基础信息、参保登记信息、待遇享受信息、单位基础信息等基础信息入库和全省共享。

2017 年，人力资源和社会保障厅与浙江省政府签署《共同推进"互联网＋人社"行动提升公共服务水平合作协议》。 省人力社保厅将深化"互联网＋人社"行动，打破信息孤岛、实现数据共享，争取更多事项实现"一卡通办、同城通办"；着手建设"人社电子档案袋"，依托浙江政务服务网用户管理体系，完善公共服务信息平台，全面支持缴费、费用结算和待遇享受。 大力推进"互联网＋"在人社各业务领域的应用，推动群众和企业办事"最好不要跑、尽量网上办"。 其主要有三大亮点：一是开发省人社电子签章平台。该平台与省政府电子签章系统对接，目前已经申领了"浙江省人力资源和社会保障厅""浙江省人事考试办公室""浙江省社会保险电子专用章"等印章，为深化"互联网＋人社"应用提供具有法律效力的电子签章服务。 二是实施资格证书电子化管理。 出台《关于加快推进专业技术人员资格信息化工作的意见》（浙人社发〔2017〕117号），对专业技术人员资格电子证照的实施范围和效力、电子证照的管理以及信息数据的集中和共享等问题进行了明确。 省级制发的各类专技人员资格证书全部电子化，实现了证书领取"零上门"、制发大提速、使用可防伪、信息能共享。 三是推行参保证明统一平台自助打印。 在我省参保的单位或个人通过浙江政务服务网验证后，可直接查询参保信息，打印统一样式、统一印章的参保证明，并在线验证证明真实性。 自2017年9月平台运行以来，累计打印超过300万次，不仅便利了办事群众和企业，而且提高了工作效率、降低了行政成本，实现多方共赢。

在推进"最多跑一次"改革和政府数字化转型的背景下，社会保障工作也致力于打破处室间、层级间、部门间信息孤岛、推动数据共享。

首先，打造人社基础信息库。 将全民参保登记库和社会保障卡持卡人员信息库进行整合，建成全省人力资源和社会保障基础信息库。 该库覆盖全省持卡人员社会保障卡基础信息、人员基础信息、单位基础信息以及单位参保、个人参保等社会保险参保基础信息，支持全省人力社保部门办理社保相关业务时，调用省基础库对应接口进行查询比对、前置校核，避免重复采集、重复录入，有力推进了人社内部基础数据的共享复用和业务协同办理。 目前已接入全省各类业务系统167个，持卡人员信息5286万条、人员参保信息2.8亿条、单位数据3842万条。

其次，大力建设人社数据仓。 依托金保专网和政务外网，以数据省集中项目为基础，集中汇聚全省人社公共数据资源，为各级人社部门的社会管理、公共服务和辅助决策提供信息资源共享服务，为省大数据局提供人社共享数据。 主要建设内容包括数据共享需求梳理，数据共享平台、数据交换平台、数据同步平台、服务接口平台基础平台建设，按照共享数据责任清单，开展数据的归集实施和服务接口的开发。 目前，已建成就业创业、劳动人事争议仲裁、劳动监察、机关事业单位养老保险等16个省集中系统，初步形成了跨业务、跨层级的基础信息共享内核。

再次，全面参与全省数据归集共享。 人力社保业务涉及所有法人和个人，迫切需要共享市场监管、公安、民政、税务、卫生等部门数据，因此省人力社保厅在省大数据局组织下，按照 V 字模型，有序开展共享需求梳理和数源责任确认。 在 V 字下行的定义阶段，按最小颗粒度标准对每项申请材料所需数据项进行梳理，共梳理省本级需求清单 1448 项数据项，录入市县需求清单共 5061 项数据项，全部在省公共数据平台上向省数据管理中心提出共享申请，已共享到公安、工商、民政等 20 个部门的人口、工商登记、低保人员等 69 个接口，调用数据量超过 350 万次。 在 V 字上行的集成和验收阶段，对其他部门向浙江人力社保厅提出的职称证书、浙江省专业技术人员职业资格证书、劳务派遣经营许可证、社会保险参保情况等 46 类共享需求，逐项确认数源责任，规范数据名称，认真履行归集责任，开发数据归集系统，采集省、市、县三级数据。 向省大数据局归集专技资格证书、社保卡等加载数字签名、电子印章的电子证照 5057.7 万本和社会保险参保、技能人员国家职业资格证书等 21 类结构化信息、2.78 亿条数据，为其他部门减少办事证明和材料提供了有力支撑。

2017 年 12 月，人力资源和社会保障部主管的《中国社会保障》在其新媒体上公布了一批"互联网＋社保"经典案例，第一个就是浙江的全民参保登记系统。

(3)互联网＋养老服务

随着人口老龄化问题的逐渐突出，养老服务体系建设被日益提上政府创新日程。 党的十八大以来，浙江省委、省政府大力关注养老服务体系，《2013 年浙江省政府工作报告》中就提出要"推进社会养老服务体系建设"，指出要"围绕提升居民养老服务水平，实施城市社区'居家系列服务惠民工程'"；2014 年，浙江省政府关注的民生十大问题之一即"加快养老服务体系建设"；《2015 年浙江省政府工作报告》中提出要"加快养老服务体系建设，重点发展社区居家养老服务"；2016 年在十方面民生实事中，养老服务体系建设依然位列其中。 各地政府积极探寻养老服务体系建设模式，依靠"互联网＋"助力养老服务体系建设，构建智慧养老服务体系建设。 其中具有代表性的乌镇"智慧养老"体系，充分利用互联网的特性，收集整合大数据，构建管理平台，体现了"互联网＋养老"模式下，养老服务体系的新气象。

2015 年,嘉兴市桐乡市按照"确保托底性养老、扩大普惠性养老、推动产业化养老"的要求,尝试用"现代"的互联网技术全面升级"传统"的养老服务模式,在乌镇启动"智慧养老"试点工程。 项目以一个数据中心＋两种服务模式＋一个管理平台的模式,多措并举构建智慧养老服务体系。 乌镇智慧养老项目通过为老年人建立服务卡,实现老年人基本信息、养老服务信息、健康档案、社会养老服务资源四个基础信息数据一体化动态管理机制,为综合评估老人的健康状况、定制服务套餐,即照护服务包提供全面支持。 乌镇智慧养老服务项目既为居住在乌镇的老年人提供集中照护,更将服务延伸到老人家中。 以老年服务信息系统为核心形成一个管理平台。 乌镇智慧养老综合服务平台以会员服务管理系统、服务需求评估系统、照护服务管理系统、社区服务交互系统、服务数据分析系统、信息综合管理系统等六大系统为核心,通过互联网技术手段建立起服务提供者、家人、社会、政府与老年人的联系,家属可以通过 APP 实时查询老人日常活动和健康档案,实行 24 小时安防照护,并根据老人的身体情况定制服务套餐。 与此同时,管理平台将义工志愿者、医疗卫生、社团组织、周边服务商户等社会资源整合起来,为老年人提供全方位服务;也推动企业发展,积极支持企业和机构运用互联网、物联网等技术手段创新养老服务模式,发展电子商务,参与建设养老服务信息系统,如中电科三十六所、北科间嘉兴创新园等多家企业平台推出指挥养老产品和服务。

在"互联网＋养老"模式下,老人的基础信息得以整合,也更便于精细化管理和服务,能够更好地为老人提供真正需要的服务。 由此,通过互联网手段建立多方面的联系,能够使老人得到及时的关注和照料,真正做到以人为本。

6.3.2 "政务钉钉"的技术应用和管理创新

浙江省着力推进的"最多跑一次"改革是一场新时代的政府效能革命,在提高行政效率、规范权力运行和降低行政成本上取得了重要突破。 深化"最多跑一次"改革,需要进一步实现政务标准化和信息共享,"互联网＋"技术是必备要素和重要抓手,这方面"政务钉钉"在全省的推广和应用发挥了巨大作用。 宁海的"政务钉钉"实践创新为技术＋管理创新提供了新样本。

宁海县在推进浙江服务网建设的同时，全面开展政务钉钉推广应用工作，打造全县政务办公"钉钉一张网"，助推政府内部运转"一次也不跑"，保障民生"关键小事"、政府内部事务等领域"最多跑一次"改革，有效提升政府行政效率，大大提升群众获得感。各乡镇各部门必须依托钉钉平台建立政务办公系统，形成内部办公模式，凡部门新建的内部办公系统一律不予批准，现有内部办公系统必须通过整合和对接，与钉钉平台进行紧密衔接。此外，制定了《宁海县政务移动办公系统考核办法》，针对注册率、激活率、活跃度进行考核，由县政府督察室进行每月通报。宁海政务钉钉注册率、激活率、活跃度等主要指标位居全市第一、全省前列。

通过政务钉钉平台，建立由某个事项的决策层、中间管理层和基层操作者的钉钉群，在群里进行统筹管理、指令传达、执行反馈。决策层可在群里集中下发指令，接收基层的信息反馈，及时获悉执行情况；中间层可在群里获得指令后，直接对基层进行任务分解，并指导基层的实际操作；基层可在群里精准获取翔实的指令，并及时反映执行中碰到的困难，在群里得到解决。

宁海创新建立"审批法庭"梳理办事事项、精简优化政务服务，利用政务钉钉平台，对涉及多部门、多环节的"一件事"改革进行"化学融合"，不仅实现信息互通、数据共享，各部门办事人员之间还可进行实时交流、实时监督。

在民生"关键小事"改革方面嵌入政务钉钉。为促使民生"关键小事"事项办理规范、便利、有序，宁海坚持"依法办理＋优化简化"原则，重新建构办理流程，制定办理流程"一张图"，建立事项流转"一个群"，充分利用政务钉钉的平台优势和可即时反馈信息查收动态的特点，通过钉钉工作群快速实现事项跨部门有序联办，依次触发启动下一个工作环节，低成本快速实现相关事项的跨部门联办，变"多头办理"为"一条龙流水式服务"，全流程通过政务钉钉平台由政府内部操作运行。

在"一窗受理"改革方面嵌入政务钉钉。"无差别全科受理"是"一窗受理、集成服务"改革的再深化、再提升，也是 2018 年全省"最多跑一次"改革的重要目标之一，但该项改革的难点也是显而易见的。一方面，窗口人员的专业受理业务知识很难综合，很难达到全科受理的要求；另一方面，审批部门之间的数据很难共享,有些审批事项还存在互为前置的现象。 对此,宁海县行政服务中心建立"受理钉钉群"和"审批钉钉群"两种类型钉钉群。 窗口人员在受理过程中只要将受理事项和接收材料发至群里,即可得到相关部门人员的验证,在对个别业务存在疑问时,也可咨询群里的相关部门人员,及时得到准确回复。 审批人员在审批过程中可将各部门的信息、数据、证件等资料上传至群里共享,即视为有效证明材料,部门之间也可互相单线传递资料,从而促使"互为前置"变为"互为印证"。

扩大钉钉应用范围,推动政务服务全覆盖,拓展钉钉微应用,提升政府行政效率。 宁海把政务钉钉的推广使用上升到全县政务平台,以深度推广政务钉钉应用为目标,打造全县政务办公"钉钉一张网"。 目前,宁海各政府部门已将钉钉平台作为工作沟通交流的第一渠道,使用钉钉已成为干部办公的一项必备技能。 将各种工作QQ群、微信群转移到钉钉群。 发掘钉钉各项功能用于政务办公。 利用钉钉考勤功能进行考勤打卡;利用审批功能进行公文轮阅、经费使用审批、外出审批、物品领用;利用智能会议室功能进行会议室预定;利用钉会议功能进行会议通知和会议签到;利用微应用定制功能开发了自建微应用"宁海OA",将宁海县电子政务外网办公平台与钉钉平台对接,实现了手机访问内部办公系统,对接电子公文系统,实现公文接收钉消息提醒。 借助政务钉钉平台,创设考勤打卡、会议签到、会议预定、财务经费、车辆申请、公文轮阅、信息上报、请假核准、物品领用等微应用,有效实现政府内部审批环节实现"一次也不跑"。 同时,成功建立协同OA办公系统微应用,将OA系统与政务钉钉平台对接,政府人员在手机上即可实现OA系统的收发文等各项操作。 探索建立了政务钉钉会议制度,即利用政务钉钉平台,召开大范围会议,开展座谈讨论更为充分,发表意见、建议更为便利,既节约了工作时间,节省了会议空间,更使会议资料实现了无纸化,大幅提升了政府行政效率。

激活"政务钉钉"的智能生长机制。 在大力推广"政务钉钉"应用的同时,构建高效的信息反馈机制,对用户体验特别是办事企业和群众的"吐槽"进行收集分析整理,分技术问题和管理问题两个路径进行改进。 技术问题由"政务钉钉"研发团队进行技术升级,不断打补丁、修复漏洞,实现更新迭代；管理问题由政务服务最前线（服务窗口）反馈到党政中枢分不同层级进行处理，推进顶层设计和地方管理创新；确保民意畅通和"最多跑一次"改革以人民为中心的理念得到有效贯彻。

6.3.3 浙江民政数字化转型创新

现代信息技术是一种协同网络，要求不同环节能够在同一体系下对接运转。

"最多跑一次"改革实施以来，浙江民政系统上下坚持以职能转变为统领、以技术创新为抓手、以优化服务为目标，充分利用改革红利倒逼民政部门内部的流程再造和数字化转型，逐渐在改革中探索出了一系列借助互联网技术实现数字民政的成功实践。 总的来说，浙江民政数字化转型分为战略设计层、组织结构层和业务应用层三大层次，如图 6-1 所示。 战略设计层主要为民政数字化转型提供政策制度体系和标准规范体系的支撑，具体包括制订全省民政信息化建设的总体规划纲要、梳理民政权力事项和服务事项清单、梳理公布"最多跑一次"改革事项以及实现事项梳理的省市县三级统一、制订改革绩效的考核细则以督促各地改革任务的推进、按照省数据中心要求统一民政系统内部各部门间数据共享和数据交换的技术标准和安全协议等一系列工作；组织结构层主要为改革推进提供组织机构的保障和人才队伍的保障，具体包括民政数字化建设领导机构和协调机构的设置、与软件开发及相关技术公司的业务合作、民政数字化转型的人才培养和储备等一系列工作；业务应用层主要为全面实现民政履职的数字化提供应用支持，具体包括统筹建设省、市、县三级民政业务信息管理系统、全省民政综合工作平台和数据共享交换平台、在省市设立民政数据交换中心以及相关的技术支持体系等一系列工作。 在本文中，我们将以浙江民政"最多跑一次"改革为切入点，阐述我省民政数字化转型在业务应用层的主要创新实践。

(1)数字化转型的制度基础:职权事项的清单化与标准化

首先，梳理民政权力清单、责任清单、办事事项及"最多跑一次"事项。建立明确清晰的权力清单和责任清单是规制政府部门权力运行、实现政府依

民政履职数字化

婚姻救助殡葬优抚 | 区划地名 | 社会组织、福利…

婚姻登记系统 | 社会救助管理系统 | 殡葬信息管理系统 | 优抚服务应用管理系统 | 区划地名信息管理系统 | 儿童信息管理系统 | 社会组织业务应用系统 | 社会工作者信息管理系统 | 养老服务信息管理系统 | 「最多跑一次联办系统」 | ……系统

政策制度体系（事项梳理、法规调整、评价指标的制定等）

标准规范体系（事项、数据、业务、安全标准等的统一）

组织保障体系（管理机构、人才队伍、组织文化的建设等）

民政业务信息管理系统

民政综合工作平台：统一身份认证登录和组织架构、民政决策分析平台、内部公文流转与电子签章、民政服务应用支持等

民政数据交换平台：数据归集、民政数据仓、数据清洗比对、内部外部共享调用

基础设施体系：全省政务"一朵云"平台、民政部数据传输专线网络、各业务信息系统服务器完善、系统软件开发

省市县三级 / 省级 / 省市

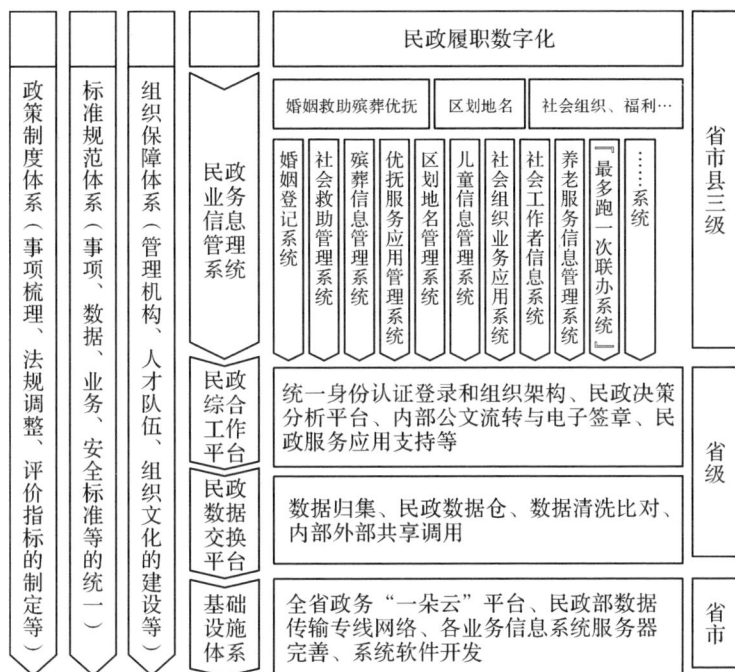

图 6-1　浙江民政数字化转型总体框架图

法履职的有效手段，这些清单是划分政府部门之间权力界限的最有效工具。2014 年以来，浙江积极开展"四单一网"①建设，在系统梳理政府各部门权力职责的基础上，坚持用权力清单管住政府权力、用责任清单明确政府职责，逐渐形成了一套较为完善的政府内部清单管理制度。 而从政府对外提供政务服务而言，这些清单仍然需要进一步转化为直接与企业群众切身利益相挂钩的具体办事事项，一个个办事事项的汇总就形成了政府的政务服务体系。从这个意义上说，政府部门要实现数字化转型以在互联网信息化时代下提高政务服务水平，也需要从办事事项清单的梳理这一基础性工作入手。 通过梳理，政府权力运行的流程就能够被清晰地表现出来，也就能够进一步满足"互联网＋政务服务"时代背景中对于所有政府办事事项全程上网、全程留痕的前提要求。 因此，"四单一网"建设为浙江"最多跑一次"改革以及数

---

① 四张清单是指政府权力清单、政府责任清单、企业投资负面清单、政府部门专项资金管理清单，一张网是指浙江政务服务网。

字政府建设奠定了十分重要的制度基础，这一系列改革举措是层层递进、一脉相承的。

对于民政部门自身而言，各业务条线关联度不高但办事事项覆盖面较广，因而对于民政办事事项的梳理是"最多跑一次"改革以及民政数字化转型的基础性工作。截至 2018 年 6 月，经过三轮规范比对，确定全省民政系统办事事项为 77 总项 93 子项。其中省级事项 22 总项 32 子项，市级事项 50 总项 63 子项，县级事项 72 总项 85 子项。在此基础上，确认纳入"最多跑一次"改革的事项为省级 32 子项，目前能够实现"最多跑一次"或"零上门"的事项共 30 项，实现率为 93.75％。另根据统计，大部分市县民政部门办事事项"最多跑一次"的实现率已超过 90％。从某种程度来说，这些事项的梳理和确认对于民政部门提升信息化服务水平是一个倒逼机制，这些事项串起了政府权力在网上运转的链条。

其次，"八统一"与标准化工作。2017 年 10 月，浙江省人民政府办公厅下发了《关于做好全省"最多跑一次"事项"八统一"梳理工作的通知》，标志着全省"最多跑一次"事项的标准化工作正式启动。实现办事事项的标准化意义重大，特别是办事材料、表单内容等的全省统一能够实现数据标准的统一，进而也是实现数据在部门间共享的基础性条件。经过"八统一"梳理后，目前全省共有 71 个事项的办事材料实现了精简，累计减少材料 259 件（其中：153 件材料已实现精简，106 件材料待相关业务信息系统建设完成后，通过数据共享方式进行精简）。

将事项办理进行标准化梳理后，为了向民政"最多跑一次"改革提供基础支撑，民政信息化中的相关技术标准也要实现全省统一。目前，浙江省民政信息化标准规范体系建设基本完成，通过制定出台《浙江省民政业务数据共享与交换编码》（婚姻、殡葬、区划地名已行文，其他主要业务系统的交换编码草稿均已完成，并正在实际共享中测试完善）、《全省统一组织架构规范》、《全省统一单点登录接口标准》、《全省统一信息采集终端（身份证读卡、材料高拍、指纹验证、人脸识别）接口技术规范》等一系列制度文件和标准规范，为民政数据交换共享提供标准化技术支撑。此外，全省统建系统已经完成了统一的组织架构，统一数据标准和统一省级单点登录、统一采集终端等接口改造开发。

再次,编制办事服务指南。 对于办事群众企业而言,一次性获知办理事项所需的准确材料和流程是实现"最多跑一次"的前提基础,也是提升他们办事体验和满意度的重要手段。 目前,全省民政系统办事事项、办事指南已经编制完成,其中统一明确了各办事事项的审批依据、申请材料目录、申请条件、办理流程、办理方式等 21 项内容和有关示范文本。 同时,省民政厅又结合民政工作实际和群众到窗口办事的实际需求,设计编制了代表民政形象、突出业务条线特征的具有民政特色的办事指南折页,方便群众和企业取阅。

(2)数字化转型的共享基础:建立民政数据共享交换平台

民政数据共享交换平台是《浙江省民政信息化发展规划(2017—2020年)》中建设的重点工程,是一个整合共享全省民政业务数据,以"民政个人对象、民政法人信息、民政空间地理信息"为基础数据信息的省、市、县三级联动的数据共享交换中心,分别对应省政府"1253"体系建设中的 5 大数据库,实现"纵向到底、横向到边"数据共享交换,形成"一次采集、多次使用"数据应用机制,为民政应用体系建设提供大数据支撑。 具体来说,该交换平台具备以下四大功能。

①归集民政各条线业务数据。 数据共享交换平台的建设将能够整合省、市、县三级民政业务系统的数据,为解决各条线业务系统数据不能互通的问题奠定基础,如图 6-2 所示。 所有业务系统中生成的数据将被整合成为民政个人

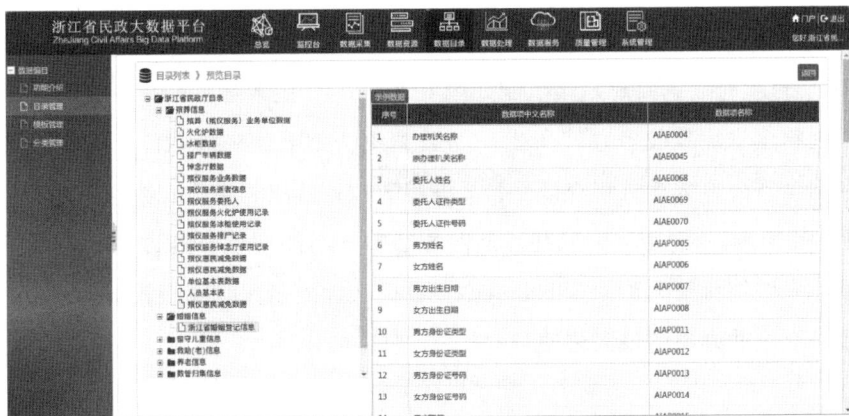

图 6-2 数据共享交换平台操作界面

信息、法人信息和地理空间信息，分别为民政个人服务对象、法人类服务对象（如社会组织、养老机构等）以及区域地名类服务提供基础的数据支持。 同时，这些原本分散于各个部门的业务数据也能够为民政综合工作平台的建设提供数据基础。

②为市县民政局提供数据支持。 在原有的民政信息化系统格局中，省、市、县三级民政部门都有各自的民政业务系统，除了省统建系统能够实现部分数据归集外，各地各部门业务系统的数据均难以实现省、市、县三级实时联动共享。 2017 年底，浙江省完成了全省主要业务系统的整合与统建，并依靠数据共享交换平台的建设，把各统建业务系统的数据返还给数据来源地的民政部门使用。 此外，省民政厅也将鼓励和指导全省 11 个地市建设相应的数据交换共享平台，从而实现民政业务数据的省、市、县三级联动传输和共享。数据共享交换平台机制的建设不但满足了省厅对于掌握各地民政业务数据的需求，也为各地市民政部门利用统建业务数据探索或开发"互联网＋民政服务"项目建设，充分发挥业务数据"为民服务"的作用，提升民政对象获得感奠定了基础。 截至 2018 年 6 月，省民政厅数据共享交换平台累计向地市民政部门推送省统建业务数据近 1000 万条，以用于各地市民政局服务系统的开发。

③对接省政府数据管理中心，实现数据跨部门共享调用。 浙江省政府数据管理中心成立于 2015 年 11 月，其除了负责拟订并实施全省大数据发展规划和政策措施、制定数据资源采集、应用、共享等标准规范外，更重要的是组织协调各地各部门数据资源的归集整合和共享开放，进一步推进大数据的政务应用。 省政府数据共享归集机制如图 6-3 所示。 民政数据共享交换平台的建设首先将全省民政业务办理所生产的数据统一整合到省民政厅，省民政厅进而利用全省公共数据共享交换平台，把民政数据归集到省政府数据管理中心，如图 6-4 所示。 利用这一机制，全省各部门各系统都能够通过省政府数据管理中心来调用跨部门跨地区的公共数据，极大提高了民政部门的审批效率，实现了群众企业办事的最大化便利。

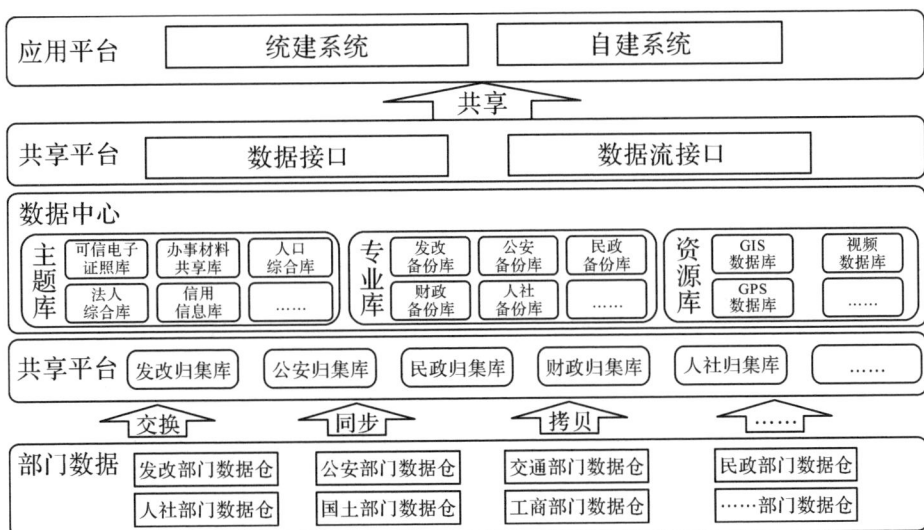

图 6-3　浙江省政府数据归集共享机制图

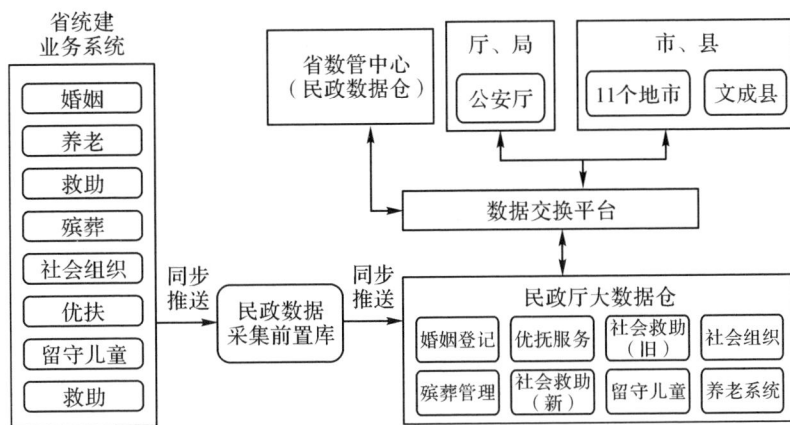

图 6-4　民政厅数据归集共享机制图

④民政部门内部数据的清洗比对和共享使用。 在数据共享交换平台建设之前,民政各业务条线所产生的数据不能够实现和其他业务条线的实时关联,因而也就产生了一个个由部门业务条线的边界所生成的数据孤岛。 通过数据共享交换平台的建设,可以实现某一个业务系统所产生的数据实时向其他相关联的业务系统推送,做到所有业务系统中该数据的同步更新并及时应用于相关业务的操作。 例如,民政业务中的社会救助管理信息系统、优抚应用管理系统和殡葬管理信息系统等三大类业务是密切相关的,当公民个人死亡信

息在殡葬管理信息系统中产生后，数据共享交换平台将自动把这一数据实时推送到社会救助和优抚业务系统中，相应的社会救助金或抚恤金的发放等也将自动停止。 因此，数据共享交换平台的一个重要功能就是实现各条线业务系统数据的清洗比对和实时更新，使得相互关联的业务办理更加高效快捷。截至 2018 年 6 月，民政厅内部业务系统共享调用量最大的信息为殡葬（火化）信息（216.8 万条）、婚姻信息（103.56 万条）。

⑤民政部门与其他部门数据的清洗比对和共享使用。 在现有的民政业务办理和数据生产格局中，最常见的部门外部清洗比对和共享主要有两大类应用场景。 一是清洗对比公民个人的身份、户籍等信息。 这一数据主要存储在公安部门的人口信息库中，民政部门自建业务系统中存储的公民个人信息未必准确，数据共享交换平台能够建立连接到公安部门人口信息库的专线，比对办事对象的个人身份和户籍信息是否准确无误。 二是清洗对比公民个人的收入财产等信息。 社会救助事项的办理常常涉及申请人经济收入和财政情况核查，数据共享交换平台也能够建立连接到金融部门的数据专线，用于比对申请人的银行存贷款信息等是否符合社会救助的申请条件。 因此，民政数据共享交换平台还是一个对其他部门数据库发起数据清洗比对需求，从而实现数据共享使用的端口。 例如，截至 2018 年 6 月，民政部门因社会救助事项办理需要共调用省公安厅信息 268.29 万次，通过省数据管理中心调用各类其他部门信息 1733.01 万次；其他部门因事项办理需要调用民政部门婚姻登记数据772.23 万次，调用火化信息 224.67 万次，调用婚姻登记历史信息 215.05 万次，调用低保救助信息 149.43 万次，如图 6-5、图 6-6 所示。

(3)数字化转型的协同基础:创新民政综合工作平台

民政综合工作平台的建设主要为民政内部行政管理、业务办理、民政决策和民政服务等提供一个统一的操作电子化平台，既为民政各条线工作人员使用，也为民政部门领导以及民政服务对象提供应用服务。 该平台的建设重点将解决原有民政业务系统过于分散、登录账户过多，民政业务数据难以为领导决策提供支持，省市县民政业务系统难以及时统一组织架构等问题。

首先，解决民政业务系统过于分散、系统登录账户过多的问题。 民政综

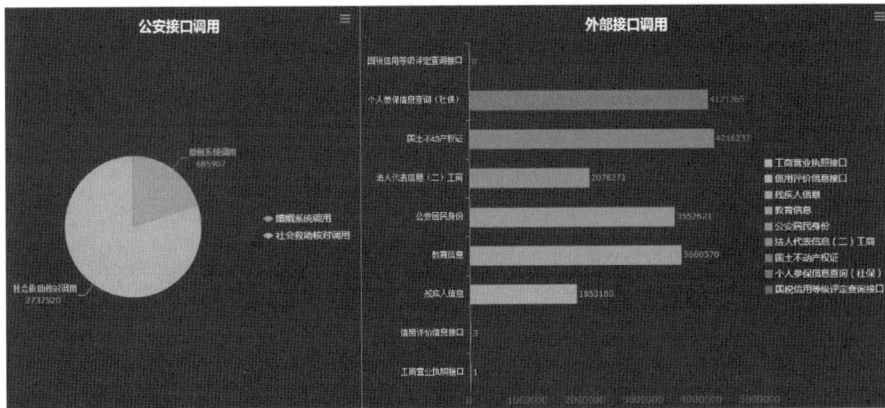

图 6-5　民政数据的外部共享调用示意图

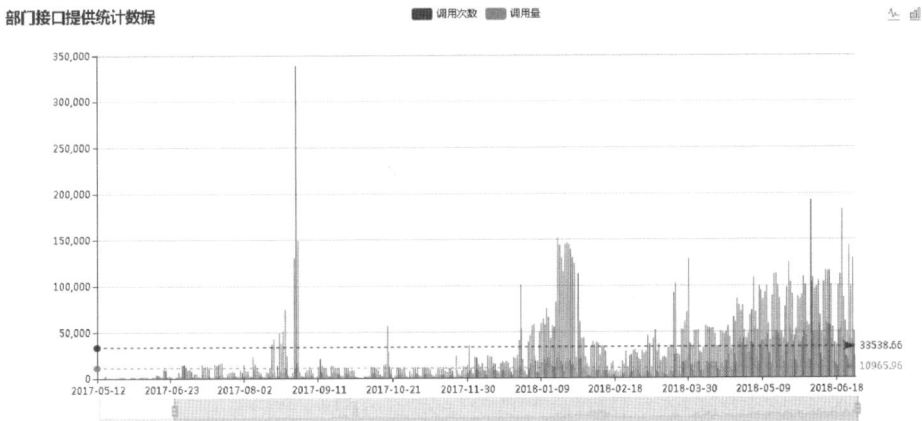

图 6-6　其他部门调用民政数据接口每日情况(2017 年 5 月—2018 年 6 月)

合工作平台整合了所有民政业务系统和办公自动化系统,实现了统一地址登录和统一身份认证。 综合工作平台将根据登录人的身份分配不同的访问和操作权限,例如,业务办理人员能够通过该平台访问对应的业务经办系统,各部门主管人员能够通过该平台获取对应民政业务的全省办理情况,民政厅领导能够通过该平台掌握所有民政业务的全省办理情况。 同时,为满足省、市、县民政部门内部管理需要,该平台集成了原有的民政办公自动化系统,部门通知、信息传送、公文流转、电子签发等功能都能够在该平台得以实现,如图6-7所示。

　　其次,解决现有业务系统不能够为领导科学决策提供准确数据支撑的问题。 民政综合工作平台中将嵌入民政决策分析平台的建设,其主要依托大数

图 6-7　民政综合工作平台中嵌入的各类业务系统示意图

据分析技术，实现民政业务数据综合分类查询、图表直观展示以及民政数据价值深度挖掘，为各级民政部门科学决策提供民政大数据支持服务。 具体来说，决策数据又可以分为两大类，一是民政部门内部所掌握的数据，比较常见的是某一类业务根据时间、地点等要素来查询办件量。 利用民政综合工作平台，各业务系统在办理各项业务过程中所生成的数据能够适时进入决策分析模块，全省民政各项业务的办件量情况、申请人情况等都能够实时呈现，领导者可以根据决策需要对任何一项民政业务进行查询；同时也可以实现查询"一张表"呈现，也即在该系统中输入身份证号码或其他身份识别字段，就可以查询到该对象在民政所有业务系统中的信息，无须再进入各个业务系统中进行查询。 二是需要其他部门协同配合的数据，例如，某地最低生活保障金领取人数占该地农村人口的比例、某地申请离婚登记的总人数中具有本科及以上学历者的比例等。 为获取这些由其他部门所掌握的数据，民政综合工作平台中建立了连接省政府数据管理中心的专线，能够对公安、教育、卫生、统计等部门的数据实现调用和分析，从而为民政部门的决策提供更为丰富、更为准确的数据支持。

再次，解决全省民政业务系统的统一单点登录和统一组织架构问题。 统一单点登录的优势在于用户只要一次成功登录就能够访问所有相关联的信息系统，极大地减轻了业务审批人员管理系统账号和密码的负担，有效提高了工作效率。 在全省民政数据归集的过程中，形成一套自上而下的全省统一的组织架构体系至关重要。 例如,对于村(社区)一级的行政区划来说,撤并和新设的情况经常发生,而业务系统中很难及时根据各地行政区划的调整而做出相应的更新,这就导致了部分数据不能够与业务系统中原有的行政区划设置相对应,因而对全省数据的准确归集造成了一定影响。 而在浙江民政综合工作平台的构建中,第一步,先将民政部定稿的行政区划设置以及全省各级政府现有批文确定的区划调整设置录入该平台形成统一组织架构的电子化库表,同时暂保留原有各业务生产系统中的组织架构不做调整,不允许各地民政业务生产系统中私自加入新的行政区划设置;第二步,各市、县如涉及行政区划的调整,需要将当地人民政府的批文批复报给浙江民政厅区划地名处或基层政权处进行审核,通过审核后民政厅将把这些调整更新到民政综合工作平台中的统一组织架构电子化库表中;第三步,民政厅将根据组织架构的调整更新情况,定期要求全省所有市县民政局将业务系统中的行政区划设置与省厅民政综合工作平台中的电子化库表进行同步更新。 通过这一机制,既能保证全省统一的组织架构体系的形成,又能够保证组织架构的动态调整更新,从而为全省民政数据的准确归集解决了技术难题,如图6-8、图 6-9 所示。

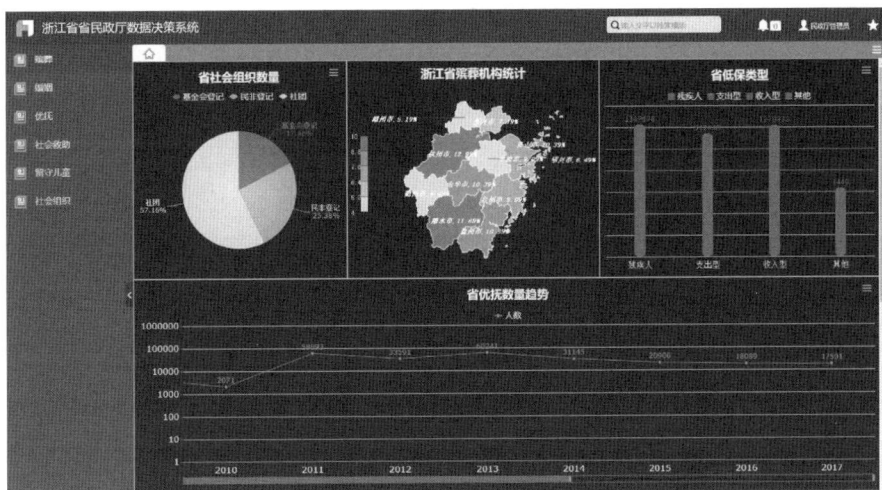

图 6-8　民政综合工作平台数据决策系统界面图(1)

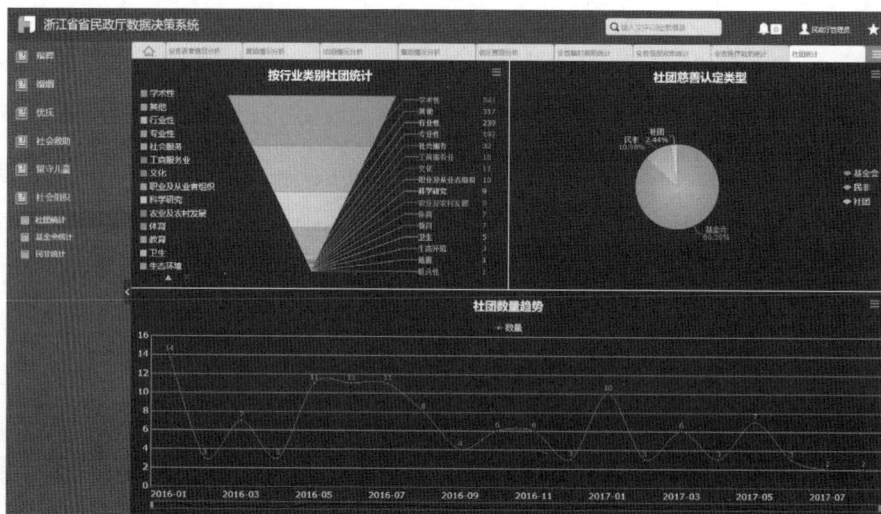

图 6-9　民政综合工作平台数据决策系统界面图(2)

7 推动流程再造：以"最多跑一次"改革重塑政务流程

2016年底，时任浙江省代省长车俊同志提出了"最多跑一次"改革目标，并写入了2017年浙江省政府工作报告，这在当时看来似乎是"不可能完成"的改革任务如今已成为可能。 2018年初，"最多跑一次"改革得到了中央深改组的充分肯定，并在2018年和2019年连续两年写入了国务院政府工作报告，这一改革经验正在向全国推广扩散。 而从学术研究的角度来看，随着全球化的趋势日益不可阻挡，我国经济发展中"人力成本较低"的人口红利优势正不复存在，各种"制度成本"如社会保障缴费不断上调、行政行为的低效率等，也正在成为阻碍浙江经济社会发展的重要因素。 因此，浙江必须在新的历史条件下再创体制机制新优势。 从这个意义上来说，"最多跑一次"改革不仅仅是政府自身的改革，更是撬动政府职能转变、推动政府流程根本性重塑、加速浙江经济社会各领域体制机制优化的"牛鼻子"。①

优化政府权力运作流程以提升政务服务水平一直是政府行政体制改革的一条主线。 所谓政府流程再造，主要是指政府在引入现代企业业务流程再造理念和方法的基础上，以"公众需求"为核心，对政府部门原有组织机构、服务流程进行全面、彻底的重组，形成政府组织内部决策、执行、监督的有机联

---

① 郁建兴、高翔：《浙江省"最多跑一次"改革的基本经验与未来》，《浙江社会科学》2018年第4期，第77—85、158页。

系和互动，以适应政府部门外部环境的变化，谋求组织绩效的显著提高，使公共产品或服务更能取得社会公众的认可和满意。[①] 按照这一定义，政府流程再造的内涵至少包括以下几个方面：一是政府流程再造意味着改革和创新，从而破除传统政府体制机制中的各种束缚和壁垒，提高政府横向部门之间和上下级政府之间的协同效率，提高政府解决问题的能力；二是政府流程再造秉持着"以需求为导向"的理念，最大限度地满足公众的需求，改进工作方式方法，提升公众对公共服务品质的满意度；三是政府流程再造需要多主体间的相互协同，而不可能单单依靠政府自身的力量，而需要政府与企业、社会和公众的协同与合作，帮助政府在执政理念、组织结构、运作方式、评估体系等方面的一系列改变。 因而，政府行政体制改革的一个重要方向就是要实现政府流程的再造，推动政府与市场关系的不断优化，在更好地发挥政府职能的同时激发市场与社会的活力，达到全社会资源配置的最优状态。

7.1 从计划经济走向全面开放的市场经济中的行政体制改革

浙江政府行政体制改革是在对中华人民共和国成立以来高度集中的计划经济体制进行总结反思，进而在探索建立和发展社会主义市场经济体制的大背景下开始的。 在此过程中，历届浙江省委、省政府善于把握经济社会发展趋势，敢于创新体制机制，探索出了一条符合浙江实践、能够推动浙江经济社会持续健康发展的行政体制改革道路，使得政府与市场、社会的关系不断理顺，政府治理体系不断完善。

7.1.1 从计划经济向市场经济转轨中的行政体制改革

1978 年党的十一届三中全会之后，传统的计划经济体制随着家庭联产承包责任制的逐步展开而逐渐瓦解，这对政府行政体制的改革方向产生了重要

---

① 姜晓萍:《政府流程再造的基础理论与现实意义》[J].《中国行政管理》2006 年第 5 期,第 37—41 页。

影响。 在农村，以家庭为单位的联产承包责任制极大地调动了广大农民的生产积极性，赋予了农民相对自主的生产经营权，农村的生产力得到恢复和发展；而在城市，以政企分开、培育和发展市场体、尊重人民首创精神为导向，以保证企业等基层单位充分行使生产经营自主权等为主要内容的改革措施开始在浙江实行。① 在这一背景下，浙江民营主体得到了充分培育和发展，非公有制经济的发展得到了较为宽松的生长条件。 与此同时，浙江在1982年实施了政府机构改革，省级机构的梳理从原来的78个减少为36个，省级机关工作人员的编制数量也减少25％，各市县机关的编制数量减少20％。 总体来说，这一时期浙江的行政体制改革为了适应经济体制改革的要求，始终紧紧围绕经济建设的中心，通过主动调整政府管理方式和机构设置，积极探索政府职能转变的途径，为顺应经济社会的发展趋势和人民群众的生活愿望找到了现实路径。

7.1.2 市场经济体制逐渐形成后的行政体制改革

20世纪90年代以后，中国特色的社会主义市场经济体制开始在全国建立起来，而这一时期政府职能也开始发生显著的变化，尤其是对于经济要素的配置由指令性计划转变为宏观性调控，从而更多地释放出经济增长的潜力。 在浙江，市场经济快速发展并在全国初步确立领先地位，这与浙江行政体制改革有着密切联系。 在这一时期，浙江开始探索"省直管县"改革，扩大县一级政府的财政事权，推动县域经济的快速发展。 1993年，党的十四届二中全会通过了《关于党政机构改革的方案》，浙江按照中央的部署和要求也开始探索新一轮的政府机构改革，这一改革主要是以建立社会主义市场经济体制为目标，坚持政企职责分开，形成精简、统一、高效的组织机构，切实转变政府职能，加强政府对于宏观经济的管理和服务职能。② 与此同时，浙江也开始建立和完善公务员制度，规范公务员的权利和义务，并开始在政府管理中引入竞

---

① 黄天柱：《改革开放中的浙江政府管理改革与创新》，浙江省公共管理学会年会，2008年。

② 吴锦良：《改革开放以来浙江省政府机构改革的回顾与思考》，《中共宁波市委党校学报》1999年第4期，第26—28页。

争机制，提高政府运行的效率。 这些带有浙江特点的政府管理体制改革，不仅有效地推动了浙江社会主义市场经济的发展，而且在许多方面具有在全国推广的普遍意义。 因而，这一时期的政府行政体制改革的主要方向，一是转变政府职能，逐步探索和建立适应社会主义市场经济的政府宏观管理体制与运行机制，进一步顺应发展的需要，理顺政府与市场、政府与企业的关系，营造适合市场经济发展的制度环境，并且更加积极主动地加大基础设施建设和制度创新的力度，为市场经济发展提供良好的软硬件环境；二是强化间接管理和宏观调控，逐渐减少省市县各级政府对于微观经济领域活动的干预，积极为市场体系的完善提供各种法规和政策支持，从宏观上引导经济的健康发展。[①]

7.1.3　全面对外开放以来的政府行政体制改革

2001 年，中国加入世界贸易组织，开始走上全方位对外开放的新征程，这对我国政治、经济和社会等多个领域产生深远影响，也给政府的行政管理体制带来新的挑战。 为了有效应对加入世界贸易组织所带来的挑战，浙江各级政府加大自身改革的力度，在审批制度改革、政务公开、信用政府建设、效能建设、政府问责、服务型政府建设等方面采取了许多有效措施，较好地适应了加入世贸后新的经济社会环境，推动浙江经济取得了新的辉煌。[②] 在政府机构改革方面，浙江开始秉持进一步调整和减少专业经济部门、处理好政府与市场关系、加强政府公共服务职能的原则，开始全面清理、取消和调整行政审批项目，最大限度地释放企业和市场的活力。 特别是时任浙江省委书记习近平在 2004 年全省加强机关效能建设大会上强调，要切实增强公仆意识，摆正与人民群众的关系，提高为人民服务的主动性。 以创优服务为主题，根据各自工作特点，采取有效形式，建立健全各种便民、利民的服务措施，着力解决目前依然存在的"事难办"问题，政府自身的效能革命由此展开。 2006 年 10月，党的十六届六中全会通过《关于构建社会主义和谐社会若干重大问题的决

---

① 房宁、负杰：《政府管理科学有为——浙江政府管理改革的历程、经验与启示》，《政治学研究》2007 年第 1 期，第 84—92 页。
② 黄天柱：《改革开放中的浙江政府管理改革与创新》，浙江省公共管理学会年会，2008 年。

定》，其中明确要求"建设服务型政府，强化公共服务和社会管理职能"，浙江开始按照经济调节、市场监管、社会管理、公共服务四项服务型政府职能的要求改革行政管理体制。2008 年以来，浙江按照中央部署开始实施政府大部制改革，旨在将那些政府部门设置中职能相近、业务范围趋同的事项相对集中，由一个部门统一管理，最大限度地避免政府职能交叉、政出多门、多头管理，从而提高行政效率，降低行政成本。

7.2 "最多跑一次"改革——"放管服"改革的浙江实践

党的十八大以来，以习近平同志为核心的党中央从全局出发，把转变政府职能作为深化经济体制改革和行政体制改革的关键，多次做出部署。而新一届中央政府在推动"放管服"改革方面取得了积极进展，极大地激发了市场活力和社会创造力，促进了经济社会发展。在浙江，为了让群众和企业能够更多地感受到政府"放管服"改革的获得感，浙江在服务型政府建设和行政审批制度改革过程中又一次加码，在全国率先提出让群众和企业到政府办事"最多跑一次"。"最多跑一次"的改革举措有利于真正为企业减负、为发展松绑、使群众办事更加便捷，是政府在提升服务水平和优化政务环境等方面对全社会所做出的庄严承诺。

"最多跑一次"改革以简政放权为先导。从 2013 年至今，每年年初的国务院常务会议都把推进政府职能转变、简政放权、创新政府管理、优化政府服务等作为核心议题来研究部署。这些信号强烈地传递出政府进行自我革命的决心和勇气，标志着政府治理方式革故鼎新的跨越。[①] 多年以来，浙江省持续推进以简政放权为核心内容的改革举措，先后开展了行政审批制度改革和"四张清单一张网"改革，取得了明显成效。如今，"最多跑一次"改革就是浙江省对中央改革决策部署的积极响应，也是在浙江省前期改革成果基础上

---

① 柳新元、杨腾飞:《简政放权:当前政府职能转变的一个路径选择》,《黑龙江社会科学》2017 年第 1 期,第 23—27 页。

的深化提升,把浙江省"放管服"改革推向了新高度。

"最多跑一次"改革以便民提效为目标。 行政体制改革要求各级政府要紧紧围绕"为人民服务"这一根本性宗旨优化政府职能结构,更加突出公共服务的职能,努力建设服务型、现代化政府。 浙江省是全国最早建立行政服务中心的省份之一,各个地市早在 10 年前就全部建成了行政服务中心或行政审批中心,目的就是让群众企业享受到方便快捷、优质高效的政务服务。"最多跑一次"改革是以"人民为中心"发展思想的浙江探索与最新实践,是政府在以往行政审批制度改革的基础上,进一步优化服务流程、进一步提升服务效能的具体举措,极大地节省了群众和企业办事的人力、物力、财力和时间成本。①

"最多跑一次"改革以事项清单梳理为基础。 对于"最多跑一次"事项的梳理并在全省范围内统一事项名称和办理流程,进而通过政府服务网向全社会公开发布事项清单,让群众和企业能够一次性获得详细、有效和充分的办事信息,是推进整个改革任务的基础性工作。 这些事项既涉及公共服务事项和行政审批事项,也涉及行政执法事项和行政处罚事项。 因而,事项清单的梳理涉及面广、情况复杂、耗时较长,这就需要各级政府部门之间上下配合,不同职能部门之间通力合作,加强工作过程中的沟通与协调,梳理成熟一批公布一批,尽早完成"最多跑一次"办事事项的梳理以及标准化、规范化工作,为改革措施的全面落地奠定坚实基础。

"最多跑一次"改革以政府流程再造为核心。 各个地市行政服务中心或行政审批大厅的运作模式如果仍然停留在"每个部门分别在办事大厅进驻一个窗口"的阶段,就无法实现办事流程的优化和职能部门的精简,窗口数量多、办事时间长、信息不共享、相互不协同等问题也会不同程度地存在。② 因而,"最多跑一次"改革就是要改变政府传统的办事流程和信息孤岛,逐步推广"一窗式服务",也即服务前台全部变为受理窗口,受理后由相关职能部

---

① 王国锋:《"最多跑一次"改革是以人民为中心发展思想的浙江实践》,《浙江日报》2017 年 2 月 25 日,第 1 版。

② 冯梦成:《行政审批服务中心发展的困境、对策与走向》,《理论界》2009 年第 9 期,第 56—57 页。

门在后台完成办理事项的分类、转交、办理等工作,能办结的当即办结,不能当即办结的在办结后通过快递送达文本证照。 这一全新的服务模式是由受理窗口直接传递到相关职能部门进行事项办理,实际上是政府内部的流程再造和部门之间的关系重塑。①

"最多跑一次"改革以"互联网＋政务服务"为手段。 按照国务院有关决策部署,到 2020 年底之前要建成覆盖全国的"互联网＋政务服务"体系,让企业和群众办事更方便、更快捷、更有效率。②"最多跑一次"改革正是政府运用互联网思维创新服务模式、拓展服务渠道、提高办事效率的一次契机。各地政府通过开通政务服务网、政府微信公众号、建设网上服务平台、开发个人业务移动端 APP 等多种方式来实现管理和服务手段的创新。 只要在有互联网接入的条件下,办事者就能够通过多种方式准确地查询到办事指南并提前预约时间,材料备齐后到窗口实现一次办结。 而对于那些无须到场办理的事项只需通过网络上传电子文本进行审批,真正实现找政府办事"零跑腿"。

7.3 在"最多跑一次"改革中实现政府办事流程的优化

7.3.1 "一窗受理、集成服务"改革的设计理念

2017 年以来,浙江多地按照省政府提出的"最多跑一次"改革的目标和理念,依托浙江政务服务网,以受理和审批进一步分离为原则,将投资项目审批、企业注册登记、不动产交易登记、非常驻部门审批窗口所涉审批事项的受理职能全面委托(授权)行政服务中心,由行政服务中心组建综合窗口,按"前台综合受理、后台分类审批、统一窗口出件"的模式进行运行,着力解决审批过程中部门联动性差、企业重复递交资料等现象。 这一改革的设计理念包括以下五个方面。

---

① 艾琳、王刚、张卫清:《由集中审批到集成服务——行政审批制度改革的路径选择与政务服务中心的发展趋势》,《中国行政管理》2013 年第 4 期,第 17—21 页。

② 国务院:《关于加快推进"互联网＋政务服务"工作的指导意见》,2016 年 9 月 29 日。

一是突破部门限制，推进审批服务模块化。 浙江一些地市开始对涉及多部门联审联办的审批项目，按照市场准入类、工程建设类和社会事业类等审批项目进行分类，明确审批流程和材料清单，并对各类项目审批过程中所涉及的后台部门和环节进行梳理，明确了同类项目的协同审批机制，确保集中受理审批事项权责清晰、流程科学、无缝对接、集成办理。 这一模块化并联审批模式打破了审批部门传统的条线限制，从而真正做到以服务对象为核心，根据审批项目类别需要，实行同类项目模块化、集成化并联办理和"一窗式"对外服务。 如杭州、衢州等地设立了专门综合窗口，实行"一次告知、一口受理"，而跨部门窗口实行"同步审批、信息共享"，最后由综合受理窗口"统一发证"，极大地优化了服务流程，提高了办事效率。

二是统一服务标准，推进审批事项标准化。 浙江一些地市注重行政审批标准化建设，审批部门负责制定详细的审批服务规范和标准，对审批内容、材料、要件、流程、时间、收费等要素统一规范，实现对审批流程、部门协调、信息共享和内部监管等过程的精细化管理。 同时，各地探索对审批服务事项制定专门的服务指南，确保对企业群众进行一次性告知，推进同类审批事项办理的标准化和规范化。 如海宁市对涉及 32 个审批职能部门的 282 项行政审批服务事项进行深化细化，统一明确了设定依据、申请条件、申请材料、基本流程、审批时限、收费依据及标准、审批决定证件、年检要求、注意事项等内容，并附上具体翔实的参考模板，使得审批和服务流程一目了然。

三是优化办理流程，推进审批过程协同化。 浙江一些地市为实现同类事项的全流程办理进行了探索，理顺了集中受理窗口与关联审批服务职能部门的职权关系，并打破了部门条块分割和机构设置上的协同障碍，同时将一些评审机构、具有资格资质授予或法律授权的社会组织、占据垄断地位的公共事业单位的公共服务事项、由各类社会组织创设的政府认可的管理事项等，一并纳入行政审批服务中心的全程管理、协调和监督体系中，确保全流程审批与服务链条的完整性。 如在工程建设类项目审批中，将施工图审查涉及的相关部门、中介机构以及配套便民服务项目等都一并纳入全流程办理，仅施工图审查这一事项就能够通过"一窗受理"实现一套图纸送审、同步并联审查、成果统一口径反馈，审查时间从原来 3 个月缩短至 45 天左右。

四是共享信息资源，推进审批办理信息化。 浙江一些地市依托浙江政务服务网，积极推进部门业务专网与政务服务网互联互通，打破部门前后置审批过程中的数据壁垒，加快开发行政审批运行系统、基础数据库和网上办事大厅，打造线上审批服务平台。 通过这一平台，服务对象的申报资料及各部门的批文证照能够全部实现电子化且只需提交一次，纸质档案由牵头审批部门一家存档与其他部门共享，从而实现数据多跑腿、企业群众少跑腿、资料存贮不重复。 如嘉兴市通过"一窗受理"平台的开发，使得新设企业市场准入审批的办理减少重复提交材料 13 件次，工程建设项目审批减少重复提交材料 28 件次；衢州市审批部门还依托电子证照库、法人库进行数据共享，并通过对关联审批事项的审批流程、申请材料进行整合优化，实现集成高效审批服务。

五是探索帮办机制，推进审批服务人性化。 浙江一些地市充分利用行政审批服务中心窗口集中的平台优势，探索建立帮办机制，设置帮办服务专窗，为有需要的服务对象提供人性化、精准化的业务服务。 行政审批服务中心与相关部门加强合作，培养了一批精通全流程审批程序的专职帮办人员来接待、引导服务对象。 通过开展人性化和精准化的帮办工作，形成了咨询、受理、办理相对分离的格局，使一次性告知的内容更加丰富、准确，极大地减少了办理窗口的工作量和办理时间，也减少了服务对象在事项咨询和办理过程中的无效等待时间和低效盲目行为。

7.3.2 "一窗受理、集成服务"改革的地方实践

在浙江的各个地市中，最早统筹推进"一窗受理、集成服务"改革的是衢州。 在衢州前期以"四张清单一张网"为基础的持续改革过程中，由于一些体制机制的障碍所造成的审批事项梳理不清、政府与市场的边界不明、审批流程不够优化等问题依然存在，尤其是在政务系统整合、政务数据共享、政务信息公开、政务流程再造等方面始终没有取得实质性突破，离省委、省政府的顶层设计和改革预期还有一些差距。 2016 年初，衢州提出了实施"行政服务中心整合提升"计划，加快推进"四张清单一张网"改革，进一步体现改革成果。 2016 年 5 月 20 日，衢州开始试行"一窗受理、集成服务"改革，主要是

依托浙江政务服务网,根据审批事项相关度和办理集中度,将投资项目审批、企业注册登记及后置审批、不动产交易登记、公安服务、公积金办理、其他综合事项等六大板块的有关审批事项委托行政服务中心综合窗口统一受理,按"前台综合受理、后台分类审批、统一窗口出件"模式,变群众来回跑、多头跑为"一窗受理,一次办结"。 2016 年底,浙江省委、省政府提出了"最多跑一次"的改革理念,衢州"一窗受理、集成服务"的审批模式被省政府作为"最多跑一次"改革的样本在全省推广。 从 2016 年 5 月到 2017 年 6 月,衢州进驻市行政服务中心的事项共计 833 项,其中有 84% 的事项实现了"最多跑一次",有 73% 的事项纳入了"一窗受理、集成服务"的改革范畴。 总体来说,衢州的改革举措主要有以下几个方面。

一是整合部门资源,实现一个窗口受理事项。 改革实施以来,衢州全面梳理分散在各个政府部门的权力事项共计 1090 项,经过逐项核对梳理和分析研究后确定了"一窗受理"事项清单共计 611 项。 市行政服务中心与相应的审批部门签订授权书,统一授权委托行政服务中心综合窗口受理,实现受理与审批相分离。 同时,市行政服务中心重新梳理精简规范受理材料清单,并与各个职能部门一同对所有进驻中心事项办理所需的资料进行全面梳理,统一明确所需材料的名称、要求、份数、类别、是否原件、是否可容缺等,并制作成方便老百姓进行线上线下查阅的办事指南,进一步使之成为前台导服人员的咨询手册、综合窗口人员的受理依据和后台审批人员的审核规范。 此外,按照改革需要,衢州市编办也相应地充实了行政服务中心前台窗口的工作人员,通过集中强化培训使他们能够快速地适应改革的要求,确保改革能够最终落地。

二是深化"互联网+"的应用,实现事项办理的一网连通。"一窗受理、集成服务"的关键在于政府各部门信息系统的联通和数据的共享。 衢州市政府部门积极与软件开发公司展开战略合作,全面推进市县一体的综合受理平台,实现投资项目、企业注册与后置审批等窗口统一进行综合受理。 在此基础上,衢州在省政府办公厅及相关省级部门的大力支持下,实现了市级审批平台与多个省级自建系统数据库的互通共享,实现法人库、人口库、公共信用信息平台等基础数据库与政务网实时交换共享,审批部门可以直接调取数据中心的户籍、社保、婚姻登记、国地税、不动产登记数据以及金融系统的相关数据，极大地减少了老百姓办事需要提交的办事材料。

三是强化功能集成，打造一站式服务。特别是行政服务中心办事大厅的布局，必须要符合改革的需要。按照"同一板块相对集中、前台综合受理、后台分类审批、统一窗口出件"的总体要求，衢州市行政服务中心用了20天左右的时间完成了办事大厅和后台审批区的改造，同时开发了自助电子填表系统、排队叫号评价一体化系统、办事进度公示系统等，形成网络全覆盖、信息共分享、行为有记录的智慧化服务大厅。此外，一些部门在此基础上开始打造服务更加集成的办事大厅。如公安综合服务推出了以"一窗式、云服务"为载体的改革模式，将八大警种进行整合，实现高速交警、地方交警、综合执法局车辆违法处理"三合一"。

四是重视制度建设和工作人员的业务能力提升。按照"群众要办理一件事"设计操作流程，衢州市行政服务中心制定了"一窗受理"审批流程图，使各个办事环节一目了然并固化成制度。同时，各办事板块也配套制定了"一窗受理、集成服务"实施细则和相应考核评价办法，为"一窗受理"改革提供了制度支撑。与此同时，衢州市行政服务中心也高度重视前台窗口服务人员的业务素质和服务态度，建立了考核评价体系和业务培训制度，努力打造一支适应改革需要的服务铁军。

7.3.3 "无差别全科受理"改革的设计理念

各地行政服务中心是政府联系企业群众的重要纽带，是"最多跑一次"改革成果的前端体现。2018年以来，浙江各地行政服务中心为了适应改革需要，在先期推行"一窗受理，集成服务"改革模式的基础上，开始试行"无差别全科受理"模式，即行政服务中心任何一个窗口都能够代表政府受理全部办事事项，完善"前台综合受理、后台分类审批、综合窗口出件"政务服务模式，做到政务办事"只进一扇门""最多跑一次"，实现"一窗通办"，可以被看作是"一窗受理、集成服务"改革的升级版。

按照这一全新的政府服务模式，试点地区将行政服务中心窗口的布局进行优化，逐步由现行按照办事事项所属种类的不同设置"投资项目""社会事

务""商事登记""不动产登记""公安出入境""税务办理"等若干大类窗口的
思路，调整为仅设置综合受理窗口、综合出件窗口和"最多跑一次"投诉代办
窗口等三大类窗口的思路，集成行政审批各部门收件服务，统一收件标准、审
批标准和服务标准。 按照试点地区的改革经验与思路，全省各地正在结合本
地实际逐步优化窗口设置，并通过导服咨询、自助办理、网上办理等方式与
"无差别全科受理"模式相衔接。

"无差别全科受理"改革的实施对于政务系统对接、数据共享、事项标准
化等工作提出更高要求，有助于真正打破部门行政壁垒和数据壁垒，按照"群
众要办理的整个事情"重塑业务流程，真正实现让办事主体不仅"只进一扇
门"，而且"只到一个窗、办成整件事"，为推进更多跨部门"一件事"联办
打下坚实基础。 从更深层次的意义来说，"无差别全科受理"不仅是整体政府
和无缝隙政府建设的重要内容，更是依托于数字政府建设的最新成果，是对传
统政府管理所呈现出的碎片化、分裂化倾向的改良，有助于全面提升老百姓到
政府办事的获得感和满意度。

7.3.4 "无差别全科受理"改革的地方实践

在前期探索实施"一窗受理、集成服务"的改革基础上，衢州市从 2018
年以来进一步将"一窗受理、集成服务"提升为"无差别受理"，依托系统联
通、数据共享，通过全科受理人员受理，采取"一次取号、一窗受理、一套标
准、一网通办、一次办结"模式，实现群众和企业到政府办事"最多跑一
次"，推动"整体政府""数字政府"和"阳光政府"建设，打造"无证明办事
之城"和"掌上办事之城"，具体机制体现在以下几个方面。

一是实施"无差别受理"改革，打造"整体政府"。 按照"中心之外无权
力"的要求推动部门事项全部进驻行政服务中心，并进一步整合投资项目审
批、企业注册登记及后置审批、其他综合等板块，实施"无差别受理"。 截
至 2018 年 9 月，衢州市本级 1368 项政务服务事项，除省《"最多跑一次"改
革例外事项目录》中的 6 项事项外，已全部实现"最多跑一次"；实现"无差
别受理"事项 968 项，占进驻中心总事项的 72.5%。 同时，通过试行政府雇
员制，有效破解了"无差别受理"人员稳定性差、服务动力不足、工作效率不

高等问题,将单一受理的"普通作战部队"打造成复合受理的"特种作战部队"。 原来需要 60 多人受理,现在整合缩减为 24 人。

二是深化政务服务信息化建设,打造"数字政府"。"数据多跑路、群众少跑腿"是衢州市推进"最多跑一次"改革的重要理念和技术支撑。 依托国家发改委 2018 年数字经济重点项目暨国家政务信息系统整合和公共服务数据共享应用示范工程试点和省数字化转型试点,衢州市以"四横三纵"为框架,大力推动技术、业务、数据和服务"四融合",构建规范统一、数据驱动、共建共享、协同创新的"数字政务服务"新模式,着力建设"无证明办事之城"和"掌上办事之城"。 截至 2018 年 9 月,通过打破信息孤岛,460 个事项实现"零跑腿",357 个事项实现全流程网上办理,238 个事项实现移动端办理,170 个民生事项实现"一证通办"。

三是深化政务服务标准化建设,打造"阳光政府"。 深入实施浙江省政务服务标准化试点,制定出台涵盖现场服务、网上服务、咨询服务、技术支撑、数据共享的高质量地方标准,将"一窗受理、集成服务"改革以来所形成的成功机制模式,以标准化的形式进行固化,为向全省乃至全国复制推广提供基础标准体系。 截至 2018 年 9 月,公积金、公安、信息化等 9 项市级地方标准已正式发布。 衢州市参与了《审批服务便民化工作指南》国家标准起草和浙江省"无差别受理"改革标准规范起草,承担了"无差别受理"改革事项梳理和系统对接两大部分规范指南的编写工作,并承办了《审批服务便民化工作指南》国家标准全国研讨会。

又如在嘉兴市,2017 年,嘉兴在"最多跑一次"改革过程中,按照"一个窗口"要求,打破原来分部门、分条线设置窗口的模式,在市、县两级行政服务中心全面设立投资项目、商事登记、不动产交易登记、医保社保、公安服务等综合受理窗口,建立政务服务"分类一窗受理"模式。 实践中,此种模式离群众"最多跑一次"的期望还有很大差距:一是群众到政府办事,有时仍然需要跑多个窗口、递交多份资料、填写多张申请;二是部分窗口群众办事的等待时间仍然较长;三是不同窗口工作效率差别较大,窗口忙闲不均。 为进一步为群众和企业到政府办事"最多跑一次"提供优质高效、标准化、无差别的政务服务,提升人民群众获得感,嘉兴市参照医院"全科门诊"模式,于 2018

年 4 月 23 日在全省率先实现了市、县两级行政服务中心"无差别全科受理"政务服务全新模式，有效解决了群众到政府办事有时仍然需要跑多个窗口、递交多份资料、填写多张申请表，部分窗口群众办事的等待时间较长以及不同窗口工作效率差别较大、窗口忙闲不均等问题，从而真正实现让群众和企业到政府办事"只进一扇门、只跑一个窗、可办千件事"，享受"全科医生"式的便捷服务。 总的来看，嘉兴"无差别全科受理"的实践经验包括以下几个方面。

一是在制度完善的基础上有效整合窗口资源。 嘉兴市先后出台了《深化"最多跑一次"实施方案》和《政务服务"一窗受理、集成服务"无差别全科受理工作方案》，并编制了全省第一部《"无差别全科受理"工作规则》，统一绘制了"无差别全科受理"流程图，制定了包含预约、导办、取号、叫号、咨询、受理、办理、出件在内的 8 项基础服务规则，实现"无差别全科受理"的规范化、标准化管理。 在此基础上，嘉兴市行政服务中心原来设置的企业投资项目、商事登记、医保社保等主题窗口统一整合为"无差别全科受理"窗口，代表政府进行统一收件、出件。 截至 2018 年底，全市共整合窗口 369 个，设置"无差别全科受理"窗口 155 个。 同时，拓展"无差别全科受理"外延，大力推行"同城通办""全市通办"服务，打破受理的空间地域限制，让群众可自主选择就近的办事地点开展事项办理，实现群众办事"就近跑一次"。

二是在推进事项全进驻的基础上有效集合办事事项。 一方面，嘉兴实现了《全省不宜进驻行政服务中心办事事项目录》外的所有办事事项，以整体进驻、事项进驻和信息化进驻等三种形式统一进驻行政服务中心。 其中，整体进驻就是具有行政审批权的相关处（室）、科（股）成建制进驻行政服务中心；事项进驻就是将办事事项进驻行政服务中心，并辅之配套的培训、人员等保障机制；信息化进驻就是通过系统对接、模块嵌入等手段，将事项的受理环节以电子化形式进驻行政服务中心。 同时，要求年办件总量 300 件以下的部门明确联络人，实行不定期进驻指导；年办件总量大且是即办件的部门派遣专人在行政服务中心蹲点办理，确保群众即到即办。 另一方面，嘉兴还创新推行了"线上办"模式。 所有事项进驻后，按照群众现场提交、在线申报、自助操作等多元化办理需求,将事项总体分为"能够实现网上受理或办理"和"能够实现无差别全科受理"两大类,分离到不同区块,引导群众"线上办为主、线下办为辅"。"能网上受理或办理"的事项,统一划至电子受理区,由大厅智慧专员全程辅导群众在自助终端进行网上办事。"能无差别全科受理"的事项,统一划至整合后的"无差别全科受理"窗口,由窗口受理人员进行"无差别全科受理"。同时,嘉兴还在全省率先实施"一链式"审批流程,形成"无堵点、不断档"的审批"闭环路"。明确前台首办责任制,按照"谁受理、谁负责"的原则,明确前台受理人员作为首办责任人,为群众提供点对点跟踪服务,一经受理即全程服务。建立后台审批官制度,根据审批的工作性质、职责权限和执法需要分别设置首席、二级、三级审批官,按事项办理复杂程度对审批事权按"独任审核""一审一核""报批审核"分级授权,实现扁平化管理。

三是在数据全共享的基础上推动信息系统有效融合。嘉兴依托浙江政务服务网完善"一窗受理"平台,将各部门、各条线的多个业务端集中于"一窗受理"平台进行一端办理,实现群众"一端申报",政府"一口受理"。截至2018年底,政务云平台累计接入单位235个、业务系统355个,完成402类证明材料共享,1189项民生事项能够实现"一证通办"。嘉兴积极推动"一窗受理"平台向镇(街道)、村(社区)延伸,逐步实现"镇(街道)窗口综合无差别受理、县级后台分类审批、镇(街道)窗口统一出件"。同时,嘉兴在各地行政服务中心设立了"24小时"自助服务区("市民之窗"),投放综合自助终端设备,同步整合各类自助终端设备及功能,接入全市各类行政审批和公共服务事项,群众可"24小时"就近选择自助终端,办理事项预约、材料提交和进度查询等自助服务。值得一提的是,嘉兴在改革过程中还专门研发了动态化追踪码,运用二维码技术,自收件起与文书同步生成二维码,动态集成受理、审核、办结各环节的流转信息,群众可随时随地扫码掌握办件进度及补证、领证信息。

7.4 在"最多跑一次"改革中建立数据共享的长效机制

政府流程再造必然离不开各部门间政务数据的共享。 因而如何打破部门之间的数据孤岛一直是电子政务和数字政府研究中的核心问题。 分散于各个政府部门信息化系统中的政务数据如何共享使用并发挥最大功用是一大难题。 近几年来，国家围绕政务信息化工程和政务数据共享也出台了很多制度和规划。 如 2017 年 5 月，国务院办公厅印发了《政务信息系统整合共享实施方案》，其中提出要加快构建政务信息共享标准体系，加快推动形成全国统一政务服务平台，统筹推进统一、规范、多级联动的"互联网＋政务服务"技术和服务体系建设。 根据这一规划，我国将建设"大平台、大数据、大系统"，形成覆盖全国、统筹利用、统一接入的数据共享大平台，建立物理分散、逻辑集中、资源共享、政企互联的政务信息资源大数据，构建深度应用、上下联动、纵横协管的协同治理大系统。 其中，该方案中特别强调了对于数据和通用业务标准的统一，逐渐形成跨地区、跨部门、跨层级的数据互联互认和共享使用机制，以及对政务信息系统整合共享成效的监督检查，通过督察强化各级政府及部门主要负责人对政务信息系统统筹整合和政务信息资源共享工作的责任。 2018 年国务院又相继出台了《进一步深化"互联网＋政务服务"推进政务服务"一网、一门、一次"改革实施方案》《关于加快推进全国一体化在线政务服务平台建设的指导意见》等文件，旨在强调各地区信息化系统的集约化建设和互联互通，形成全国政务服务"一张网"，有效汇聚、充分共享政务服务数据资源，让政务大数据服务企业老百姓办事的能力显著增强，为各地"放管服"改革提供强有力的支撑。

而浙江在"最多跑一次"改革过程中制定出台了《公共数据和电子政务管理办法》《浙江政务服务网电子文件管理暂行办法》《打破信息孤岛实现数据共享推进"最多跑一次"改革工作要点》等一系列规定和文件，其对浙江各级政府部门打破数据壁垒、明确数据共享的责任和义务，解决改革过程中所遇到的制度瓶颈、技术瓶颈等问题具有重要意义。 经过努力，"最多跑一次"改革过程中政务数据共享机制的建设和数据孤岛的打破取得了显著的成效,如仅凭一张身份证就能够办理的民生事项比例在 2018 年底将超过 50％,[①]成立了浙江省大数据发展管理局统筹协调部门间的数据共享难题等。

总体来说,浙江"最多跑一次"改革以办事事项的梳理为引领,逐步推动各部门间数据归集和数据共享长效机制的形成,如图 7-1 所示,为政府实现数字化转型奠定决定性基础。

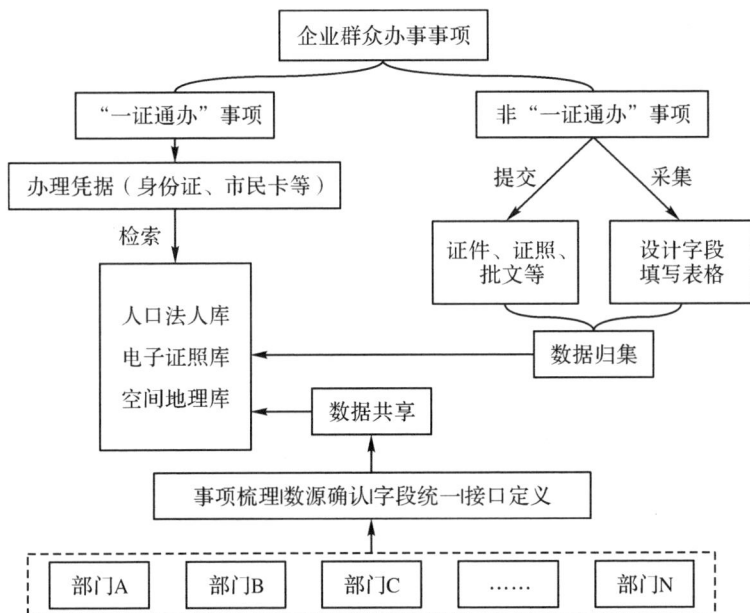

图 7-1　以"最多跑一次"改革推动政务数据归集共享的逻辑进路图

从浙江政务数据共享的实践探索来看,以下几点启示具有重要的参考借鉴价值。

7.4.1　形成大数据和整体性政府思维,提高政府服务能力

"最多跑一次"改革根本的目的在于简化办事流程,减少老百姓去政府部门的次数,降低企业制度性交易成本。而政务数据共享这一工具的应用可以

---

①　央广网:《今年浙江 50％以上民生事项将实现"一证通办"》,2018-02-27,http://zj.cnr.cn/zjyw/20180227/t20180227_524146288.shtml。

通过"网上申报,后台审核"的模式用"数据跑"代替"群众跑"。 其次,政务数据作为一项政府资产,不仅有"增值"功能,而且具有非常强的正外部性,充分利用可以提高政府办事效率和政府公信力,并逐步实现政府治理能力现代化。 因此,首先要求各部门领导建立大数据思维,树立"数据公有""共享增值"的理念,摆脱权力思维,基于需求导向,以方便群众办事为根本目的。 其次,要有"整体性政府"的大局观。 整体性政府是一种全新政府治理模式,与传统官僚制、新公共管理运动有显著区别,通过协调政府上下级、同级部门间的思想和行动,重新整合破碎化的行政资源以实现预期的目标。 针对碎片化管理体制中组织僵化、部门主义等弊端,整体性政府从文化理念、组织结构和工作机制上产生根本性变革,强调跨部门的协调与合作,实现政府部门的功能性重组,实现政府功能的"弹性"和"柔性"①。 这种整体性思维不仅包括信息共享工作的协调,更重要的是在行政文化方面建立整体性思维,各部门在提供公共服务过程中,代表的是一个政府整体而不仅仅部门本身,各部门协同合作,强化改革共同体意识,提高公共服务质量。

7.4.2　强化制度设计,提高政务数据的统筹层次

在一些发达国家如美国、韩国等,在联邦或中央政府层面设立首席数据官(CDO)或首席信息官(CIO),这种模式是值得我们借鉴和学习的。 政府首席数据官或首席信息官模式的关键在于其能够在国家元首的授权下,全面负责全国范围内有关政府信息化建设的顶层设计,注重开发"横向到边、纵向到底"的集约化信息系统,从而保障能够在源头上杜绝各地各部门信息化系统和数据平台的重复建设、技术标准不一致、数据难以共享匹配等问题。② 在中国自上而下的政务权力体系中,顶层设计的强力推动更是保障改革能够不断取得成效的关键之一,因而提高政府信息化建设管理部门或数据共享交换管理部门的行政级别至关重要。 近两年来,不少省份已经开始谋划全省层面的

---

① 王佃利、吕俊平:《整体性政府与大部门体制:行政改革的理念辨析》,《中国行政管理》2010 年第 1 期,第 105—109 页。

② 崔景华:《我国政府 CIO 运行机制研究》,《情报科学》2012 年第 10 期,第 1492—1496 页。

政务数据管理机构,赋予其"政务数据大管家"的职能,这些探索对于统筹各部门信息系统的重组优化,破解数据壁垒,从体制机制上打破跨部门信息共享的障碍意义重大。 在 2018 年《浙江省机构改革方案》中,浙江省"最多跑一次"改革办公室的组建,有利于在更宽领域更深层次推进"最多跑一次"改革,从而不断放大"最多跑一次"改革对全面深化改革的引领作用;浙江省大数据发展管理局的组建,则有利于全省统筹管理公共数据资源和电子政务,推进政府信息资源整合利用,助推"最多跑一次"改革。

7.4.3 建立激励保障和监督问责机制,明确数据共享权责

针对政务数据共享建立相应的奖惩和监督机制同样不可或缺。 因而,我们在进行相应制度设计过程中,应当尝试建立具有激励和惩罚机制的考核体系,将数据采集归集的质量、跨部门政务数据的共享应用水平等纳入政府绩效考核体系,在数据共享应用方面成效突出的部门应得到一定的利益补偿,激发各部门进行数据共享的内生动力。 此外,建立数据共享的多重监督机制也很重要。 为此,浙江一些地方充分运用我国人民代表大会制度和人民政协制度的政治优势,让人大代表监督和党外监督作为民主监督的重要组成部分,使之发挥其监督职能,督促相关政府部门打破固有的部门权力导向思维,对于相关的失职行为给予督察和问责;还有一些地方正在尝试建立终端服务评价机制,构建科学合理的评级指标体系,让企业群众在政务办事过程中的真实体验作为检验政务数据共享应用水平的标尺,真正建立"以人民为中心"的工作机制。

7.4.4 统一数据标准,破解数据共享的技术壁垒

统一数据标准和相关的技术协议是实现跨部门数据共享的关键,也是破解数据孤岛问题的最重要前提。 首先,政府各职能部门应当要树立标准化意识,标准化是一个制定标准、实施标准和监督实施进程的全过程,而不单单是数据标准制定过程中的统一;其次,各级政府制定的数据标准和技术协议必须符合国家数据标准,避免上下级政府之间的信息异构,逐步解决由于历史原因而遗留下来的各部门数据系统之间兼容性不高的问题,提高数据传输质量;最后,要注重政务数据共享的基础架构设计,从对办事事项的梳理开始不断厘清

数据需求,在此基础上完成数源部门的确认,统一明确各个部门数据归集共享的目录和责任。 在此方面,浙江省政府办公厅于 2017 年 10 月下发了《关于做好全省"最多跑一次"事项"八统一"梳理工作的通知》,其主要内容是要求各省级单位应要求本系统内省、市、县各级部门进行办事事项的标准化梳理和比对规范工作,从而解决不同地区"最多跑一次"事项办理依据、办理流程、申请材料、申请表单等不一致的问题。 在此基础上,一些省直部门(如民政部门)又在"八统一"的基础上进一步明确了部门内部数据共享的技术标准,这对破解不同部门间的数据壁垒具有很好的示范意义。

7.4.5　完善法律制度建设,保障公民隐私和数据安全

数据安全事关国家安全,切不可因为"最多跑一次"改革对于数据共享的迫切需要而淡化对于数据有效管理和安全存储的制度建设。 在顶层设计方面,国家层面的政务大数据管理法律制度的研究制定应当加快进行,为政府大数据的跨部门共享提供有力的法律支撑。 这些法律制度至少应当包括数据采集和产权界定的法律规范、政务信息公开与保密的工作规范、电子文档和电子签名的管理认证条例、政府信息化系统互联互通与局部隔离的工作规范、政务数据共享的激励机制和问责条例、政府技术服务外包的管理规定等一系列法律规定,消除阻碍部门间政务数据共享开放的制度性壁垒。[①] 而在浙江,针对公共数据和电子政务管理长期以来形成的多头管理、各自为政的体制,带来了数据壁垒、服务碎片、安全脆弱等弊病,浙江陆续出台的《公共数据共享交换平台管理办法》《公共数据和电子政务管理办法》等制度文件,对于公共数据和电子政务安全管理提出了明确要求。 而在一些地市,如杭州市制订的《数据安全保障体系规划(2018—2020)》,这是国内首个数据安全规划,其中提出要建立政务数据分类分级标准规范,确保政务部门在开放和共享本部门政务数据时,可实现对政务数据的正确分类和分级,从而最大可能地确保政务数据安全和保护公民个人隐私安全。

---

① 邓念国:《"放管服"改革中政务大数据共享的壁垒及其破解——以"最多跑一次"改革为考察对象》,《天津行政学院学报》2018 年第 1 期,第 14—21 页。

7.5 "最多跑一次"改革的启示与意义

从 2016 年到 2019 年,"最多跑一次"从一种理念到各地实践,从一个目标到不断实现,浙江改革的成功经验也正在向全国推广复制。 回过头来,我们还需要思考一些深层次的问题,也就是"最多跑一次"改革为什么能够在浙江率先提出并且能够取得积极的成效,"最多跑一次"改革能否持续发挥撬动作用来助力政府治理体系和治理能力的现代化,"最多跑一次"改革在未来将会朝着怎样的路径和愿景继续推进。 对于这些问题的回答涉及改革本身所蕴含的逻辑基础和动力机制等一系列问题,这些问题也是我们深入理解浙江"最多跑一次"改革的一把钥匙,也是"最多跑一次"改革带给我们的最大启示。

7.5.1 改革得益于人民立场的改革理念

我们的改革事业和经济发展为了谁、依靠谁,这是关系到全面深化改革目标与动力的重大问题。 党的十八大以来,以习近平同志为核心的党中央秉持以人民为中心的发展理念对这一问题做出了庄重回答。"以人民为中心的发展思想"是中国共产党政治先进性的集中体现,其不能仅仅停留在一个抽象的政治理念上,也不能单单止步于一个空洞的政治口号上,而要贯穿于各项改革发展事业的具体工作中。 如今,"最多跑一次"改革的实践就是浙江践行以人民为中心发展思想的具体体现,改革所取得的成效全部交由群众来评判。[1] 改革过程中所推行的"一窗受理、集成服务"模式通过审批流程优化和内部流程再造,实现了让"政府部门跑"代替"企业群众跑",政务服务得到了根本性优化;推行"容缺受理"机制是政府部门进行换位思考的生动体现,有效地避免了企业群众因为同一件事项的办理反复办、来回跑,体现了政府主动服务的

---

[1] 车俊:《坚持以人民为中心的发展思想将"最多跑一次"改革进行到底》,《求是》2017年第 20 期。

灵活性；借助"互联网＋政务服务"平台，"事前网上申请、事中在线办理、事后快递送达"的全流程服务链正在形成，部分办事事项可以实现"零跑腿"办理。 因而，我们判断一项改革创新是昙花一现还是持久推进，最重要的是改革本身所秉持的理念是否能够让大多数人受益，是否符合社会历史的发展潮流。 从这一点出发看"最多跑一次"改革，这些改革措施和创新实践都是以如何提升群众企业获得感为出发点，在根本上摆脱了以往政府部门自娱自乐式的改革，"以人民为中心"的改革理念将成为改革不断向前推进的根本保证。

7.5.2 改革得益于前序改革的累积效应

多年以来，浙江持续推进以简政放权为核心内容的改革举措，先后开展了行政审批制度改革、"四张清单一张网"改革以及乡镇"四个平台"建设，取得了明显成效。 在行政审批制度改革方面，以市（区、县）实体行政服务中心的建设为标志，浙江首轮行政审批制度改革于 1999 年正式启动，此后经过多次行政审批事项的精简和下放，到 2013 年，省级层面仅保留了行政许可事项 718 项、非行政许可审批事项 243 项。 从 2013 年开始，浙江又开始推进"四张清单一张网"改革，进一步加大政府权力清单的清理力度，并着手建立全省统一的浙江政务服务网；而在制度建设方面，通过建立集中审批制度、加快完善联合审批制度、建立审批前置和中介服务规范化管理制度、推行入园项目和大项目审批服务全程代理制度、建立审批事项准入制度以及健全审批责任制等措施以实现在更高层次改善制度供给，让市场发展获取制度红利。① 与此同时，在乡镇政府层面推行"四个平台"建设以解决改革措施落地的"最后一公里"问题，实现政务服务向乡镇、村延伸，使改革的红利也能够惠及基层群众。 从浙江省早期的行政审批制度改革到"最多跑一次"改革，这是一个循序渐进的历史过程，改革的核心主线都是围绕着如何更好地调适政府与市场、政府与社会关系进行的，从而更加科学地配置政府权力、优化政府职能。 因此，"最多跑一次"改革如今之所以能够推进，一个很重要的因素是改

---

① 《浙江行政审批改革历程》,《人民日报》2014 年 5 月 12 日。

革的前期基础和积淀较为深厚,这是浙江利用改革的先发优势进行的革故鼎新式的政府自我革命。

7.5.3 改革得益于政府作风的持续转变

"最多跑一次"改革是一项非常"接地气"的改革,其初衷就是要改变以往社会大众对政府部门所形成的"门难进、脸难看、事难办"的印象。 因而,以改革为突破口来推动政府部门的作风转变,既是践行中央关于党风、政风建设新要求的具体行动,也是政府提升自身公信力和公众形象的绝佳机会。"最多跑一次"改革正式启动以来,由政府工作作风转变带来的成效是显著的,具体体现在以下三个方面:首先是雷厉风行的工作作风。 省、市、县各级政府部门按照省委、省政府的统一部署迅速开展事项梳理工作,各级政府仅用半年左右的时间就实现了"最多跑一次"事项占同级企业、群众到政府办事事项的80%以上,这一速度离开了政府部门有效的执行力是难以达到的。 其次是敢于创新的工作作风。 如浙江在全国范围内出台了第一个专门规范公共数据的省级政府规章,出台了第一个以落实行政审批改革为内容的省级地方标准,又率先全面实施"多证合一、一照一码"改革等,这些创新让企业群众看到了政府将改革进行到底的决心和勇气。 最后是为民担当的工作作风。 无论是"容缺受理"机制的探索还是"帮扶代办、邮寄代办"机制的建立,都是政府部门主动对接群众企业诉求进行的实践创新。 这些做法虽然在法律层面尚存在一定风险,需要出台一系列的后续政策来予以完善,但是政府部门这种敢于为民担当的工作精神是值得肯定的。 政府作风的主动转变能够直接被群众所感知,其对于改变社会公众对政府的刻板印象往往能够起到立竿见影的效果,因而能够成为改革不断深化推进带来的巨大政治红利。

7.5.4 改革得益于技术创新的关键支撑

"最多跑一次"改革若要真正实现,离开互联网和大数据技术的支撑几乎是不可能的。 早在2002年,浙江省委、省政府就提出了建设"数字浙江"的重大决策,并把电子政务建设确定为"数字浙江"建设的核心工程。 为此,各级政府和部门在各项信息化试点工作方面积极响应,推进了一批信息化重点工程的建设，特别是近年来在以浙江政务服务网为平台，全面深化"互联网＋政务服务"，推动实体办事大厅与浙江政务服务网融合发展等方面取得了突出的成效。浙江政务服务网是全国第一个以"互联网＋"思维打造的集行政审批、便民服务、政务公开、互动交流、数据开放等功能于一体、省市县乡统一架构、多级联动的网上政务服务平台。此外，对于数据资源丰富和产业优势明显的浙江来说，运用大数据实现政府治理创新具有天然优势。目前，浙江在大数据顶层设计、组织机构、数据应用和产业发展等方面都率先进行了探索。2015 年底，浙江省数据管理中心（浙江省大数据发展管理局的前身）正式成立，负责拟订并组织实施全省大数据发展规划，研究制定相关标准规范，推进大数据基础设施建设，组织协调大数据资源归集整合和共享开放等工作。因而，以互联网和大数据技术为支撑，实现政府部门间数据与信息壁垒的破解，进而建立横向统一的信息处理和调用平台，才使得"最多跑一次"改革的落地具有了关键的技术载体。长远来看，利用互联网和大数据技术打破数据孤岛将是一项基础性、联动式、学习型的重大创新，对于信息化技术较为发达的浙江来说，这是一次迭代推动政府治理数字化转型的重大举措。①

展望未来，浙江"最多跑一次"改革对于推动政府各个机构部门之间产生"化学反应"，实现政府内部流程的根本性重塑，进而提高政府治理的现代化水平具有重大意义。首先，"最多跑一次"改革打破了传统管理模式，为构建整体性政府奠定基础，尤其是改革真正从企业、群众办事的体验感和获得感出发，倒逼政府传统管理模式的变革和组织流程的再造。其次，"最多跑一次"改革降低了政府运行成本，有效提升了政务服务效率，尤其是政务数据共享机制的建设为改革能够顺利落地提供了关键的技术支撑，真正实现了"企业群众少跑腿，信息数据多跑路"。最后，"最多跑一次"改革实现了政务服务标准化，有效推动了浙江法治政府建设，尤其是《浙江省保障"最多跑一次"改革规定》正式实施，将对于"最多跑一次"改革的重要成果进行固化提升，并通过立法保障和规范将改革不断引向深入。

---

① 袁家军：《在打破信息孤岛推进"最多跑一次"改革第三次专题会议上的讲话》，《浙江日报》2017 年 9 月 28 日。

8 创新数字协同：浙江服务型数字政府建设的成功实践

近年来，浙江省以"互联网＋政务服务"为依托，把复杂的证明事项简单化，把更多的政务从"现场办"变成"网上办"，把企业、群众办事"最多跑一次"从理论变成现实，极大地提升了老百姓的办事体验。在此背景下，浙江省委、省政府于 2018 年做出了"以'最多跑一次'改革推动政府数字化转型"的重大举措，数字政府建设将成为数据强省和数字浙江的重大标志性、引领性工程，也标志着"最多跑一次"改革正在进入全新的发展阶段。按照浙江省的总体部署，数字政府建设将遵循"政府理念创新＋政务流程创新＋治理方式创新＋信息技术应用创新"的四位一体架构，推动政府能够在大数据、云计算、人工智能、5G 等现代信息技术日新月异的背景中实现治理工具和治理模式的更新，推动政府治理能力的现代化。

8.1 从政府上网到"互联网＋政务服务"：我国政府信息化建设的实践历程

计算机和互联网的发明为政府部门管理机制和技术手段的创新提供了新的工具。从 20 世纪 80 年代开始，我国政府的信息化建设工程开始起步，大体上主要分为"机关内部办公自动化—管理部门的电子化工程（如金关工程、金税工程等"金"字工程）—全面的政府上网工程—政商信息化工程—数字政府建设工程"五大阶段。

在第一阶段，即 20 世纪 80 年代初至 20 世纪 90 年代初，中央和地方党政机关开始着手建设服务于内部管理的办公自动化（OA）工程，依据部门分工和职能管理条线建立起了庞大的纵向和横向的内部信息办公网络。 1992 年，为了推进政府机关的自动化程度，在政府机关普及推广计算机的使用，国务院办公厅印发了《关于建设全国政府行政首脑机关办公决策服务系统的通知》。此后，全国各地在国务院统一部署下，积极开展政府系统信息化建设，各地区各部门的办公自动化水平显著提高。

在第二阶段，即 1993 年至 1998 年，以重大信息化工程引领国家信息化水平的提升成为主要策略。 1993 年，国家成立了以国务院副总理为主席的国家经济信息化联席会议，加强统一领导，确立了推进信息化工程实施、以信息化带动产业发展的指导思想。 同时，国务院信息化工作领导小组拟订了《国家信息化"九五"规划和 2010 年远景目标（纲要）》，为相关部委抓紧落实信息化工程重大工作提出了目标和方向。 1993 年底，为适应全球建设信息高速度公路的潮流，中国正式启动了国民经济信息化的起步工程——"三金工程"，即金桥工程、金关工程和金卡工程。"三金工程"是我国中央政府主导的以政府信息化为特征的系统工程，是我国政府信息化的雏形。 其中，金桥工程又称经济信息通信网工程，它是建设国家公用经济信息通信网、实现国民经济信息化的基础设施。 这项工程的建设，对于提高我国宏观经济调控和决策水平以及信息资源共享、推动信息服务业的发展，都具有十分重要的意义。 金关工程又称为海关联网工程，其目标是推广电子数据交换（EDI）技术，以实现货物通关自动化、国际贸易无纸化。 金卡工程又称为电子货币工程，它是借以实现金融电子化和商业流通现代化的必要手段。 在部分"金"字工程推动下，部分政府部门的网络建设和信息化水平都得到了一定的发展，并积累了一定的经验。

在第三阶段，即 1999 年到 2001 年，互联网技术的逐步普及为实现政府部门全面上网提供了条件。 1999 年，国家 40 多个部委的信息主管部门共同倡议发起了"政府上网工程"，其目标是在 1999 年实现 60％以上的部委和各级政府部门上网，在 2000 年实现 80％以上的部委和各级政府部门上网。 实施"政府上网工程"旨在推动各级政府部门为社会服务的公众信息资源汇集和应用系统上网，有利于促进政府职能转变，将政府可公开的信息面向社会、面向公众，有利于提升政府服务的效率和质量。 在这一工程的推动下，截至 2003 年初，我国已有 70％以上的地市级政府在网上建立了办事窗口，政府网站也已经多达 3000 多个。 在"政府上网工程"的推动下，网络建设获得了长足的进展，政府信息化的必要条件已经具备。 与此同时，在政府上网工程的带动示范效应下，"企业上网工程""家庭上网工程"等相继启动，各行各业、千家万户开始在这一时期大规模联入网络，网络社会的格局开始形成。

在第四阶段，即 2002 年至 2012 年，这一时期国家不断培育政府信息化发展的宏观环境，力图实现以政府信息化带动相关产业的发展。 2002 年，国家信息化领导小组第二次会议审议通过了《国民经济和社会发展第十个五年计划信息化重点专项规划》，这是"十五"期间我国国民经济和社会发展的十个重点专项规划之一，同时也是我国编制的第一个国家信息化规划。 这一专项规划准确、清晰地表述了当前和未来一段时期我国信息化建设的主要内容，以及应用、资源、网络、产业、人才、法规政策标准在信息化体系中的位置以及相互之间的关系，特别是规定了我国电子政务的建设目标以及发展战略框架。由此，我国政府信息化建设进入了一个全新的整体规划、整体发展阶段。2006 年 1 月 1 日，中国政府网（www.gov.cn）正式开通，这是推进政府管理方式创新，建设服务型政府的重要举措。 同年，国家信息化领导小组下发的《关于推进国家电子政务网络建设的意见》中进一步明确了国家电子政务网络的建设原则、目标和工作部署，强化对于网络资源整合工作的力度。 此后，在中央和国家有关部委的推动下，各地区电子政务内网和外网的建设逐步完善，电子政务专网的集约效应开始显现，政府核心业务的信息化水平极大提高，尤其一些地方政府开始积极探索"数据大集中"模式，政府部门间信息共享和业务协同初步取得成效。

在第五阶段，即党的十八大以来，实施"互联网＋"行动、推进数字政府建设、实现以信息化推进国家治理体系和治理能力现代化成为国家战略。2012 年党的十八大报告中已明确把"信息化水平大幅提升"列为 2020 年全面建成小康社会的目标之一，提出了"四化同步发展"的战略布局，将信息化作为推动"新型工业化、城镇化、农业现代化"持续发展的支撑平台和重要保障。2014 年党的十八届四中全会提出，"加强互联网领域立法、推进政务公开信息化，加强互联网政务信息数据服务平台和便民服务平台建设"。2015 年十八届五中全会提出了"网络强国、'互联网＋'行动计划、国家大数据"等战略要求。2016 年，全国两会正式提出"互联网＋政务服务"计划。此后，《关于加快推进"互联网＋政务服务"工作的指导意见》《"互联网＋政务服务"技术体系建设指南》《"十三五"国家信息化规划》《进一步深化"互联网＋政务服务"推进政务服务"一网、一门、一次"改革实施方案》等文件陆续印发。总体来看，加快推进"互联网＋政务服务"，已经成为提升政府治理水平和服务经济发展的新引擎，标志着"互联网＋政务服务"被纳入国家发展的战略体系。

8.2 全省"一张网"：浙江政府服务网建设的创新实践

在浙江，全省电子政务网络建设的步伐起始于 20 世纪 90 年代。从 1995 年开始，浙江省市部门逐步建立了政务资源专网，但当时主要以拨号的形式完成上网，上网的带宽和速率较为有限。2000 年以后，随着电子政务业务的逐步发展，浙江省的政务网络建设也遇到了很多问题，首先是带宽满足不了业务的需求，使得视频、音频的数据应用无法展开。其次是有限的网络资源与一张政务网络之间的矛盾。政府只有一张网，但是互联网的需求越来越迫切，政府对公众的信息发布也越来越多，单一网络已无法满足需求成为浙江省发展电子政务的讨论热点。2002 年，《国家信息化领导小组关于我国电子政务建设指导意见》中规划了"十五"期间电子政务建设的主要任务，其中第一点就是建设和整合统一的电子政务网络，明确提出了电子政务网络由政务内网和政务外网构成，两网之间物理隔离。这一文件为浙江电子政务网络建设指明了发展方向。按照中央有关部署，浙江省人民政府办公厅于 2004 年下发的《关于建设省电子政务网络平台的通知》，成了浙江省建设电子政务统一网络平台的指导性文件。 同年，浙江省电子政务网通过国务院办公厅秘书局和国家科技部高科技研究中心组织的验收，成为浙江省国家电子政务试点示范工程。 2004年12月9日，浙江省政府门户网站正式开通，这一电子政务网络平台能够覆盖到全省所有地市，并逐步向县级发展，其能够支持语音、视频和数据的"三网合一"，在功能和业务上在当时都处于国内领先的地位。

近几年来，浙江省委、省政府高度重视信息化在建设服务型政府中的重要作用，积极利用信息化工具加快推进政府自身改革。 在此背景中，为了进一步构建统一的电子政务高速网络体系，实现省、市、县（市、区）三级行政机关的全覆盖，浙江省政府主要领导开始谋划全省"一张网"的建设构想和总体要求，从而打破各级电子政务条块壁垒，最大限度汇聚全省政务服务资源，面向全社会打造扁平化、一体化的网上政府，逐步形成服务规范化、体验便捷化、建设集约化、资源共享化的覆盖全省的虚拟型"政务超市"。 2014年6月，浙江政务服务网正式上线，这是浙江省以互联网思维和现代信息技术推动政府自身改革的重大举措。 到2014年底，短短半年时间，浙江政务服务网累计注册用户数量已经超过35万人，日均访问用户6.2万人次，日均页面流量42万次，被中国社会科学院等权威机构评为2014年中国政府网站"最佳政务平台实践奖"。[①] 目前，浙江政务服务网在推进权力事项集中进驻、网上服务集中提供、政务信息集中公开、数据资源集中共享等方面已经取得重要突破，集行政管理、便民服务、政务公开、数据开放、互动交流等功能于一体，省市县统一架构、多级联动的电子政务平台已经形成，从而全面实现政府部门"一站式"网上审批与电子监察，基本建成了全省统一的行政权力管理运行系统、公共支付平台和政务云计算平台。

总体来看，浙江政务服务网的建设和创新实践是按照"整体政府"的理念高起点谋划的省市县一体化的政务服务平台建设，实现了全省网上政务服务一站式汇聚，并推进平台向乡镇（街道）、村（社区）延伸，是以"互联网＋"推进服务政府建设的典型案例。 浙江政务服务网践行以人民为中心的

---

① 邢黎闻：《浙江有个政务大超市——记浙江政务服务网建设》，《信息化建设》2015年第2期，第18—19页。

发展思想,以"服务零距离,办事一站通"为主旨,努力打造以用户需求为导向的政务服务平台。 截至 2017 年底,省、市、县三级办事事项开通网上申请的比率分别达到 86.8%,73.7%,73.1%,浙江政务服务网累计注册用户达1335 万,全省行政审批、行政处罚等权力事项也已基本实现"一网通办",并汇聚了婚育生养、教育培训、求职执业、社会保障、纳税缴费、就医保健等 16类便民服务内容,日均 5 万余办件。① 基于网络平台,人们随时可以获取办事指南、报送电子材料、开展咨询评价。 政务服务网还对在线运行的政务服务事项,根据电子化程度予以星级评定。 尤其是围绕群众和企业到政府办事少跑腿的要求,推行"网上申报、信任在先、办结核验"和"网上申报、在线办理、快递送件"等业务模式,积极探索电子签章、电子证照、电子公文、电子档案等应用,在城乡建设系统开展建筑企业资质智能化审批试点,成功实现申报零材料、受理零窗口、办件零人工、领证零上门、归档零纸件,切实用数据流替换人流、车流,让群众和企业办事更加便利。②

8.3 打造服务型数字政府:浙江数字政府建设的总体部署

近年来,以大数据、云计算、人工智能等为代表的新一代信息技术工具为政府自身改革和职能转型带来了新的机遇。 综观全球范围内公共管理改革运动的前沿,如何利用新一代信息化工具来全方位重塑与再造政府组织、政务流程、行政审批、政民互动等体制机制,促进政府治理体系的现代化是一个重要的创新方向。 在此背景中,数字政府建设正在成为很多国家创新体制机制优势、提升公共服务效率的战略方向。 例如,日本于 2009 年就着手制定了以2015 年为截止期的国家中长期信息技术发展目标的"i-Japan 战略",其中一个核心内容就涉及电子政务的长期发展战略;英国 2012 年 11 月推出"政府数

① 王进、应瑛、杜伟杰:《2017 年浙江省电子政务发展概况》,《中国电子政务年鉴(2017)》,社会科学文献出版社 2018 年版。
② 陈广胜:《以"互联网+"撬动政府治理现代化——以浙江政务服务网为例》,《中国行政管理》2017 年第 11 期,第 21—23 页。

字战略"（Goverment Digital Strategy）和"政府转型战略（2017—2020）"，启动"数字政府即平台行动计划"；美国 2012 年发布"数字政府战略"（Digital Government）；韩国 2012 年 6 月实施"智慧政府实施计划"（Smart Government Plan）；德国 2016 年 3 月发布"数字化战略 2025"及"数字化政府"行动（eGovernment）；新加坡 2014 年 3 月启动实施"iN2015 计划"及"智慧国家 2025"工程。 这些国家的信息化发展战略无一例外都聚焦于如何通过系统的数字化路线推动政府转型，致力于引领全球数字政府转型，进而抢占数字经济先机和竞争优势。

党的十八大以来，以习近平总书记为核心的党中央准确把握时代大势，积极回应实践要求，深刻审视社会主要矛盾新变化，鲜明提出了网络强国、数字中国等的战略思想。 2016 年 10 月，习近平总书记在十八届中央政治局第三十六次集体学习时强调，要以数据集中和共享为途径，建设全国一体化的国家大数据中心，推进技术融合、业务融合、数据融合，实现跨层级、跨地域、跨系统、跨部门、跨业务的协同管理和服务，推进政府决策科学化、社会治理精准化、公共服务高效化。 2017 年 12 月，习近平总书记在第十九届中央政治局第二次集体学习时强调，大数据发展日新月异，我们应该审时度势、精心谋划、超前布局、力争主动，深入了解大数据发展现状和趋势及其对经济社会发展的影响，分析我国大数据发展取得的成绩和存在的问题，推动实施国家大数据战略，加快完善数字基础设施，推进数据资源整合和开放共享，保障数据安全，加快建设数字中国，更好地服务于我国经济社会的发展和人民生活的改善。 对于政府治理而言，要运用大数据提升国家治理现代化水平，推进政府管理和社会治理模式创新；还要运用大数据促进保障和改善民生，推进"互联网＋教育""互联网＋医疗""互联网＋文化"等，让百姓少跑腿、让数据多跑路，不断提升公共服务均等化、普惠化、便捷化水平等。

作为全国数字经济先发省和国家信息经济示范区，浙江大力建设"数字经济"一号工程，将数字政府作为数字经济和数字社会的基础性工程，在全国率先建成省级政务云服务体系和政务服务"一张网"，实施全国第一部公共数据和电子政务政府规章，在全国率先编制《数字政府建设总体方案》，争创政府数字化转型先行区和示范区。 根据国务院办公厅委托国家行政学院评估并发布的《省级政府网上政务能力调查评估报告》，2015 年以来，浙江已经连续多年位居省级政府网上政务能力榜首。① 2018 年 12 月，浙江印发《深化"最多跑一次"改革推进政府数字化转型工作总体方案》（以下简称《总体方案》），标志着浙江服务型数字政府建设进入了全面实施的新阶段。《总体方案》强调，政府数字化转型是政府主动适应数字化时代背景，对施政理念、方式、流程、手段、工具等进行全局性、系统性、根本性重塑，通过数据共享促进业务协同，提升政府治理体系和治理能力现代化的过程。 推进政府数字化转型，建设数字政府，是贯彻落实网络强国、数字中国、智慧社会战略，深化数字浙江建设的关键抓手；是深化"最多跑一次"改革、推进政府职能转变，构建政府有为、市场有效、企业有利、百姓受益体制机制新优势的必然要求；是强谋划、强执行，提升行政质量、行政效率和政府公信力，建设以人民为中心的服务型政府，推动高质量发展的重要举措。

按照《总体方案》的部署，浙江要在六大领域重点实现政府数字化转型的应用，包括经济调节的数字化转型、市场监管的数字化转型、社会治理的数字化转型、公共服务的数字化转型、生态环境保护的数字化转型和政府内部权力运行的数字化转型等，从而实现数字技术与政府履职全面深度融合，政府决策科学化、治理精准化、服务便捷化水平显著提高，基本满足治理现代化要求。例如在公共服务的数字化转型领域，《总体方案》强调要贯彻落实国务院关于深化"互联网＋政务服务"工作部署，完善浙江全省一体化在线政务服务平台，推进政务服务网上办、掌上办，全面对接国家平台。 推进各类政务服务移动端（APP）整合到"浙里办"APP。 依托"一窗受理"平台，实现投资项目审批、商事登记证照联办一表申请、一网办理，深化国际贸易"单一窗口"建设。 完善全省统一的政务咨询与投诉举报平台，深化政民互动和网络监督。 大力发展精准扶贫、医疗健康、社会保障、社会救助、文化旅游、法律服务、公共交通、社区服务、全民健身服务等数字化惠民应用。 同时，《总体方案》也明确了公共服务数字化应用的以下八大重点建设工程。

---

① 刘淑春：《数字政府战略意蕴、技术构架与路径设计——基于浙江改革的实践与探索》，《中国行政管理》2018 年第 9 期，第 37—45 页。

一是加快完善一体化在线政务服务平台。 持续迭代完善浙江政务服务网、"浙里办"APP，推行政务服务全程网办、快递送达，大力拓展掌上办事，推行"一证通办"。 按照受办分离的原则，推动各级政府及其部门政务服务事项全面接入"一窗受理"。 按照一件事、一个系统、一个项目库的要求，加快迭代升级企业投资项目在线审批监管平台 3.0 版。 加快推进工商登记全程电子化，实现商事登记证照联办。 加快数字"单一窗口"建设，提升跨境贸易便利化水平。 深化不动产登记、公积金、社保、户籍、车辆和驾驶人、出入境等领域网上便民服务。

二是深化统一政务咨询投诉举报平台建设。 以办事指南咨询为重点，构建政务知识库，引入人工智能技术，提升政务咨询回复的准确性和智能化水平，优化"浙里办"掌上咨询、掌上投诉用户体验。 加快政务咨询投诉举报平台与"基层治理四平台"等系统全面对接，实现相关办件和事项全链条流转，推动实现政务咨询投诉举报"最多跑一次"。

三是深化医疗健康保障惠民服务。 加快智慧医疗、智慧医保建设，实现居民电子健康卡与电子社保卡两卡融合、一卡通办。 完善网上预约诊疗服务平台，推动医疗费用自助结算、诊间结算和移动终端结算。 加强区域医学影像、检验、心电图、病理等共享中心建设，逐步实现检查检验结果电子化流转、互认和共享使用。 完善省、市、县三级全民健康信息平台，实现电子健康档案和电子病历互通共享。 推进智慧医保建设，实现医保在线移动支付，促进医保公共服务数字化、业务经办便捷化、管理精细化。

四是大力推广"互联网＋社会保障"。 试点发放第三代社保卡，建设社保卡线上统一服务平台和人力社保部门"电子档案袋"。 推进数据信息在扩面管理、异地领取养老金资格认证等经办、服务方面的应用，实现养老保险待遇网上自助测（估）算。

五是加快建设数字教育。 基于互联网思维与技术，打造开放众筹、汇聚极致、满足师生家长个性化需求的"之江汇"教育广场，整合各部门和社会力量构建覆盖各个年龄层次、面向终身学习的大教育资源，建设互联网学校、家长学校和教师发展学校，为每一位学习者开通网络学习空间。 加强教育大数据仓建设，努力开创新型学习空间和方式。

六是建设综合交通出行服务平台。 推进综合交通系统信息资源互联互通和共享开放，建设综合交通应急指挥系统、联网售票系统、公众出行服务信息系统，建成浙江省综合交通智慧云平台，为群众高效、便捷、安全出行提供支撑。 推进城市交通信息服务体系建设，构建实时感知、瞬时响应、智能管控的新型智能交通管理体系，方便公众出行，缓解城市拥堵现象。

七是建立社会救助信息平台。 着眼大社会救助体系建设，加快梳理各相关部门救助职能，通过社会救助信息平台，实现救助数据即时归集，救助信息互联互通、资源共享，确保救助对象更早发现、救助工作更快开展、救助行动更为精准，避免救助不足和重复救助现象。

八是建立健全文化和旅游信息服务平台。 基于政务"一朵云"建立文化和旅游基础数据资源目录，采集和完善文化和旅游基础数据，推进文化遗产资源及博物馆、公共图书馆、美术馆、科技馆等公共文化机构馆藏资源数字化。 打造一体化文化和旅游管理、公共服务平台，实现文化和旅游资源一张图导览。 全面提升智慧文旅管理、服务、推广及体验水平，加快发展智慧文旅乡村（社区）。

8.4 数字化协同：浙江服务型数字政府建设的各地实践

近两年来，浙江各地围绕省委、省政府"以'最多跑一次'改革推进政府数字化转型"的总体部署，积极运用信息化工具和数字化思维不断提升老百姓到政府办事的体验感，服务型数字政府的建设水平不断得到提升。

8.4.1 实现"一证通办一生事"

现代信息技术的发展为政府办事流程的重塑和政务服务的提供创造了全新可能。"最多跑一次"改革在不断推进的过程中充分结合互联网技术的巨大优势和政务大数据共享应用的成果，在创新政务服务流程方面取得了显著成果，尤其是"一证通办一生事"等改革措施成为浙江服务型数字政府建设的全新名片。"一证通办"改革是指以公民身份证件作为唯一标志，依托大数据、云计算技术，实现涉及政务服务事项的证件数据、相关证明信息等跨部门、跨行业互认共享。 由此，市民凭一张身份证，就能办理从出生至死亡的绝大部分涉民事项，无须提供其他证明材料。

"一证通办"的真正实现，离不开政务服务事项的标准化、规范化和政务数据共享应用平台等的建设。 首先，需要政府各职能部门全面梳理办事事项，厘清共享信息数据的需求，逐一明确每个办理事项所需的信息数据。 其次，需要建立各职能部门的数据仓和办事事项的主题数据仓，推动各类需求信息数据的清理和归集。 再次，需要开发数据共享应用的信息化平台，为实现数据交换、数据清洗和数据归集提供技术载体。 最后，需要确保应用信息数据的安全，设定相关的安全原则防止个人信息被滥用、泄露。"一证通办一生事"改革的实施，不仅给群众带来了便利和获得感，更是撬动了政府各领域全面深化改革。 到 2019 年底，浙江全省范围内至少 70% 的民生事项将要实现"一证通办"。

例如，诸暨市于 2017 年 7 月在全省首创推出了"一证通办一生事"改革。 截至 2018 年底，诸暨全市 503 个村实现了"一证通办"系统全覆盖；市民凭一张身份证即可办理 397 个事项，减少证明材料达 70% 以上，其中民生事项 272 项，实现了 90.7% 的民生事项"一证通办"。 诸暨的创新实践分为四个层面，一是梳理事项，集成事项数据串，厘清共享信息数据需求。 也即围绕单个部门和跨部门、跨层级的办理事项，按照便捷、高效原则，因事制宜、分类制策，全面梳理高频率涉民涉企事项，逐一明确每个办理事项所需的信息数据，分类集成事项数据串，切实厘清主要事项信息数据需求。 二是整合资源，建立部门数据仓，推动需求信息数据共享。 从数据需求入手研究解决数据供给问题，以市本级现有系统数据为基础，不断加强横向部门信息数据共享。 同时，积极争取绍兴电子政务、省数据管理中心信息数据支持，全面建成涵盖户籍、社保、市场主体、不动产、优抚救助等涉民涉企 25 个主要数据仓。 加快推进部门纸质档案电子化，扩充数据采集面，通过一系列务实有效的措施来满足信息数据共享需求。 三是开发系统，搭建公共主平台，实现共享信息数据应用。 加快市级政务服务网建设，以"一证一码"（居民身份证和统一社会信用代码）为索引，按照统一数据标准，将 25 个部门数据仓整合到统一数据库，建成公共数据平台，实现数据交换、数据清洗和数据归集。

同时，积极构建统一的政务咨询投诉举报平台。 四是强化监管，助推数据不落地，确保应用信息数据安全。 为保证办理过程个人和企业信息安全，"一证一码"信息管理系统根据每个事项数据串，逐一设定调用、核验电子证明的类别，按照办理什么事项就提取什么信息数据的原则，加强 CA 身份认证，且操作痕迹记录在案，防止个人信息被滥用、泄露，切实做到信息数据能共享应用但不落地。

通过这一改革，一方面，诸暨市政府部门有效提高了行政审批服务效能。围绕一窗受理、集成服务，打造"中央式厨房"集成审批，通过"一证通办"信息管理系统的应用，实现"一窗口受理、一站式服务"。 如不动产交易登记，将国土、建设和地税三个部门整合为一个综合受理窗口，通过共享应用信息数据，受理到发证从原来须提供 10 项材料减少到 3 项，从原来要 9 个工作日缩短到 1 小时以内。 另一方面，改革也有效提升了"最多跑一次"改革的实现率和满意率。 自"一证通办"信息管理系统推广以来，诸暨市居民电子已纳入人口户籍信息 150 万余条、个人社保信息 120 万余条、工商市场主体信息 15 万余条、不动产登记信息 43 万余条、婚姻信息 40 万余条，民政、公积金、个税、国税等信息 20 万余条，基本涵盖所有涉民数据，累计调用共享信息 130 余万次，日均交换、查询量超万条，实实在在地提高了办事效率。 如教育部门原先小学、初中预报名需提供户口簿、房产证、社保证明、营业执照等原件及复印件到现场参加报名，应用"一证通办"系统后，只需微信录入身份信息，系统后台就能进行核验，真正做到了让数据跑起来，从而实现了群众"零跑腿"、资料"零提供"。 同时，改革也提高了除行政审批外其他领域的办事效率。"一证通办"信息管理系统在教育、司法等其他领域也实现了广泛应用，有效解决了群众多头跑部门出具证明材料的痛点，大大提高了相关行政部门的办事效率。

总的来看，诸暨市"一证通办一生事"标志着政府数字化转型步伐的明显加快。 随着"一证通办"改革的持续推进，以其作为推进载体，必将进一步打破信息壁垒，实现数据共享，这不仅给群众带来了便利和获得感，更是撬动了政府各领域全面深化改革，达到了深化浙江"四张清单一张网"改革，推进"互联网＋服务"，推动政府职责体系优化与重塑的目的。

8.4.2　创建"无证明城市"

来自政府的证明事项过多，一方面表明部分职能部门受到"权力本位"思维的影响，意图通过开具证明的方式来展现自身的权力存在；另一方面，也表明政府内部职能部门之间的数据信息沟通不畅，无法通过共享调用的方式来满足政务事项办理的需要。对此，浙江部分地市近年来开始探索"无证明城市创建"改革，以"最多跑一次"改革和政府数字化转型为契机全面清理各类证明材料，最大限度地为群众和企业提供便利。所谓的"无证明"，是指群众和企业到政府机关、公共事业单位和公共服务机构办事，无须提交需要自己跑腿去开具的各类证明材料。其中，证明材料一般是指群众（或市场主体）未持有、由本地权威部门开具、针对特定事项的具有举证意义的盖章类材料。

例如在义乌市，政府各部门通过全面清理各类证明材料，最大限度地为群众和企业提供便利，在浙江范围内率先提出了打造"无证明城市"的目标。首先，按照划定的标准范围，全面摸查清理各类证明材料。这些证明材料包括：身份证、学生证、营业执照等各类证照；政府行政部门出具的审核、审批类材料；司法部门出具的公证书及其他具有法律效力的司法文书；当事人在诉讼中为了举证主动提供的证据材料等。同时，为方便群众办事，需要向市外相关单位出具的证明材料仍然保留，不纳入清理范围。明确清理范围后，义乌开展了"横向到边、纵向到底"的拉网式梳理，横向涵盖政府机关、公共民生服务机构和金融机构（银行、保险），纵向细分至市级机关、镇街和村（社区）三个层级。通过梳理，义乌全市共梳理出证明材料270项，其中政府机关和公共民生服务机构244项，金融系统26项。其次，在进行了充分的风险评估后，实行六个"一律取消"。也即凡是没有法律法规明确规定的证明材料，一律取消；凡是开具证明的部门、镇街或村居无权查证、无法开具的证明材料，一律取消；凡是能够通过申请人现有证件、凭证办理的，一律取消；凡是能通过申请人书面承诺等信用管理手段解决的证明材料，一律取消；凡是能通过部门间会商核查或实地调查核实的证明材料，一律取消；凡是能通过"义网通办"等大数据信息平台实现数据信息互联共享的证明材料，一律取消。最后，完善和强化相应的督促检查机制，推动改革不断落地并取得实效。义乌市行政服务中心设立了"跑一次办不成"专窗，专门受理群众投诉和举报，倒逼改革进一步深化；建立了全市减证明工作群，在全市 14 个镇（街道）各选取 1 个具有代表性的村（社区）设立监测点，随时掌握证明开具情况；组织有关部门开展"减证明"专项检查，督察组共计走访了义乌全市 14 个镇街 133 个村和社区，对出现仍要求群众提供证明材料、未及时优化办事流程等情况要求部门及时整改。

义乌的这些创新举措至少在以下几个方面取得了积极的成效：一是群众获得感显著提升。 打造"无证明城市"是对以往令群众反感的"奇葩证明""循环证明""重复证明"等打出的一记重拳，真正让群众少跑腿。 二是大大减轻了基层压力。 过去许多证明材料需要群众到村（社区）开具，因而占据了基层大量的工作时间，镇街、村（社区）的章成了"万能章"。 改革规范了村（社区）印章的使用管理，使村（社区）能够有更多的精力放到治理和服务上来，提升了基层的自治功能和服务水平。 三是体现了政府善治的人文关怀。 在改革过程中，实施了一批有温度的改革创新举措，如在全国首创特殊群体个人银行账户查询功能，通过信息系统汇集查询对象的银行开户等金融信息，有效解决群众"多头跑"问题。 四是提升了政府治理水平。 取消证明材料对各层级、各部门之间的工作配合、信息互通提出了更高要求，倒逼政府推动自身改革和建设。 义乌市在此背景下成立了数据管理中心，其对于加快打破信息壁垒、打通数据共享通道具有重要意义。 五是促使政府加快转变职能。 义乌提出打造"无证明城市"目标之后，政府各部门紧跟改革节奏，主动转变工作模式、转变服务理念，彻底摒弃以往"多一份证明就多一份保险，就少一分担责"的"避责思维"，通过主动走下去、沉下去，了解真实情况、掌握一手资料、加强事中事后监管，为群众提供更好的服务。 六是优化了营商环境。 取消证明、办事材料瘦身和其他"放管服"改革的联动能够大幅度提升政府的办事效率，改善了投资经商环境，推进取得了良好的经济和社会效益。

通过观察义乌的改革实践我们可以看到，全面清理各类证明材料，分步骤消灭各类不合理证明、奇葩证明、循环证明，最大限度地为百姓办事提供方便，打造"无证明城市"的理念至少在以下两个方面具有重要意义：一是改革本身所具有的问题导向，也即政府精确瞄准了群众反映强烈的程序烦琐、循环往复、无法开具的各类证明过多这一问题为突破口，全面改进政府权力运行方式，是政府转变职能优化服务的重要体现。尤其是这一改革看到了政府以往所存在的"重审批、轻监管、轻服务"的问题，有利于推动政府加强事中事后监管方式创新。二是改革所具有的联动效应，通过清理证明材料倒逼政府自我改革，压缩权力任性空间，推动业务流程再造，打通部门之间的"信息孤岛"，强化"互联网＋政务服务"应用，系统提升政府治理现代化能力和水平。

8.4.3 打造"移动办事之城"

自 2014 年以来，浙江不断深化全省统一架构、五级联动的浙江政务服务网建设，形成了全省事项清单统一发布、网上服务一站汇聚、数据资源集中共享的"互联网＋政务服务"体系。截至 2019 年 3 月，更新改版后的浙江政务服务网已实现适宜网上办理的事项 100％网上办，其中省级 860 项、市级平均 866 项、县级平均 771 项。与此同时，"浙江政府服务"APP（"浙里办"）也已推出了公共支付、生育登记、诊疗挂号、社保证明打印、公积金提取、交通违法处理等 17 个类别、300 余项便民应用，能够提供省级掌上办事 168 项、市级平均 452 项、县级平均 371 项。《数字中国建设发展报告（2018）》显示，浙江省整体的公共服务信息化水平居于全国领先地位。

而在地市层面，打造"移动办事之城"是各地深化"最多跑一次"改革，推进政府数字化转型的标志性项目之一。遵循为市民统一提供政务服务、公共服务、生活服务，构建数据与服务驱动的新型智慧城市综合服务平台的宗旨，一些地市开始尝试利用"办事服务"APP 和综合自助服务机等载体为市民提供高效便捷的"移动办""掌上办""就近办"等服务项目。其中，"办事服务"APP 的服务内容主要以政务服务和便民服务为主，集成认证、预约、咨询、查询、受理、支付、办结、评价等办事服务功能，涵盖公共缴费、社会保障、违章处理、文化教育、住房保障、社会救助、户籍办理、出入境管理、公共交通、休闲旅游等服务事项，实现线上服务 APP 与线下行政服务中心办事大厅的部分业务的融合；综合自助服务机既可实现公民个人办事事项就近可办，又可实现公民个人办事事项全天候不间断可办，极大地夯实了基层行政服务中心、乡镇街道便民服务中心和村社区服务网点的服务能力。因此，"移动办事之城"的建设目标，既有力地推动了"最多跑一次"改革取得实质性突破，又是政府数字化转型针对企业群众办事的移动端展现，是"互联网＋政务服务"模式下的全新应用场景。

例如在杭州市，打造"移动办事之城"是 2018 年浙江省委、省政府交给杭州的重点改革任务，也是 2018 年杭州深化"最多跑一次"改革，推进政府数字化转型的标志性项目。"移动办事之城"主要依靠"杭州办事服务"APP和"杭州办事服务"综合自助机两种载体来实现。一方面，"杭州办事服务"APP 已于 2018 年 5 月 31 日上线试运行，现阶段主要服务内容以政务服务和便民服务为主，已实现认证、预约、咨询、查询、受理、支付、办结、评价等办事服务功能，线上 APP 与线下办事大厅的部分业务融合。截至 2018 年 10月，"杭州办事服务"APP 内可以实现 160 多项政务服务、便民服务随时可办，包括流动人口居住登记、住房公积金个人账户信息查询等超高频率事项。另一方面，在综合自助机建设方面，杭州积极打造"15 分钟办事圈"，截至 2018 年 10 月，全市已上线 561 台 24 小时自助服务设备，杭州 13 个区、县（市）70％以上公民个人办事事项可以实现就近可办、全时段可办，使政务服务突破了办公时间、办事空间的限制，极大地提升了老百姓的办事服务体验。与此同时，"杭州办事服务"综合自助机项目按照统一规划、集约建设的要求，在市审管办牵头下通过市数据资源管理局公共数据工作平台对接多套政务核心业务系统，在自助服务终端下实现业务"一窗式"协同办理。这一模式改变了各部门各自独立规划、建设自助终端系统的现状，有助于构建统一的政府自助服务平台，在集中部署、集中管理、统一标准的前提下，能够实现各机关部门和与民生密切相关的部门在平台上提供各自的自助服务事项，不断丰富和完善平台的服务能力。

总体来看，"杭州办事服务"APP 及综合自助机的重要意义，在于其是以打造数字政府平台、推动数字经济发展、推动民营经济发展、服务全体杭城市民为目标，以数据互联互通实现跨部门协作，以政务服务改革释放经济活力，以数字政府平台试点全省改革，形成了政府、企业、市民等多主体、线上线下交织融合的生态圈，能够为老百姓提供全生命周期主动服务、为企业用户提供一站式和全流程办事服务。未来，随着"杭州办事服务"APP及综合自助机建设项目的持续推广及使用，其综合功能优势将越来越明显，在业务方面将带动各个部门更加主动将业务接口和数据通过共享平台进行归集和共享。另外，随着"杭州办事服务"APP及综合自助机在区县（市）、街道、镇乡、社区、村不断覆盖，更多与企业群众相关的政务服务和公共服务事项将实现"一次也不跑"。

8.5 协同增效：以"最多跑一次"改革推动浙江服务型数字政府建设的思路举措

2017年以来，浙江各地按照中央"放管服"改革精神要求和省委、省政府举措部署，深入推动"最多跑一次"改革不断取得实效。这一改革在本质上是政府职能深刻转变、业务流程深刻重塑、权力运行方式深刻变革的系统型工程，其背后必然离不开现代信息技术的支持。而最近几年来，互联网、大数据、云计算、人工智能等新兴技术的叠加共生，为政府利用现代信息技术实现数字化转型，创新公共服务的供给方式提供了有效的工具。① 从这个角度来说，浙江"最多跑一次"改革的持续深入推进对服务型数字政府形成了一定的倒逼作用，若要实现企业群众到政府办事"最多跑一次"或者"一次也不跑"的目标，就必须借助于政府从量变到质变、从理念到实践、从技术到应用的全面改变。因而，如何"最多跑一次"改革与服务型数字政府建设两者之间的协同效应，让"最多跑一次"改革能够走得更远，让浙江服务型数字政府能够更加智慧高效，从而在整体上推动政府治理体系和治理能力的现代化应当是未来的改革思路与方向。

----

① 戴长征、鲍静：《数字政府治理——基于社会形态演变进程的考察》，《中国行政管理》2017年第9期。

8.5.1 进一步明确群众导向的服务理念

现代信息技术工具在政务服务领域的运用是"最多跑一次"改革取得成效的重要因素，也是推动服务型数字政府建设的重要前提。 为了满足公众对于更高质量、更为便捷的公共服务的要求，无论是线上服务平台、线下服务窗口还是自助式服务终端，各地政府在不断对其优化升级的过程中必须牢固树立用户导向，以提供用户满意的公共服务为目标，从企业群众的办事体验出发，不断提升各种服务载体的服务能力，不断满足人民群众对政务服务的新期待。 一方面，服务型数字政府建设必须充分适应"互联网＋政务服务"发展的新特点，运用互联网发展的技术优势和互联网秉持的"用户思维"持续推进政务业务服务流程优化和再造，提高政府部门"一站式"服务、不间断服务、主动式服务、精准式服务的能力，不断满足网络信息条件下大众对政务服务变革的新需求；另一方面，服务型数字政府建设的绩效评价必须以用户体验为核心，要建立一套科学完善的绩效评估体系，鼓励发动群众积极参与对政府改革的绩效评估，将人民群众的满意度和意见、建议作为服务型数字政府建设的重要指挥棒，提高服务型数字政府建设的绩效。

8.5.2 进一步推动政务数据的集中共享

掌握全面准确的信息数据是推动政府管理智能化和服务精准化的基本前提，也是服务型数字政府建设的逻辑起点。 因而，我们要充分利用大数据资源创新政府运作模式，提升对于数据的采集、共享和应用能力。 首先，要加快推进政务数据资源跨地区、跨层级、跨部门共享和交换，树立"数据公有""共享增值"等理念，通过建立部门数据仓、主题数据仓、基础数据仓等方式清洗汇总数据；在此基础上建立政务大数据中心，协调政府部门之间数据共享调用和应用开发的相关事务，提升政府部门对于政务大数据的协同联动能力，从而为实现民生服务的数字化转型奠定技术基础。 其次，要加强政企合作、多方参与，加快公共服务领域数据集中和共享，在保证安全可控、权责明晰的前提下推进政府同企业积累的社会数据进行平台对接，充分利用外部社会数据、资源尤其是互联网、金融、电信、银行、能源、医疗、教育等领域的数据，形成数据来源广泛、多方数据比对、数据时效性强的政府决策和公共服务数据支撑体系。 最后，政府要善于利用自有数据、行业数据、社会数据等多方数据进行交叉比对、关联挖掘和趋势预判，提高政府对社会发展、民生服务、社会管理等领域的深度分析和预测能力，提升个性化服务、主动式服务的应用水平。

8.5.3 进一步强化部门之间的协调联动

多年以来，政府行政管理体制改革始终都在追求如何整合各部门资源，提高政府的整体运行效率，达到纵向权力体系和横向职责体系配置的最优状态。特别是西方整体性政府理论所强调的通过横向和纵向协同来有效增加政府公共政策的效能、加强不同政府内部不同利益主体之间的团结合作、应对碎片化公共服务的困境等为我们的改革提供了新的启示。"最多跑一次"改革和服务型数字政府建设的根本目的就在于从整体政府的理念出发优化政府职能，提高政务服务水平，实现政府治理的现代化。 因此，我们在改革的顶层设计中必须首先树立"整体性政府"的大局观。 整体性政府是一种全新政府治理模式，与传统官僚制、新公共管理运动有显著区别，通过协调政府上下级、同级部门的思想和行动，重新整合破碎化的行政资源以实现预期的目标。 针对碎片化管理体制中组织僵化、部门主义等弊端，整体性政府从文化理念、组织结构和工作机制上产生根本性变革，强调跨部门的协调与合作，实现政府部门的功能性重组，实现政府功能的"弹性"和"柔性"。[1] 当然，这种整体性思维不仅包括信息共享工作的协调，更重要的是在行政文化方面建立整体性思维，各部门在提供公共服务过程中，代表的是一个政府整体而不仅仅部门本身，各部门协同合作，强化改革共同体意识，提高公共服务质量。 此外，我们要推进一体化政府监管体系来强化对于公众诉求的回应。 应当按照整体政府、职能分工和协同监管的要求，加快跨部门业务流程优化和前后对接，推动政务数据资源无缝即时流动，提升各级政府协同联动治理能力，杜

---

[1] 王佃利、吕俊平：《体性政府与大部门体制：行政改革的理念辨析，《中国行政管理》2010 年第 1 期。

绝因业务不衔接而出现监管漏洞现象，以更高水平的监管来保障民生福祉的提升。

8.5.4 进一步提升基层政府的服务能力

"最多跑一次"改革和服务型数字政府建设还必须关心广大基层的现实利益诉求，通过各种渠道打通政府联系群众、服务群众的"最后一公里"，着力形成人往基层走、钱往基层投、政策往基层倾斜的良好导向，促使一大批多年积累在基层的矛盾和问题得到有效化解，一大批事关基层群众民生痛点的问题得到切实解决。首先，要构建多级联动的工作机制。通过现有信息化平台和网格化治理模式，将省 1 市 1 县 1 乡四个行政层级串联起来，形成对于基层社会问题和利益诉求的及时响应，让各级政府所实施的改革目标和服务举措更加具有协调性和针对性。其次，要不断提升基层政府的服务能力。应当以"最多跑一次"改革和服务型数字政府建设为契机，着力强化基层政府的公共服务职能和服务能力，着力完善基层政府的服务方式和服务体系。尤其是对于乡镇（街道）政府而言，要着力推进便民服务中心功能升级着力，提升乡镇（街道）政府在提高义务教育质量和水平、做好劳动就业和社会保险服务、落实社会救助和社会福利政策、提供养老和基本医疗卫生服务、强化村（社区）文化礼堂和文化家园建设等方面的服务职能。最后，要实现人财物资源真正向基层倾斜。公共服务的提供和实现离不开人力、物力、财力和信息化资源的支撑，各级政府在确定改革目标的同时应当同步考虑配套保障措施，确保基层政府真正拥有相应的服务供给能力。

参考文献

期刊类

[1] 陈福今.完善政府公共服务的若干思考 [J].国家行政学院学报,2006 (01):4-6.

[2] 陈广胜.为民办实事长效机制的实践与思考:以浙江省为例 [J].中国行政管理,2007 (04):72-74.

[3] 陈海威.中国基本公共服务体系研究 [J].科学社会主义,2007 (03):98-100.

[4] 程承坪,邹迪.新中国 70 年扶贫历程、特色、意义与挑战 [J].当代经济管理,2019 (09):1-9.

[5] 范和生,唐惠敏.农村贫困治理与精准扶贫的政策改进 [J].中国特色社会主义研究,2017 (01):45-52+75.

[6] 关信平.我国社会政策 70 年发展历程及当代主要议题 [J].社会治理,2019 (02):24-25.

[7] 黄博函,岳经纶.新中国社会政策 70 年的演进、成效与挑战 [J].社会工作,2019 (05):39-51.

[8] 姜晓萍,苏楠.国内服务型政府研究的知识图谱 [J].四川大学学报(哲学社会科学版),2014 (02):98-109.

[9] 刘太刚.公共物品理论的反思——兼论需求溢出理论下的民生政策思路

［J］.中国行政管理，2011（09）：22-27.

［10］莫光辉.精准扶贫：中国扶贫开发模式的内生变革与治理突破［J］.中国特色社会主义研究，2016（02）：73-77＋94.

［11］汪锦军.嵌入与自治：社会治理中的政社关系再平衡［J］.中国行政管理，2016（02）：70-76.

［12］汪锦军.浙江政府与民间组织的互动机制：资源依赖理论的分析［J］.浙江社会科学，2008（09）：31-37＋124.

［13］汪锦军.构建公共服务的多元供给体系：模式选择与改革路径［J］.中共浙江省委党校学报，2010（06）：85-91.

［14］汪锦军.政府购买公共服务与非营利组织的角色——基于北京、浙江两地的问卷调查数据分析［J］.中共浙江省委党校学报，2012，28（03）：95-100.

［15］汪锦军.合作治理的构建：政府与社会良性互动的生成机制［J］.政治学研究，2015（04）：98-105.

［16］汪锦军."最多跑一次"改革与地方治理现代化的新发展［J］.中共浙江省委党校学报，2017（06）：62-69.

［17］易龙飞."最多跑一次"改革：政治价值与技术理性的内在耦合［J］.中共杭州市委党校学报，2019（01）：43-49.

［18］郁建兴，徐越倩.从发展型政府到公共服务型政府——以浙江省为个案［J］.马克思主义与现实，2004（05）：65-74.

［19］张文礼，吴光芸.论服务型政府与公共服务的有效供给［J］.兰州大学学报（社会科学版），2007（03）：96-102.

［20］周明海.民生的关注与追寻——当前基本公共服务均等化问题研究的主要观点综述［J］.兰州学刊，2008（04）：87-91.

著作类

［21］（美）埃莉诺·奥斯特罗姆.公共服务的制度建构［M］.上海：三联书店，2000.

［22］（美）埃莉诺·奥斯特罗姆.公共事物的治理之道［M］.上海：三联

书店，2000.

［23］（美）珍妮特·登哈特，罗伯特·登哈特.新公共服务：服务，而不是掌舵［M］.北京：中国人民大学出版社，2014.

［24］陈荣，胡祖光.浙江民生报告（四）［M］.北京：光明日报出版社，2009.

［25］陈荣，蒋承勇.浙江民生报告（五）［M］.北京：光明日报出版社，2010.

［26］陈荣，蒋承勇.浙江民生报告（六）［M］.北京：光明日报出版社，2011.

［27］陈一新，陈永昊.浙江民生报告（二一三）［M］.北京：光明日报出版社，2008.

［28］丁元竹.非政府公共部门与公共服务［M］.北京：中国经济出版社，2005.

［29］董礼胜.中国公共物品供给［M］.北京：中国社会出版社，2007.

［30］金汝斌，连晓鸣.浙江民生报告（一）［M］.北京：光明日报出版社，2008.

［31］李传军.电子政府与服务型政府［M］.北京：中国书籍出版社，2013.

［32］李军鹏.公共服务型政府［M］.北京：北京大学出版社，2004.

［33］李萍，陈志舟，李秋红等.统筹城乡发展与效率公平的权衡［M］.成都：西南财经大学出版社，2006.

［34］林卡.社会质量：理论方法与国际比较［M］.北京：人民出版社，2016.

［35］潘捷军等.浙江省改革开放40年大事记［M］.北京：红旗出版社，2019.

［36］任映红.中国共产党的社会公正观研究［M］.北京：人民出版社，2009.

［37］孙学玉.当代中国民生问题研究［M］.北京：人民出版社，2010.

［38］杨建华.2019年浙江发展报告（社会卷）［M］.杭州：浙江人民出版社，2019.

［39］朱光磊.服务型政府建设规律研究［M］.北京：经济科学出版社，2013.

［40］朱光磊.城市公共服务体系建设纲要［M］.北京：中国经济出版社，2010.

英文类

［41］DEININGER K, SQUIRE L. New ways of looking at old issues: inequality and growth ［J］. Journal of Development Economics, 1998, 57（2）:

259-287.

[42] ERIKSSON K. Self-service society： Participative politics and new forms of governance [J]. Public Administration， 2012， 90 (3)： 685-698.

[43] FEAGIN J R . Social Justice and Sociology： Agendas for the Twenty-First Century： Presidential Address [J]. American Sociological Review， 2001， 66 (1)： 1-20.

[44] HAMMOND D R. Policy entrepreneurship in china's response to urban poverty [J]. Policy Studies Journal， 2013， 41 (1)： 119-146.

[45] HONG J Y. How natural resources affect authoritarian leaders' provision of public services： Evidence from China [J]. The Journal of Politics， 2018， 80 (1)： 178-194.

[46] RAVI K, ZHANG X B. Which Regional Inequality? The Evolution of Rural-Urban and Inland-Coastal Inequality in China from 1983 to 1995 [J]. Journal of Comparative Economics， 1999， 27 (4)： 686-701.

[47] SEN A K. Poverty： An Ordinal Approach to Measurement [J]. Econometrica, 1976， 44 (2)： 219-231.

[48] WENG S, CHRISTENSEN T. The community philanthropic foundation： A new form of independent public service provider for china? [J]. Public Policy and Administration， 2019, 34 (2)， 210-235.

[49] XIE B， Y E L, SHAO Z J. Managing and financing metropolitan public services in china： Experience of the pearl river delta region [J]. Public Money & Management， 2018， 38 (6)： 445-452.